湖北省高校人文社会科学重点研究基地鄂西生态文化旅游研究中心研究成果，湖北民族学院省属高校优势特色学科群应用经济学学科建设经费资助；

　　湖北省教育厅"湖北武陵山区新开发景区利益相关者系统利益协调机制研究"（16YX08）

新开发景区利益相关者系统管理

高华峰 著

中国社会科学出版社

图书在版编目（CIP）数据

新开发景区利益相关者系统管理/高华峰著 . —北京：中国社会科学出版社，2018.1
ISBN 978 - 7 - 5203 - 1980 - 5

Ⅰ.①新…　Ⅱ.①高…　Ⅲ.①旅游区—经营管理—系统管理
Ⅳ.①F590.654

中国版本图书馆 CIP 数据核字（2018）第 015532 号

出 版 人	赵剑英	
责任编辑	刘晓红	
责任校对	孙洪波	
责任印制	戴　宽	
出　　版	中国社会科学出版社	
社　　址	北京鼓楼西大街甲 158 号	
邮　　编	100720	
网　　址	http：//www.csspw.cn	
发 行 部	010 - 84083685	
门 市 部	010 - 84029450	
经　　销	新华书店及其他书店	
印　　刷	北京明恒达印务有限公司	
装　　订	廊坊市广阳区广增装订厂	
版　　次	2018 年 1 月第 1 版	
印　　次	2018 年 1 月第 1 次印刷	
开　　本	710×1000　1/16	
印　　张	16	
插　　页	2	
字　　数	225 千字	
定　　价	69.00 元	

凡购买中国社会科学出版社图书，如有质量问题请与本社营销中心联系调换
电话：010 - 84083683

序

任佩瑜*

　　旅游，是人们离开长期自己居住或者工作的地方，以满足"商、养、学、闲、情、奇"其中一个或者几个目标甚至随意而出行，以亲近、了解大自然和社会，或向自然以及社会学习，而使身心得到时间和空间上的解放、享受休闲时光的综合行为，是人类从必然王国走向自然王国的一个重要通道。

　　进入20世纪90年代后，我国经济的持续快速发展，推动了我国旅游产业的迅速发展，使其在国民经济中的战略性地位日益凸显。我国已形成40多亿人次的国内旅游市场，入出境市场超过2.5亿人次，旅游对经济和就业的贡献率均超过10%，旅游已经成为带动经济发展的引擎。与此同时，外出旅游已成为人民生活水平提高的重要指标，成为小康社会的重要标志，也是建成小康社会的有效途径。①

　　在国际上，各国都把旅游作为发展国民经济的重要产业，积极制定各种吸引政策，鼓励和发展国外游客到本国旅游，以拉动本国经济、社会、文化的综合发展。2016年1月18日，世界旅游组织发布研究统计数据：2015年国际旅游人次上升了4.4%，达到了11.84亿人次。全球前往境外旅游目的地的过夜游客比2014年增长了5000万人。这是自2010年以来国际旅游人次连续第6年以每年4%以上的速度出现增长。

---

　　* 任佩瑜：二级教授，博士，四川大学商学院博士研究生导师，国家"863"重大项目首席科学家，国家自然科学基金重大国际合作项目主持人，管理熵理论在我国企业管理应用的奠基者。
　　① 李金早：《2016年全国旅游工作会议（海口）报告》，2016年1月29日。

可见，旅游产业对经济发展的重要推动作用，对各国经济的发展具有举足轻重的重要地位，以至于形成了世界性的主要产业潮流。

旅游产业是由一个核心产业链和相关产业群所构成的综合体。游客从旅游过程的始端到终端，需要众多的产业部门向其提供产品和服务来满足他们的各种需求。其中，不仅包括旅行社、交通部门、餐饮、酒店、景区景点、旅游商店、旅游车船以及休闲娱乐设施等旅游核心企业，还关联到农业、园林、建筑、金融、保险、通信、广告媒体、政府和协会组织，以及建设投资者等相关的和辅助的产业、政府部门和企业，甚至包括提供旅游核心吸引物之一的生态环境。前者构成了核心产业链的要素，后者为相关产业、机构和要素，是为核心产业链的动态链接与正常运营提供必要的规范、保障和支持因素。这样就构成了全过程旅游利益相关者群体。可以说旅游产业是由这些游客和多产业多企业及其他要素构成的全过程旅游利益相关者群体所构成的、不断运动的开放性复杂的技术经济和文化巨系统。在这个复杂巨系统中，居于核心的就是重要的旅游目的地景区（或旅游城市，其实这也可作为旅游景区），因为这些目的地完全涵盖了旅游"吃、住、行、游、购、娱"传统六大要素和"高、养、学、闲、情、奇"新六大要素的供给者，也涵盖了景区赖以存在的生态系统。

然而在当前，旅游产业链核心环节的景区的管理却未能同旅游经济发展同步。很多景区虽然开展了信息化建设，但管理模式仍停留在宏观的传统的、以经验和执行政策法规为主的管理方式。这种管理方式由于缺乏先进的管理理念和科技支持，很难做到细粒度和精细化管理，带来的弊病有：第一，不能跟上第四次产业革命对管理发展的智能化、信息化和网络化的科学要求，使景区难以向智慧和可持续发展；第二，难以解决景区旅游经济发展与自然生态环境保护的日益尖锐的矛盾；第三，难以提高景区管理和服务的质量，难以提高游客的满意度；第四，难以全面保证游客的人身及财产安全，特别是在山地景区。因此，将先进管理理念和方法、科学技术、政策法规和经验相结合，构建以信息技术、网络技术和智能技术以及环保技术为基础的，科学集成的景区管理模式，是景区管理发展的必然趋势。同时，在景区管理发展过程中，对于利益相关者系统的利益和诉求，在科学技术的支持下形成细粒度分析、评价和共享经济的管理模式，这也是景区经济生态系统管理的必然要求和趋势。

我的博士研究生、湖北民族学院的副教授高华峰博士，在攻读博士学位期间，参加了我所主持的国家高技术研究发展计划（"863 计划"）重大项目、国家自然科学基金重大国际合作项目和教育部博士点基金项目的研究，也参与了我的博士后和助手戈鹏副教授主持的国家自然科学基金面上项目的研究，以及在九寨沟国家级风景名胜区等的实验，并在研究的基础上形成了自己的研究成果，其论文被 SCI、EI、CSSCI 等高级别数据库收录和被人大复印资料收录共 9 篇，并形成了自己的博士学位论文，随后经过修改形成了专著《基于复杂适应系统理论的景区利益相关者管理》。该专著在景区利益相关者系统的开放性、动态性复杂性、自组织和他组织结合性、利益相关者系统协调机制及作用机理逻辑模型、协调度测评模型等方面的内容进行了深入的研究，并以湖北省恩施大峡谷景区为例进行了验证。对于高华峰博士的不断努力和研究成果我深感欣慰，并乐于为之作序。

2017 年 8 月 24 日

摘　　要

　　景区是旅游业和旅游经济发展的主要吸引物和核心载体，区域旅游经济发展的速度和质量在很大程度上取决于景区开发程度和经营能力，而景区开发和经营活动的成功与否在很长时间内又被认为取决于景区投资主体及其运营团队的实力和能力。深入剖析旅游产业发展，我们会发现，旅游业的发展涉及众多机构和个体，这些机构和个体因为直接或间接参与和影响景区活动或受景区活动所影响而被称为景区利益相关者，这些利益相关者之间关系的协调程度直接影响到景区开发和经营水平，良好的景区利益相关者关系协调度是景区可持续发展的重要保障。

　　旅游业作为我国国民经济的战略性支柱产业，发展迅速。在国家宏观政策驱动和旅游市场需求的刺激下，具有优势旅游资源的地区纷纷上马旅游项目。据国家旅游局发布数据显示，2016 年，全年国内旅游 44.4 亿人次，同比增长 11%，国内旅游总收入 3.9 万亿元，同比增长 14%。随着景区资源开发和运营，游客、旅游供应链企业等新的利益相关者加入，景区所在地社区原有相对稳定的生态关系被打破，社区演变为景区，社区简单系统演变为复杂的"景区利益相关者系统"，系统成员更多，关系更加复杂，导致一系列景区利益相关者管理问题的产生。

　　笔者在参与博士研究生导师任佩瑜教授主持的国家"863"重大专项课题《基于时空分流导航管理模式的 RIFD 技术在自然生态保护区和地震遗址博物馆的应用研究》（项目编号：2008AA04A107）、国家自然科学基金国际重大合作项目"面向西部旅游经济与生态环境可持续发展的低碳景区集成管理模式研究"（项目编号：71020107027）、教育部高等学校博士学科点专项科研基金资助课题《西部低碳景区可持续发展策略及其评价体系》（项目编号：20110181110034）和博士后师兄戈鹏主持的国家自然科学基金"基于 RFID 的西部景区旅游高峰期游客潮流分布优化控制管理策略研究"（项目编号：71371130）的过程中，全面跟踪了我国景区管理的理论前沿，并在其理论框架下，借鉴系统论、利益相关者理论、冲突管理理论、耗散结构理论和社会网络理论的原理和研究方法，结合山区旅游开发的实际，通过文献研究法和问卷调查法相结合、定性与定量相结合的方法，充分发挥信息应用技术的优势，围绕分析景区利益相关者系统及其属性，剖析景区利益相关者系统协调机制作用机理到构建景区利益相关者系统协调机制，并以恩施大峡谷景区为例进行深入研究。本书选题属于理论研究热点，具有前沿性，研究结论对于丰富系统论和利益相关者理论，指导景区进行利益相关者管理、提高景区管理效率、实现景区可持续、共享发展具有重要意义。

笔者从核心概念界定入手在全面梳理国内外有关文献的基础上，分析了景区开发导致的由社区系统到景区利益相关者系统的演变过程、景区利益相关者系统的复杂性，采取专家意见法和模糊层次分析法评价了景区利益相关者的优先度。指出社区系统在景区投资人的介入下，转化为复杂的景区利益相关者系统，景区利益相关者系统利益关系主要发生在景区投资人和景区管理者、员工、社区居民、游客、旅游供应链企业、政府之间，但同时新闻媒体等压力组织、竞争者和生态环境的利益诉求不可忽视。

为了厘清景区利益相关者系统协调机制的工作原理，融合系统论、协同学、管理学和利益相关者理论、社会网络理论等多个理论，在分析景区利益相关者诉求和冲突、景区利益相关者系统的自组织演化的基础上构建了景区利益相关者系统协调的逻辑模型和协调机制的作用机理逻辑模型。

景区利益相关者具有"经济人"特性，其差异化的利益诉求不利于景区集体目标的实现。为了实现景区协调管理目标，在分析影响景区利益相关者关系的关键因素的基础上，本书构建了景区利益相关者系统协调机制结构模型，集成了景区利益相关者系统公共目标，构建了景区利益相关者系统的理性自组织协调机制和他组织约束机制。

景区利益相关者协调度的测评是设计有针对性的协调机制的基础，笔者在明确景区利益相关者系统协调度内涵的基础上，通过文献梳理和专家访谈法，确定了景区利益相关者系统协调度指标体系并开发了相关量表，构建了基于矢量模型的多维协调度评价模型。最后以恩施大峡谷为例，通过问卷调查和统计分析，研究了大峡谷利益相关者的利益诉求，评价了恩施大峡谷景区利益相关者系统的协调度，并结合评价结果和大峡谷景区实际情况，提出了恩施大峡谷利益相关者系统关系协调机制。

笔者站在景区投资人的角度，提出了景区利益相关者系统的概念，首次明确将生态环境纳入利益相关者范畴，运用系统论和分析景区利益相关者系统演化机理，系统分析了景区利益相关者系统自组织演化和协同涌现过程，构建了景区利益相关者系统协调机制作用机理逻辑模型和协调机制结构模型，并在此基础上从自组织和他组织角度构建了景区利益相关者系统协调机制；在评价景区利益相关者优先度时，考虑到人们对指标体系理解和判断的实际困难，采取了区间赋值法，构建了模糊层次矩阵，提高了判断精度；为测评景区利益相关者系统协调度，构建了基于矢量模型的多维度协调度评价方法，解决了多维协调度计算的难题。

关键词：恩施大峡谷　景区利益相关者系统　协调度　协调机制

Abstract

Scenic area is the main attraction and core carrier for the development of tourism and tourism economy. The speed and quality of regional tourism development largely depends on the development and management of the scenic area. In the process of developing and managing scenic area, many industries and individuals would be involved. Those industries and individuals, who participate in it directly or indirectly, influencing the activity of the scenic area or being influenced by the activity of the scenic area, are called stakeholders. The coordination among them directly affects the development and management of the scenic area. Therefore, a good coordination is an important guarantee for the sustainable development of scenic area.

Tourism, a strategic pillar industry of national economy in China, is developing rapidly. According to the statistical bulletin of the national tourism administration, the total number of tourist in 2012 is nearly 31 trillion person-time, which shows a tendency of growth. With the driving of national macro policy and the stimulation of the tourism demand, many regions with favorable tourism resources start their tourism projects in a row. With the development and management of the resources of scenic area, tourists, tourism supply chain enterprise and some other stakeholders are involved. In this way, the original relatively stable ecological relationship of the community in the scenic area is broken. The community is turned into the scenic spot and community ecosystem thus evolves into the system of stakeholders of the scenic area. As a result, there are more and more members of the system and the relationship among them becomes more and more complex, which would lead to a series of management issues about stakeholders. Based on the theoretical framework of both the Major International Joint Research Program of the National Natural Science Foundation of China "Research on Low-carbon Scenic Area Integration Management Model for a Harmonious, Sustainable Development between Tourism Economy and Ecological Environment in Western Regions" (No. 71020107027), and Doctoral Fund of Ministry of Education of China "Research on the Sustainable Development Strategy and Evaluation System of the Western Low-carbon Scenic Area" (No. 20110181110034), the thesis analyzed the stakeholder system, its attributes and coordination mechanism, and build the coordination mechanism of the stakeholder system which considers the actual conditions of mountain tourism development, by the method of both literature research and questionnaire survey, qualitative and quantitative, from the perspective of system theory, stakeholder theory, conflict management theory, the dissipative structure theory and the principle of social network theory. Besides, the scenic area of Enshi Grand Canyon is analyzed in detail as a case study. Being hot and frontier in topic, the conclusion of the thesis is of great significance in enriching the theory of stakeholders, offer suggestions for the management of stakeholders, improving the efficiency of the scenic area management and realizing the sustainable development of scenic area.

On the basis of comprehensive sort-out of the domestic and foreign literatures, the thesis defined the core concepts, analyzed the evolution process from community system to the stakeholder system which is caused by the development of scenic area and the complexity of the stakeholder system, and evaluated the priority degree of stakeholder by the method of expert scoring method and Fuzzy Analytic Hierarchy Process (FAHP). The results show that the interest relationship is mainly among investors and managers, employees, community residents and tourists, tourism supply chain enterprises and government, but the interest relationship among pressure groups, competitors and ecological environment can't be neglected.

In order to clarify the working principle of the coordination mechanism of stakeholder system, the thesis built the logical model of coordination mechanism on the basis of analyzing the appeal and conflicts of the stakeholder and the self-organizing evolvement of the stakeholder system by a combination of disciplines and theories, such as system theory, synergetics, management science and stakeholder theory, social network theory, and so on.

The stakeholder is characteristic of an "economic man". The differentiation of interest appeal is against the realization of group goals. Based analyzing key factors affecting the relationship of stakeholders, the thesis constructs the coordination mechanism structural model which integrates the public purpose of stakeholder system and builds the self-organizing coordination mechanism and its restraint mechanism to achieve coordination management in scenic area.

The assessment of coordination degree of stakeholder is the basic of designing targeted coordination mechanism. Based on the connotation of the stakeholder system's coordination degree in scenic area, an index system to evaluate the stakeholder system's coordination degree is determined and a related scale is developed. Furthermore, a multidimensional evaluation model for coordination degree is constructed on the basis of vector model. Finally, a case study has been made on Enshi Grand Canyon. Through questionnaire survey and statistical analysis, this thesis studies the interest appeal of stakeholder in Enshi Grand Canyon and estimates the coordination degree of the stakeholder system in Enshi Grand Canyon. Furthermore, based on the evaluation results and the actual situation there, the thesis proposed the relation coordination mechanism of stakeholder system in Enshi Grand Canyon.

The innovation of this thesis mainly lies in the following aspects. To begin with, this thesis proposed the concept of stakeholder system from the point of investor. For the first time, the ecological system and environment was considered as one of the stakeholders of a scenic area? explicitly. Then synergetics theory was adopted to analyze the evolution mechanism, the process of self-organization evolution and collaborative emergent of the stakeholder system, followed by constructing the logical and structure model of stakeholder system's coordination mechanism upon which the coordination mechanism of the stakeholder system was proposed from different points of view. Besides, in the process of evaluating the stakeholders' priority, an interval fuzzy preference relation is taken to improve the accuracy of estimation considering people's difficulty in understanding the index system and making judgments. Furthermore, a multidimensional evaluation method for coordination degree is proposed to evaluate the coordination degree of stakeholders system, which can help to solve the difficult problem of the computation of multidimensional coordination degree.

Key words: Enshi Grand Canyon, Stakeholder System in Scenic Area, Coordination Degree, Coordination Mechanism

目　录

第一章　导论 ……………………………………………… 1

第一节　研究对象、研究背景与研究意义 ……………… 1

一　研究对象的界定 ……………………………… 1

二　选题背景 ……………………………………… 3

三　研究意义 ……………………………………… 7

第二节　研究目标与主要内容 …………………………… 9

一　研究目标 ……………………………………… 9

二　研究思路 ……………………………………… 11

三　研究的主要内容 ……………………………… 11

第三节　研究方法与技术路线 ………………………… 13

一　研究方法 ……………………………………… 13

二　技术路线 ……………………………………… 14

三　结构安排 ……………………………………… 14

第二章　核心概念及其理论基础 ………………………… 19

第一节　核心概念 ……………………………………… 19

一　景区 …………………………………………… 19

二　景区利益相关者 ……………………………… 23

三　景区利益相关者系统 ………………………… 25

四　景区利益相关者系统协调机制 ……………… 27

第二节　国内外研究现状 ……………………………… 30

一　利益相关者理论 ……………………………… 30

二　国内外旅游利益相关者研究基础 …………… 40

　　三　利益相关者协调机制研究基础 ………………………… 47

　　四　组织协调度测量研究现状 …………………………… 50

　　五　系统理论 ……………………………………………… 52

　本章小结 ……………………………………………………… 57

第三章　景区利益相关者系统及其属性分析 ………………… 58

　第一节　景区利益相关者系统的产生与发展 ………………… 58

　　一　景区的前身——社区系统 ………………………… 59

　　二　景区利益相关者系统的形成过程及其演化分析 …… 59

　　三　景区利益相关者系统的构成要素及其关系 ………… 62

　第二节　景区利益相关者系统复杂性分析 …………………… 64

　　一　内部复杂性 ………………………………………… 65

　　二　外部复杂性 ………………………………………… 67

　第三节　景区利益相关者的优先度评价及其分类 …………… 67

　　一　影响景区利益相关者重要程度的关键属性 ………… 67

　　二　景区利益相关者优先度的评价过程 ……………… 71

　　三　景区利益相关者优先度的评定结果及其分类 ……… 79

　本章小结 ……………………………………………………… 84

第四章　景区利益相关者系统协调机制作用机理研究 ………… 85

　第一节　景区利益相关者诉求分析 …………………………… 86

　　一　景区核心利益相关者的利益诉求及其行为特征 …… 86

　　二　景区边缘利益相关者利益诉求及其对景区
　　　　发展的影响分析 …………………………………… 93

　第二节　景区利益相关者的利益冲突分析 …………………… 95

　　一　冲突种类 …………………………………………… 96

　　二　冲突成因分析 ……………………………………… 99

　　三　景区利益相关者利益冲突对景区发展的影响 …… 102

　第三节　景区利益相关者系统自组织演化分析 …………… 105

　　一　景区利益相关者系统自组织的概念 ……………… 105

　　二　景区利益相关者系统自组织演化 ………………… 106

　　　三　景区利益相关者系统的协同和涌现 ················ 109
　第四节　景区利益相关者系统协调的逻辑模型 ············ 112
　第五节　景区利益相关者系统协调机制作用
　　　　　机理的逻辑模型 ···························· 116
　本章小结 ······································· 121

第五章　景区利益相关者系统协调机制的构建 ············ 123
　第一节　景区利益相关者系统协调机制的结构模型 ········ 124
　　　一　影响景区利益相关者关系的关键因素分析 ········ 124
　　　二　景区利益相关者系统协调机制结构模型构建 ······· 128
　第二节　景区利益相关者系统公共目标的集成 ··········· 133
　第三节　景区利益相关者系统理性自组织协调机制 ········ 137
　　　一　目标协调机制 ····························· 137
　　　二　利益协调机制 ····························· 139
　　　三　冲突解决机制 ····························· 143
　　　四　信任机制 ······························· 147
　　　五　组织结构协调机制 ························· 152
　　　六　预期管理机制 ····························· 157
　　　七　公共关系 ······························· 158
　第四节　景区利益相关者系统他组织约束机制 ··········· 159
　　　一　利益监控机制 ····························· 160
　　　二　制度保障机制 ····························· 160
　　　三　政策激励机制 ····························· 161
　　　四　效用转移机制 ····························· 162
　本章小结 ······································· 163

第六章　景区利益相关者系统协调度测评 ·············· 164
　第一节　景区利益相关者系统协调度指标体系构建 ········ 164
　　　一　系统协调度指标体系构建原则 ················· 166
　　　二　指标体系构建 ····························· 167
　第二节　景区利益相关者系统协调度评价 ·············· 169

    一　景区利益相关者系统协调度评价方法 ……… 169

    二　景区利益相关者系统协调度评价步骤 ……… 173

    三　景区利益相关者系统协调度计算与评价 ……… 174

  本章小结 ……… 179

第七章　景区利益相关者系统协调机制案例研究

    ——以恩施大峡谷为例 ……… 180

  第一节　恩施大峡谷概况 ……… 181

    一　地理区位 ……… 181

    二　旅游资源状况 ……… 182

    三　景区开发经营情况 ……… 184

  第二节　恩施大峡谷利益相关者系统分析 ……… 185

    一　恩施大峡谷的利益相关者系统构成 ……… 185

    二　恩施大峡谷利益相关者的利益诉求分析 ……… 186

  第三节　恩施大峡谷利益相关者系统关系协调度评价 ……… 196

    一　子系统在经济、社会和环境 3 个

      维度的协调度计算 ……… 197

    二　子系统之间的协调度计算 ……… 201

    三　系统整体的协调度计算 ……… 202

  第四节　恩施大峡谷利益相关者系统关系

    协调机制方案设计 ……… 203

    一　自组织协调机制 ……… 203

    二　他组织协调机制 ……… 207

  本章小结 ……… 208

第八章　结论与展望 ……… 209

附　录 ……… 213

参考文献 ……… 220

后　记 ……… 236

第一章 导论

在当前"创新、协调、绿色、开放、共享"发展理念的引领下，我国旅游资源丰富的地区，旅游产业作为调整经济结构和贫困地区扶贫开发的主导产业，受到地方政府的高度重视和学术界越来越多的关注。但旅游产业是个庞大的系统工程，作为旅游产业的主要吸引物和核心载体，景区的开发及经营活动涉及多个利益主体、多种资源要素投入和综合利用，景区建设甚至从根本上改变一个地区的资源产权结构和利益分配结构，影响一个地区经济、社会和生态环境。故景区开发和经营好则皆大欢喜，带动地方经济繁荣，社会事业进步，生态环境改善，促进新型城镇化和城乡一体化健康发展，张家界等城市就是旅游发展引致成功的典范。反之，则会形成半拉子工程，导致投资人和旅游资源所在地人民群众利益受损，生态环境遭到破坏，社会文化受到侵蚀，政府忙于"救火"，既增加财政负担又有损政府形象，这种案例也大量存在。针对以上情况，本着"从问题中来，到问题中去，以理论指导实践创新"的指导思想，研究探索景区利益相关者系统协调机制，为提高景区开发和经营效率提供理论指导和政策建议。本章主要对本书的研究对象、选题背景、研究意义、研究目标及研究思路、研究内容、研究方法和技术路线、结构安排及主要创新点进行介绍。

第一节 研究对象、研究背景与研究意义

一 研究对象的界定

中国旅游业经过 40 多年的发展，已成为我国国民经济的战略性

支柱产业。[①] 在国家宏观政策和持续快速的经济发展水平的支持下，旅游市场持续、快速升温，旅游消费需求持续高涨，2016 年，全年国内旅游 44.4 亿人次，同比增长 11%，国内旅游总收入 3.9 万亿元，同比增长 14%。国家旅游局预计 2017 年，全年国内旅游人数 48.8 亿人次，同比增长 10%；国内旅游收入达 4.4 万亿元，同比增长 12.5%。入境旅游人数 1.4 亿人次，同比增长 3.5%；国际旅游收入 1260 亿美元，同比增长 5%；出境旅游人数 1.23 亿人次，同比增长 4%。[②] 旅游开发在各地是如火如荼，旅游业已成为国民经济的支柱产业之一。但是，我国广大山区，虽然旅游资源总量丰富，分布却并不均衡且表现出普遍规模较小、景点分散、开发缺乏科学规划、旅游基础配套设施落后等特点，严重制约着旅游业的发展。为了更好地适应我国国情，促进旅游产业更好、更快地发展，政府适时开放旅游市场，充分利用民间资本，景区开发投资主体呈现多样化，不仅有国家、集体，还有社会资本和外资，投资模式也由单一的政府投资转变为政府投资与租赁模式、买断模式相结合。其中，政府投资模式即由政府（中央或地方政府）财政拨款投资兴建，兼由社会捐款和门票收入补充环保和运维费用（主要是大型风景名胜、国家森林公园等，如九寨沟风景区）。租赁模式则是投资主体与景区或者旅游资源所在地地方政府通过谈判并签订协议，获得旅游资源 30—70 年不等的经营权并以向地方政府缴纳租金和税收的开发模式。买断模式又称特许经营，可以分为协商买断和招标（或引资）买断。前者是指有投资旅游开发意愿的企业或个人遵照国家相关规定，与景区主管部门或者旅游资源所在地政府共同协商确定买断费用并签订协议获得一段时间的垄断经营权；后者是指旅游资源主管部门规划拟开发的旅游项目，以招商引资或项目招标的方式，筛选有投资意愿并有实力和能力的企业签

---

① 《国务院关于加快发展旅游业的意见》（国发〔2009〕41 号）。
② 朱英：《2016 年国内旅游总收入 3.9 万亿元》，中国政府网，http://www.gov.cn/shuju/2017-01/09/content_5158138.htm。

订协议，出让经营权的模式。① 在我国，主要景区都分布在山区，其中，又以中小型景区为主。对于地处经济基础落后的山区，特别是在武陵山区等十一个集中连片特困地区，景区开发多采用租赁或特许经营模式。这两种模式的一个共同特征就是由社会资本或者社会资本与集体资本相结合进行投资。但无论是租赁经营还是特许经营，景区投资人的目标都是为了获取利润，故景区在一定时间内的经营必然具有"经济人"特征，需要通过旅游资源开发和在一定时间内的经营收回投资和预期利润。但由于新开发景区受进入性基础设施、投资实力、"品牌影响力"和投资理念等多方面影响，投资者会在成本控制或者回收期限方面发生"近视"行为，进而可能在景区开发、经营过程中对其他有关联的团体或个人的利益产生侵害，甚至可能引发景区经营绩效受到这些关联团体或个人的制约。根据利益相关者概念，这些管理个人或团体即是景区利益相关者（Stakeholders of the Scenic Spot）。

鉴于以上分析，本书选取山区中承包经营新开发景区为研究对象，从系统论的角度研究景区利益相关者，并从复杂适应性系统理论的视角剖析景区利益相关者系统的管理机制，也就是研究包括景区本身在内的围绕景区经营活动而形成利益关系的景区利益相关者系统的协调机制。由于景区本身不能主张权利和义务，故在研究过程中，其利益由其代理人——景区投资人代为执行（有的景区可能是由管理者执行，但考虑到管理者的决策在很大程度上受投资人制约，故选择投资人作为代理人），因此，本书是站在景区的角度研究投资人与其他利益相关者的关系及其协调机制。本书的目的旨在降低景区开发、经营过程中的交易成本，提高景区资源利用效率和管理效率，促进景区的可持续发展并带动地方经济、社会和生态的和谐发展。

二　选题背景

选题源于笔者参与课题研究过程中，针对当前社会热点，在查阅文献和调研中发现的理论与现实的矛盾问题而产生。

---

① 依绍华：《民营企业进行旅游景区开发的现状分析及对策》，《旅游学刊》2003 年第4 期。

（一）项目来源

本选题是笔者在参与国家"863"重大专项课题《基于时空分流导航管理模式的 RIFD 技术在自然生态保护区和地震遗址博物馆的应用研究》（项目编号：2008AA04A107）、国家自然科学基金国际重大合作项目"面向西部旅游经济与生态环境可持续发展的低碳景区集成管理模式研究"（项目编号：71020107027）、教育部高等学校博士学科点专项科研基金资助课题《西部低碳景区可持续发展策略及其评价体系》（项目编号：20110181110034）和博士后师兄戈鹏主持的国家自然科学基金"基于 RFID 的西部景区旅游高峰期游客潮流分布优化控制管理策略研究"（项目编号：71371130）的过程中，针对景区可持续发展管理中存在的现实问题并在低碳景区集成管理模式框架下而产生的命题。景区是旅游业赖以存在的主要吸引物，是旅游经济发展的核心载体，景区旅游经济与景区社会和生态环境协同发展是可持续发展的内容之一。景区利益相关者是景区所在地旅游经济和生态环境可持续发展的直接参与者和被影响者，而在利益协调机制约束下的景区利益相关者的协调发展是景区可持续发展的重要保障，景区可持续发展目标的实现和景区利益相关者系统协调机制正是景区集成管理的重要内容。

（二）理论研究热点

旅游业被称为无烟产业，发展旅游经济作为我国工业欠发达地区和工业资源枯竭地区发展低碳经济，实现可持续发展和建设全面小康社会，构建和谐社会的有效途径已达成广泛共识，尤其是在经济相对落后而旅游资源丰富的广大山区农村地区。旅游业发展迅速，作为旅游业核心载体的景区开发和保护也因此成为关注热点。在我国，景区是一类产品和资源都具有特殊性的企业。从一般意义上来说，旅游景区与普通的企业并无不同，其经营管理也遵循着传统的企业经营管理规律（文彤，2006）。过去的近一个世纪，在西方主流企业管理理论界，"股东至上理论"占据着显赫位置，在他们的经营信条中，企业的出资人是企业的主体和合法的所有者，企业的全部经营活动取决于出资人的意志并服务于出资人的利益。经营者经营管理企业是基于投资人对其授权，经营者在管理中面临处理股东与债权人、职工、社区、公益等的关系时，总是将股东置于优先地位。在当时的理论研究中，无论是古典经济学还是新古典经济学，都主张"股东利益最大化"，而将利益相关者的利益置于讨论范围之外，最多只是将其视作实现股东利益最大化的要素和条件而已。这种思想在很长时间内有它的市场，因为无论大家认同与否，它确实促成了资本主义经济在很长时间内的快速发展。但历史的车轮行驶到20世纪60年代，奉行"股东至上"主义的英美等国在经济发展上遇到了前所未有的困难，而此时，在企业经营中更多地体现"利益相关者"思想的德国和日本等国的经济却迅速崛起。这促使英美国家的经营者和理论家"开始反思其一直奉行的'股东至上'主义"（程宏辉，2004）。随后，20世纪80年代大量的跨国企业敌意收购以及由此而带来的一系列社会问题、不断曝光的环境污染事件、生态灾难和严重的资源浪费等现象，导致其弊端日渐显现并受到越来越多的质疑。在这种背景下，"利益相关者条款才被引入商业决策"（Fairfax，2005）。利益相关者（stakeholder）是相对股东（shareholder）而言的一个概念。按照Freemam的定义，所谓利益相关者是指包括企业股东、消费者、员工、供应商、社区和政府等在内的"能够影响组织目标的实现或者能够为组织目标实现所影响的人或集团"。1984年，Freemam将利益相关者理论系统化的应用到战略管理领域（Lorca and Garcia-Diez，2004）。

与"股东至上"主义相反，利益相关者理论主张企业是所有利益相关者实现其权益主张的载体，而不仅仅是为了股东利益最大化，企业的生存与发展离不开各种利益相关者的参与和支持。正如Donaldson等（1995）所说："利益相关者已经成为企业生存与发展不可忽略的因素，针对利益相关者的管理已成为管理学和社会学中的一个热门话题，利益相关者管理模型成为管理学文献和教科书前言的必不可少的内容部分。"从20世纪90年代初开始，"股东至上"理论正式受到利益相关者理论的挑战（沈一峰、林志扬，2001）。在人力资本和其他专用性资本重要性日益提高的今天，企业的成功在于利益相关者的共同投入，这些共同投入是形成企业核心竞争力的来源（林曦，2010）。

而在当前全球实体经济整体疲软的宏观环境下，大量资本正在寻求新的投资领域。在我国，旅游作为一种一次性投入而永续收益，并能够得到地方政府强力支持的投资项目，正成为资本持有者新的投资方向。但景区开发和经营过程中要处理好资源开发利用和生态环境保护两个议题，而这两个议题的核心则是处理好景区利益相关者系统的关系协调问题。

（三）现实矛盾需要

随着我国改革开放的不断深入和经济持续快速增长，人们收入水平显著提高，全面激活了对休闲旅游的需求，旅游业得以迅速发展，旅游规模不断扩大。在旅游需求拉动下，进入旅游业的资本量呈几何倍增，投入形式日益多样化。随着新型投资主体的介入，旅游景区开发也犹如井喷式增长，相当一部分地区旅游业已经成为地方扶贫开发和经济发展的支柱产业，乃至地方名片，如四川的九寨沟、湖南的张家界、恩施的大峡谷等。在此过程中，景区的参与者和受景区发展影响的群体更加复杂，景区开发和管理也暴露出更多问题，如景区开发与生态环境保护、原居民文化开发保护与外来文化的"侵蚀"、景区投资人与景区原住民（为与国际接轨，以下统称景区社区居民）争利等人与人、人与空间、人与生态等层面的景区及其核心利益相关者的利益冲突等。究其原因，这些矛盾和问题源于旅游地利益相关者利益冲突，如景区社区居民的利益要求、旅游者的利益、旅游产品供应链、政府管理部门等相关者的利益不完全一致等。而包括投资人和政府在内的很多利益主体更多关注的是旅游业发展带来的成就或怎样从旅游发展中获取更多的利益，往往有意或者无意地忽略了旅游发展带来的显性或者隐性的诸多负面问题和矛盾。这些矛盾不仅影响到景区旅游经济、社会发展质量和生态环境保护水平，而且容易导致地方社会不稳定的安全隐患。要解决以上问题，必须将景区看作一个开放性系统，且要回答景区系统包含哪些子系统，即哪些是景区利益相关者？他们的关系怎么样？他们的优先度如何？哪些是核心利益相关者，哪些是边缘利益相关者？他们的相互作用机理如何？利益相关者之间的协调度如何？协调机制如何构建等问题，最终形成一套行之有效的利益相关者协调机制，实现景区所有利益相关者以景区为核心的一种相对稳态，至少其核心利益相关者要协同起来形成一种合力，促进景区管理效率的提高和景区小社会和谐发展。而传统的旅游管理研究多是就景区规划、开发和保护角度展开；将景区利益相关者看作一个系统，并将景区生态环境纳入景区利益相关者系统对于促进景区可持续发展具有重要意义，但相关研究几乎还是空白。本书的研究就是针对以上问题，以利益相关者理论、系统科学、协同学和冲突管理等理论为指导，在对景区利益相关者及其利益诉求、利益冲突进行综合分析的基础上，从企业管理视角，探索景区利益相关者系统协调机制，并以恩施大峡谷为例进行案例研究。

三 研究意义

景区是一个涉及多方、多层次利益的利益共同体，是一个复杂的利益相关者系统。系统内利益各方在一定的环境条件下，相互作用，并最终在一定的机制下运行。有的景区运行状态良好，景区投资人和其他利益相关者获得各自满意的利益，整个系统处于一种高度协调的稳态；而有的景区，特别是一些新开发的景区，在开发和运行过程中，由于管理经验不足特别是利益协调机制不完善，导致各种矛盾和纠纷层出不穷，严重影响景区开发进展和经营绩效。本书站在景区投资人的角度，分析景区开发和经营过程景区利益相关者系统中利益相关者的优先度，各利益相关者的利益诉求和冲突，利益相关者系统协调机制作用机理，据此设计景区利益相关者系统协调机制并结合案例，对景区利益相关者系统协调度进行测评并构建景区开发和经营过程中景区利益相关者关系协调机制。因此，本书的结论对于指导景区管理，提高景区管理效率，指导景区利益相关者管理系统协调具有重要现实意义和理论意义，对于广大山区景区开发和经营具有重要借鉴意义。

（一）理论意义

（1）本书在一定程度上拓展了旅游利益相关者和景区管理的研究领域。传统的旅游利益相关者研究主要还是借鉴企业利益相关者理论，移植于旅游规划、开发、共同治理和可持续发展等领域，研究对象只是以旅游产业链为主体的以人为代表的组织间的关系。而本书在此基础上将生态系统纳入研究范畴，提出了景区利益相关者系统，虽然生态系统也要靠其代理人——政府或者社区居民（所有权益人）以及其他压力组织主张其利益，但在可持续发展成为发展主流的今天，主动考虑生态系统的利益而不是当出现问题后才追责，或者发生冲突后去解决问题，对于旅游景区的管理效率的提高、景区的可持续发展和社会稳定的理论研究具有重要意义。

（2）本书对促进交叉学科的有机融合具有重要的借鉴意义。本书在对景区管理、协同学、系统学、社会学、心理学、组织行为学、利益相关者、项目管理等理论进行系统性梳理的基础上，综合应用旅游管理、系统工程、统计过程控制等多学科的基本理论和方法，运用压力—状态—响应 PSR 模型、AHP 模型及融合主客观的组合赋权法，评价景区利益相关者优先度，分析影响景区利益相关者的关系及作用机理，并建立景区利益相关者利益协调度评价体系，构建景区利益相关者系统协调机制。

（3）目前国内外对景区利益相关者管理问题的研究尚处于初级阶段，缺乏完善的景区利益相关者管理理论体系和适当的工具。本书关于景区利益相关者系统的定义、分类、优先度评价、利益和冲突分析以及协同机制的构建，在一定程度上也丰富了景区管理理论。

（二）现实意义

（1）本书从景区内部、周边社区及区域景区乃至组织与生态多个层面厘清景区利益相关者并构建其关系图谱，分析景区利益相关者尤其是核心利益相关者并剖析利益冲突及其原因，评价利益相关者的优先度，构建利益相关者利益协调机制，为景区利益相关者管理搭建了切实可行的平台，有利于促进景区利益相关者之间的协同，形成合力，减少交易摩擦和冲突，降低成本，对于更好地实现景区管理高效和可持续发展具有较强的现实意义。

（2）在我国，景区投资者及其代理人作为典型的"经济人"，往往将景区经济效益最大化作为他们追求的首要目标，追求的是，在尽可能短的时间内收回投资并获取巨额利润。但在可持续发展观逐渐深入人心、社会责任逐渐被企业和社会公众所接受并且被普遍认为是企业的不可逃避责任的今天,经济利益已经不再是唯一的甚至不是最大的目标。在此背景下,景区作为一个复合的经济体,如何利用景区系统各子系统的自组织特性和创造多方都能接受并行之有效的"外参量",协调各方利益,让各子系统从争取各自利益的无序状态转向为了共同目标奋斗的有序状态,实现经济利益与社会利益的协调,经济与社会和谐发展?利益相关者理论强调企业社会责任的宗旨与资本逐利本性存在根本矛盾,且众利益相关者之间的利益也存在冲突。本书应用系统学和协同学理论,在强调利益相关者利益的同时,高度重视利益冲突;强调冲突控制的同时引入自组织原理,优化干预措施,令景区利益相关者管理更柔性、更实际。

第二节 研究目标与主要内容

一 研究目标

景区利益相关者系统是一个开放性复杂系统,系统成员在外在压力(外参量)和内在利益的驱动下,构成一种复杂的网络关系结构。在此网络结构中,众利益相关者围绕景区展开合作与竞争,同时又有矛盾与冲突。在各种"力"的作用下,利益相关者与景区的关系和位置可能不断变化,原理如图1-1所示。

本书只针对图1-1中特定(目标)景区 A,并将其他区域景区视为非目标景区而仅仅是目标景区 A 的利益相关者。A、B、C、D、E 区域景区中 B、C、D、E 即为非目标景区,属于景区 A 的利益相关者。非目标景区利益相关者会因为各种原因与景区 A 目标或者行为一致、部分不一致甚至完全相反。它们也会对 A -、B - 等一般利益相关者产生引力,改变其与 A 景区的相对位置。其原理就似围绕在质子周围的电荷,受质子吸引会向质子靠拢或者逃离质子束缚一样。那么能不能或者说如何建立一种机制,在内生动力(类似于质子吸引力)和外生动力(外在压力)的作用下,所有利益相关者都和景区目标保

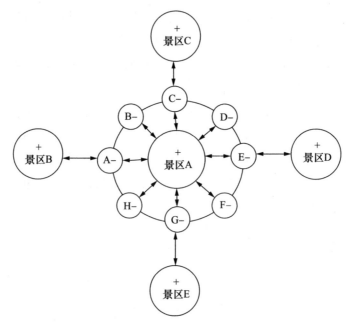

图 1-1 景区利益相关者系统构成元素运动示意

持一致或基本一致，就如负电荷都向质子 A 移动或者维持一种相对稳态。本书的目标就是在分析景区利益相关者系统构成要素，评价要素优先度，分析景区利益相关者协同机理的基础上，构建协同机制，以实现关键利益相关者与景区高度协同，实现景区利益相关者系统的相对稳定，提高景区管理效率，促进景区和谐可持续发展，如图 1-2 所示。

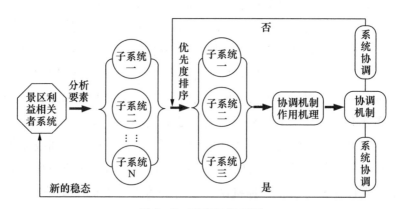

图 1-2 研究目标示意

二　研究思路

景区利益相关者系统是个复杂的系统，每个系统要素都有自己的诉求。因此，景区必须明确属于自己的利益相关者、他们的权力和利益以及寻求协调的途径。基于此，本书的框架大致可以包括以下几个方面：首先，明确旅游景区利益相关者系统由哪些要素构成，其优先度顺序如何。其次，明确景区利益相关者各自的权力和利益是什么，冲突有哪些。再次，厘清景区利益相关者相互作用机理，在此基础上探索协调机制并对其进行评价。最后，进行案例验证。这一逻辑关系具体如图 1-3 所示。

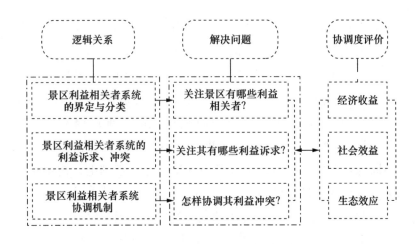

图 1-3　研究思路逻辑关系

三　研究的主要内容

（一）景区利益相关者系统及其属性研究

通过田野调查和文献研究的方法，全面梳理景区利益相关者系统的构成、结构，集成模糊数学、聚类分析等多种方法确定系统类各要素的优先度，在此基础上分析景区利益相关者的利益诉求及其对应的行为特征，评价其利益的可实现程度，分析利益相关者利益冲突，为下文研究提供依据。本章拟从以下几个方面展开研究：第一，从"社区生态系统"到景区"利益相关者系统"；第二，景区利益相关者系统复杂性分析；第三，景区利益相关者优先度评价。

（二）景区利益相关者系统协调机制作用机理研究

景区利益相关者系统协调能给景区带来显著的附加效益。经过上一部分的分析，已经确定利益相关者的优先度，本章将重点研究利益相关者如何协同？其协调机制的作用机理是什么？弄清这些问题是研究景区利益相关者协调机制的基础。本章将从以下几个方面展开研究：

（1）通过文献梳理，结合前文的研究分析景区核心利益相关者和边缘利益相关者的利益诉求，分析景区利益相关者的利益冲突及其成因。

（2）景区核心利益相关者系统演化分析。景区系统是个开放性系统，这个系统在外力和自组织的作用下运转。那么其自组织是怎么形成的？其演化条件是什么？系统协同状态和整体涌现效果如何？

（3）景区利益相关者系统协调的逻辑关系模型。Johansson 和 Mattson（1987）构造了由关系与互动所构成的二维结构网络分析框架，孙国强于 2003 年对其进行了进一步研究，并设计出由关系、互动与协同为基础的三维网络治理逻辑模型，在此基础上，构建景区利益相关者系统协调逻辑模型。

（4）景区利益相关者系统协调机制的作用机理逻辑模型。景区利益相关者系统是一个自组织系统，在外部涨落和内部共同利益驱动下，他们将采取合作竞争的方式组建新的协同组织。即景区利益相关者系统在涨落的触发作用下，通过内部非线性作用机制，形成序参量，达成一种界面协同。结合上文研究，建立景区利益相关者协调机制的作用机理逻辑模型。

（三）景区利益相关者系统协调机制研究

景区利益相关者系统是个开放性复杂系统，利益相关者子系统之间只有形成协同体，才能最大限度地提高景区管理效率；反之，则会使该系统陷入混乱无序的状态。完善的景区利益相关者协调机制是加强景区利益相关者良性竞争和合作，减少机会主义而导致的矛盾和冲突，降低管理成本，提高景区运行效率，促进景区和谐和可持续发展的重要保障。本章在第一部分优先度评价和第二部分机理分析的基础上，对不同类型的景区利益相关者，分别从核心利益相关者和边缘利益相关者两个方面为其构建协调机制模型，建立相应的协调机制，并进行景区利益相关者利益协调度测量。

（四）景区利益相关者系统协调度测评

景区利益相关者协调度测量是衡量机制是否有效的关键。对此，笔者利用优先度评价的结果，构建一个三维的坐标系（经济、社会、环境），根据问卷调查结果结合专家评分法确定利益相关者向量的大小和方向，以及两个相关者的夹角，从而计算两个相关者的合力对经济、社会和环境的影响。并且根据在空间坐标系中的分布来确定分别在这三个方面是否有协调。

（五）恩施大峡谷景区利益相关者系统案例分析

以恩施大峡谷景区为案例，在问卷调查统计分析数据的支持下，分析景区利益相关者利益诉求和冲突，测评系统协调度，并在此基础上设计大峡谷景区利益相关者系统协调机制。

第三节　研究方法与技术路线

一　研究方法

本书是将包括生态系统在内的景区利益相关者当作一个开放性复杂系统进行研究，目的是要构建景区利益相关者系统协调机制，以降低或消除景区利益相关者利益冲突和矛盾，提高管理效率的同时促进景区和地方经济、社会的和谐、可持续发展。本书采用的主要研究方法有：

（1）跨领域研究。杰伊·B. 巴尼和威廉·G. 大内（1986）曾指出："组织理论的研究中一直存在从其他学科借鉴理论的历史，例如最近提出的种群生态理论就是借用的生物学中的概念，组织文化则更多的是来源于人类学理论。"景区利益相关者系统研究是一个涉及多个学科的研究主题，它的研究需要多个学科的理论知识，且跨学科研究正被广泛应用。对此，本书综合运用系统科学、协同学、管理学、经济学、社会学、数理统计等多学科的理论及方法，对研究目标展开研究。

（2）文献归纳与演绎。通过查阅国内外利益相关者理论、景区利益相关者分类与优先度评价、协同理论与方法在景区的利用等相关研究文献，并进行分析、归纳、总结和推理，在了解现有研究进展和存在问题的同时，为本书的研究提供理论支持和方法借鉴。

（3）理论研究与案例研究。在探讨利益相关者、协同学等理论及方法的基础上，从理论层面，构建景区利益相关者系统优先度评价模型、协调机制作用机理模型以及景区利益相关者协调机制，并以恩施大峡谷为例展开案例研究。

（4）问卷调查与统计分析。通过发放和回收问卷收集资料，然后利用 SPSS17.0 对数据进行方差分析及回归分析等，并结合专家打分法评价景区利益相关者优先度及景区利益相关者系统协调度。

（5）定性分析与定量分析相结合。本书在定性描述的基础上总结规律，构建景区利益相关者系统协调机制作用机理逻辑模型和协调机制逻辑模型。定量方法主要应用于问卷统计分析景区利益相关者的利益诉求，用模糊层次分析法进行景区利益相关优先度评价，应用基于矢量模型的多维度协调度评价方法测评景区利益相关者系统协调度。

二　技术路线

技术路线是全书从问题提出到应用什么理论、采用什么方法去解决什么问题的总体规划性文件。本书技术路线安排如图 1-4 所示。

三　结构安排

根据以上的研究技术路线图，本书的结构如图 1-5 所示。

根据结构安排，本书分八章进行论述：

第一章，导论。首先定义了本书的研究对象；其次介绍本书的选题背景及研究意义，并说明研究目标及研究思路、拟解决的关键问题，所采用的研究方法和技术路线以及结构安排；最后明确本书的主要创新点。

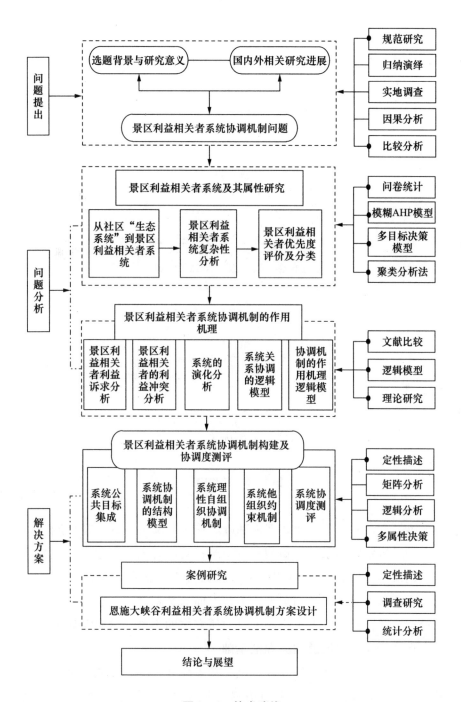

图 1-4　技术路线

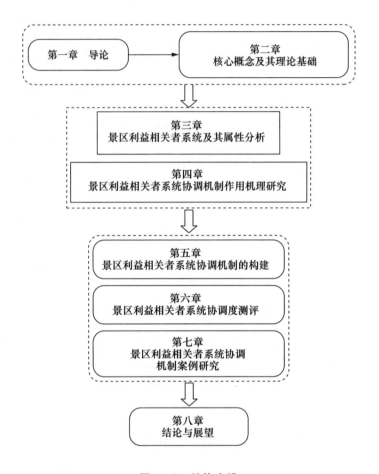

图 1-5 结构安排

第二章，核心概念及其理论基础。首先定义了景区、景区利益相关者、景区系统和景区利益相关者系统；其次对国内外包括利益相关者理论及其在旅游中的应用，利益相关者协调机制、组织协调度测量、系统科学及协同学相关理论等各方面的文献进行了全面梳理和系统分析，并在此基础上，指出了目前研究中的不足，进而明确本书的切入点和研究重点以及相关理论基础。

第三章，景区利益相关者系统及其属性分析。本章从三个方面展开论述：首先介绍了景区发展历程，即从"社区生态系统"到"景区'利益相关者系统'"；其次分析景区利益相关者系统的内外复杂性，在此基础上采用专家意见法筛选指标，应用模糊 AHP 法和多属性决策对景区利益相关者进行优先度评价并分类，为下文的精准化管理提供基础。

第四章，景区利益相关者系统协调机制作用机理研究。首先分析了景区利益相关者的利益诉求及其行为特征，并在此基础上分析了景区利益相关者利益冲突及其对景区发展的影响；其次分析了景区利益相关者系统演化过程，分析了景区利益相关者系统自组织演化以及协同和涌现的过程；在以上分析的基础上，构建了景区利益相关者系统协调的逻辑关系模型和协调机制作用机理的逻辑关系模型。

第五章，景区利益相关者系统协调机制的构建。任何机制的存在价值都是为实现一定目标服务的，因此，笔者首先应用基于可达矩阵的目标集成方法集成了景区利益相关者系统公共目标；其次在分析景区利益相关者系统演化和影响景区利益相关者关系的关键因素的基础上，构建了景区利益相关者系统协调机制结构模型；最后根据结构模型设计了包括目标协调机制、利益协调机制、信任机制、预期管理机制等在内的七个理性自组织协调机制和包括制度保障机制、政策激励机制、效用转移机制在内的他组织约束机制。

第六章，景区利益相关者系统协调度测评。本章主要介绍利益相关者系统关系协调度测评的方法。遵从内涵界定—指标体系构建及量表开发—方法—步骤—评价的流程，本章首先对景区利益相关者系统协调度的内涵进行了界定；其次根据前文优先度评价结果和利益相关者利益诉求的调查结果，在进行文献梳理的基础上参考德威利斯（2004）的量表设计方法设计景区利益相关者协调度评价标准和直接不协调矩阵调查分析表，设计景区利益相关者协调度评价指标体系并开发量表以进行问卷调查收集数据；并介绍了评价方法、评价步骤和计算模型。

第七章，景区利益相关者系统协调机制案例研究。本章以恩施大峡谷为例，对上述研究进行案例分析，根据恩施大峡谷的利益相关者系统实际情况设计协调机制并进行机制作用效果评价，本章是对第三章到第六章内容的应用和验证。

第八章，结论与展望。本章对所研究的内容作了全面总结，并就研究的主要贡献、缺陷与不足及未来的研究方向和展望进行说明。

笔者提出了景区利益相关者系统的概念，并将生态环境纳入利益相关者范畴，运用协同学理论分析景区利益相关者系统演化机理，系统分析了景区利益相关者系统自组织演化和协同涌现过程，构建了景区利益相关者系统协调机制作用机理逻辑模型和协调机制结构模型，并在此基础上从自组织和他组织角度构建了景区利益相关者系统协调机制。在评价景区利益相关者优先度时，考虑到人们对指标体系理解和判断的实际困难，采取了区间赋值法，构建了模糊层次矩阵，提高了判断精度。为测评景区利益相关者系统协调度，构建了基于矢量模型的多维度协调度评价方法，解决了多维度协调度计算的难题。

第二章 核心概念及其理论基础

　　景区是旅游的主要吸引物，景区的内涵和质量是满足游客日趋多样化需求、带给游客体验价值的核心载体。虽然理论界关于景区的研究很多，但是广大非专业群体对于景区及其相关概念并没有清晰的界定。本章对于本书的核心概念进行了科学界定，并就相关研究进行了文献梳理。

第一节　核心概念

一　景区

　　我国现有旅游景区（点）15000 多个，并且在以较高的速度增加，因此，旅游景区管理成为一个重要的管理话题。但由于对旅游的研究涉及经济学、社会学、民族学、管理学甚至心理学等多门学科，故目前人们对于旅游景区（以下简称景区）的概念仍然是百花齐放，百家争鸣，还没有一个被普遍接受和认可的定义。欧美更多地采用旅游吸引物（Tourist Attractions 或者 Visitor Attractions）来代表景区，强调景区在旅游中的"磁性"作用。如 Lew（1987）指出旅游吸引物包括能够吸引旅游者离开家的，所有可供游客观赏的自然、人文景观、可参与体验的活动以及值得回忆的体验过程等因素。华尔士和史蒂文斯（Walsh Heron and Stevens，1990）提出景区（Tourist Attractions）是有如下特征的吸引物：经营的目的是为了吸引旅游者和当地居民来访；为游客提供度过闲暇时间并获得愉悦感受的机会和消遣的方式；根据游客需求进行管理，充分发挥其潜在能力；根据不同游客的兴趣、爱好和需要提供相应水准的设施和服务，使顾客满意。苏格兰旅游委员会、英国旅游局（1991）定义为不仅仅是作为零售地点或者体育竞赛场地、戏剧演出、电影院，而是一类永久性的，面向公众开放且无须提前预订的，能让公众在此获得消遣或受到教育的机会对过夜旅游者、一日游者和当地居民都具有吸引力的游览目的地。很显然，该定义将购物区、影视文化展示区和体育场馆及博览会等临时性景区排除在外。因此，史蒂文斯（Stevens，2000）在《旅行与旅游分析》（*Travel and Tourism Analyst*）一书中批评该定义"暴露出对景区的短见、狭隘和陈旧的观点，忽略了推进当前发展的消费者需求所具有的快速变化的性质"。

　　旅游景区在我国不同的发展经济阶段，具有不同的使命，含义自然也不相同。根据范围和领域的不同，将旅游景区分为风景名胜区、风景区、旅游区、旅游景区、旅游景点等。中华人民共和国国家质量监督检验检疫总局 2004 年发布的《旅游区（点）质量等级的划分与评定》国家标准，将"旅游区（点）"（tourist attraction）定义为：旅游区是以旅游及其相关活动为主要功能或主要功能之一的空间或地域。本标准中旅游区（点）是指具有参观游览、休闲度假、康乐健身等功能，具备相应旅游服务设施并提供相应旅游服务的独立管理区。该管理区应有统一的经营管理机构和明确的地域范围。包括风景区、文博院馆、寺庙观堂、旅游度假区、自然保护区、主题公园、森林公园、地质公园、游乐园、动物园、植物园及工业、农业、经贸、科教、军事、体育、文化艺术等各类旅游区（点）。[①] 张凌云（2004）将旅游景区定义为以吸引游客为目的，为游客提供一种快乐、愉悦和审美的体验，并根据游客接待情况开发潜在市场需求，提供相应设施和服务，有明确的范围和一定空间尺度的场所、设施或活动项目。旅游景区是以旅游资源或一定的景观、娱乐设施为主体，开展参观游

[①] 中华人民共和国国家质量监督检验检疫总局：《旅游区（点）质量等级的划分与评定》（国家标准 GB/T 17775—2003），中华人民共和国国家旅游局官网，http：//www.cnta.gov.cn。

览、娱乐休闲、康体健身、科学考察、文化教育等活动和服务的一切场所和设施。张维、郭鲁芳（2006）将旅游景区定义为旅游者提供旅游产品的企业组织。

　　景区是旅游业的主要吸引物，旅游服务是景区的基本功能与本质属性。综上所述，景区必须具有以下特征：存在于一定地理范围内；能为游客提供满足其特定需要；有独立的专门管理单位；具有某种特殊吸引力的人文或者自然特征和景区附属的旅游服务设施，并被赋予特定名称；具有可进入性（有方便的交通网络）。景区既可以受行政区划的约束，也可能因为地形地貌、景观、社会文化关联而打破行政区划结成新的单元——景区联盟。它的空间跨度差别既可以很大，大到跨省、自治区，也可以很小，小到一个山头、一片湖泊、一栋古建筑、一个考古遗址……

　　根据樊勇明等（2001）对产品性质及其划分路径（图 2 - 1），景区同时具有排他性和非竞争性的准公共产品性质。

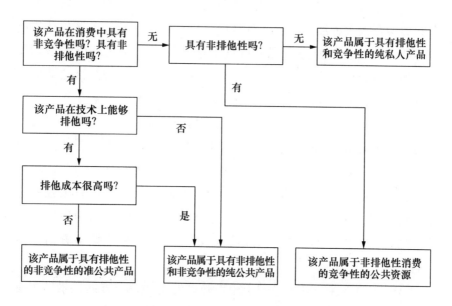

图 2 - 1　产品性质及其划分路径

　　但旅游景区与一般产品不同，它是以旅游活动为中心，由相关主体的特定活动联合起来构成的一个复合系统。该系统具有以下特性：

第一，系统性。旅游景区是一个由环境系统与相关行为主体两个子系统构成相互作用而又有机地联系在一起的系统。

第二，复杂性。不论是景区的环境系统还是行为主体系统，都是由非常复杂的多重要素构成的，进而决定了系统要素之间关系的复杂性。

第三，景区的空间性与行业特性。景区存在于一定的地域空间范围内，它的发展受到该空间范围内的各种环境要素的影响；同时，它又属于旅游产业的一个核心环节，所以受制于旅游产业环境。

第四，利益性。利益是联系各种要素的基本纽带，正如马克思所说，是"利益把市民社会的成员彼此联系起来"。景区是旅游活动产生的前提条件，而旅游活动的产生是因为旅游链上所有利益相关者追求各自的利益结果。

第五，地域性。景区的地域性是由旅游资源分布的地域性特点决定的。景区所在区位决定了旅游资源的特色和类型，而旅游资源的特色和类型在很大程度上决定了景区的吸引力大小。此外，区位还影响游客的可进入性，因为游客的可进入性与景区所在地理位置密切相关，如空间距离、交通条件等。同时，区位还决定着与景区之间的空间竞合关系，成为促进或制约景区进一步发展的驱动因素。

第六，辐射性。景区系统具有很强的辐射功能。一方面，游客在旅游过程中存在空间的转移，在这种转移过程中，往往还伴随信息流、资金流、物质流、能量流以及文化流的空间转移。因此，景区会对其他景区产生空间辐射效应。另一方面，旅游业具有很强的行业带动功能，正因如此，所以旅游业被很多地方政府作为发展地方经济的良方；景区的发展还对地方经济、社会、环境等多方面产生影响。

第七，动态性。景区是一个相当开放的系统，一方面，景区本身是动态的，景区系统有着自组织功能，各子系统之间会相互协调，协同发展；另一方面，政治、经济、社会等各种外界环境也是动态的。置身于一个不断变化的环境中，景区的发展也必然是动态的，变化着的。基于旅游地的动态性，旅游地内部系统要素之间以及旅游地之间的竞合关系也是变化的。

在我国，作为旅游业核心载体的景区分为事业部制和民营资本投资的营利制模式。前者主要是指一些大型景区，由国家投资并由国家派出机构，一般为景区管理局经营管理，如九寨沟风景区，由九寨沟景区管理局管理，主要依赖政府拨款（转移支付或者减免税收）和门票收入等资金来源维持市场运营；后者多为民营资本通过租赁或者买断取得旅游资源一定时期的经营权而投资开发并经营，以中小景区为主，主要靠门票收入保证后续投入和盈利。

前文已定义本书的研究对象为对山区承包经营的中小型景区，其本质上属于营利性企业。故本书将"景区"定义为由有关政府部门批准，存在于特定地理范围内，由特定投资人投资开发与建设并进行经营管理以获取收益目的的，包括一系列具有若干特定人文与自然特征和特定名称的旅游吸引物、旅游设施、旅游服务和存在于该范围之内对景区经营活动起着重要作用与影响，但不一定是游客当前关注的旅游要素，如景区区域内的生态环境等。

二 景区利益相关者

Walle（1995）指出，旅游业是一个综合性的行业，由于需要多个行业的协作，因此比其他大部分行业所涉及的利益相关者都要多，这也导致了如何对景区利益相关者进行界定的难题。如果"谁是企业的利益相关者这一基本概念都未清晰界定的话，要想进行有效的管理是非常困难的"（程宏辉，2004）。因此，景区利益相关者的界定与分类对于景区管理具有重要意义。

国外很少见景区利益相关者的概念，多是以旅游利益相关者出现。Erick 和 Holly 等（2009）在研究乡村旅游时将乡村旅游业的利益相关者定义为包括旅游开发商、旅游经营公司、当地居民、当地政府、游客、政府部门等在内的群体，并描述了这些利益相关者之间的关系；Michael 和 Jack（2008）在研究澳大利亚自然保护区时，将保护区员工、游客、本地居民、旅游投资人、地方政府、地方利益团体、野生动植物保护组织等列为保护区利益相关者，并分析了这些利益相关者之间的关系。而"旅游利益相关者"术语首次在国内中文期刊上出现是张广瑞（2000）翻译的《全球旅游伦理规范》。① 黄昆（2004）从景区环境管理的角度提出景区利益相关者主要包括政府部门、景区员工、景区投资者、当地居民和旅游者等，他们要么受到景区经营活动所产生的环境问题的影响，要么对景区在环保问题上采取的经营措施施加影响，也可能二者兼有。张维、郭鲁芳（2006）关于旅游景区的利益相关者定义为："能够影响旅游景区目标的实现，或者被旅游景区目标影响的个人或群体，包括游客、景区经营者、景区员工、景区管委会、景区居民、竞争者、旅行社等"，并绘制了旅游景区利益相关者关系图，如图2-2所示。

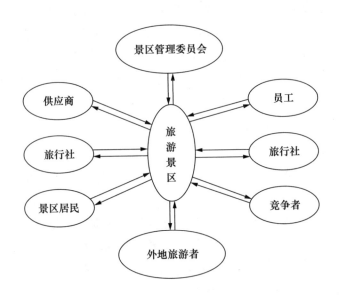

图2-2 旅游利益相关者关系

王兆峰、腾飞（2012）在研究西部民族地区社区旅游时，将那些在社区旅游开发和经营过程中拥有直接的经济、社会和环境利益，享有较大权利，旅游发展与决策会对他们本身的利益产生较大影响，具

---

① 张广瑞：《全球旅游伦理规范》，《旅游学刊》2000年第7期。

体包括政府机构、社区居民、游客和旅游企业在内的群体定义为社区旅游的核心利益相关者。陈爱宣（2008）在研究古村落旅游公司的利益相关者共同治理模式时，将在古村落旅游公司中有专用性投资，并因此而承担该企业相应经营风险的群体或个人定义为利益相关者，他们能够主动或被动地影响企业目标实现或者受企业实现目标活动影响。按照陈爱宣的理解，旅游利益相关者必须是对景区进行了专用性投资、主动或被动参与景区活动而相互影响并承担风险的群体或个人。

综上所述，本书将景区利益相关者定义为：包括景区本身、游客、景区经营者、员工、景区所在地社区居民、同类景区竞争者、旅游供应链、各级政府、压力组织乃至景区生态环境等在内的受景区开发、经营活动影响或者对景区活动能够产生影响的团体或个人。其中景区作为利益相关者，其本身没有行为能力，但景区是由投资者投资开发，其目的是要以此盈利或者实现其他目标，故投资人即景区代言人，所以本书以景区投资人代表景区。

三　景区利益相关者系统

在旅游资源被开发成为景区之前，资源所在地处于一种关系相对单纯的、稳定的初始状态，而景区投资人的进入，将旅游资源转变为旅游景区并开始对外运营，于是大量游客、旅游供应链等其他利益相关者加入，这时就形成了一个新的利益相关者系统，我们称之为景区利益相关者系统。景区的经营活动涉及经济、社会和环境三个子系统，如图2-3所示。

从系统论的角度来看，景区是一个由一系列旅游要素构成的相对封闭的自成体系有弹性的开放系统，如图2-4所示。其中，相对封闭是指景区是一个自成体系，独立经营、自负盈亏的经济体；而开放性是指景区在经营过程中不仅要和外界有物质流、人流、资金流、信息流和技术流的交换，而且要受到宏观政策、法律法规、地方文化等因素的影响。弹性则是指景区所包含的各种要素，如游客、供应链、资源等要素及其之间的关系和相互作用具有弹性。

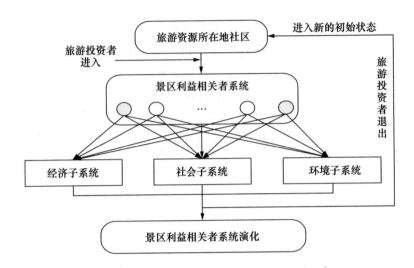

图 2 - 3　景区系统演化

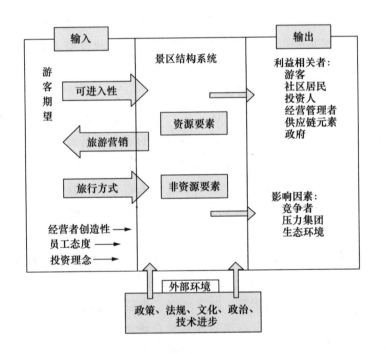

图 2 - 4　景区利益相关者系统模型①

---

① 根据 Laws E. , *Tourist Destination Management*：*Issues*，*Analysis and Policies*，Routledge，1979：36 改编。

四 景区利益相关者系统协调机制

（一）景区利益相关者系统协调的含义

1. 协调的定义

关于协调的理解众说纷纭，正如亚历山大（Alexander，1988）所说的"如果我们不知道到底什么是协调的话，真正的原因并不是缺少现成的定义；相反，是太多并且各不相同"。Lindblon（1965）认为，协调是将环境因素纳入考虑后所做的决策。而 Hage（1974）则认为是有意识的控制，他在综合前人多种观点的基础上将协调定义为"两个或两个以上组织为了实现个人或者单个组织无法完成的目标，对个人或者组织的行为和决策进行管理的过程"。学者们普遍认为协调产生的根源是不同主体或不同环节之间存在分歧的同时又存在一定的依赖关系。

2. 景区利益相关者系统协调

根据协调的定义，本书将景区利益相关者系统协调定义为以景区系统的全面和谐发展为总体目标，景区利益相关者系统以及系统的要素之间在组织、结构和目标上的一种对应关系状态，是景区利益相关者系统各要素之间对目标不断调整并采取行动使系统达到一种和谐稳定状态的过程。

提高景区管理效率，促进景区持续、高效发展要求景区利益相关者系统协调发展。对于景区而言，利益相关系统协调既是一种发展状态，也是一个发展过程。作为一种状态，是指景区利益相关者系统中各利益群体之间的融洽关系，表现为系统良好的运行状态和趋势，具有整体效应；而作为一个过程，则表现为一种控制和管理职能，景区投资人或者其代表——经营者根据景区发展战略和目标对其包括规划、资源开发等环节在内的各种经营活动的干预和调节，使各种利益相关者群体在这些活动中减少矛盾，相互协调，向着共同目标或者远景而努力，在实现投资人经济利益的同时，实现尽可能大的景区所在地的社会效益和生态环境效益。景区利益相关者系统的协调发展，是一种合作博弈的最优化协调，其目的不仅仅是平衡各个利益主体之间的利益，更重要的是优化主体间的合作，使系统整体效益最大化，实现地方社会、经济和环境的和谐发展。

（二）景区利益相关者系统协调机制的含义

1. 协调机制的定义

协调机制在不同时段有不同称谓，如协调机制（Coordination Mechanism）、协调形式（Coordination Formats）、协调策略（Coordination Schemes）等，最早可以追溯到19世纪60年代。文献中大多数学者都将协调机制定义为"用来管理两个主体之间相互依赖关系和活动的一整套方式和方法"。这些方式和方法由四个共同的基本元素构成：信息流及其反馈、决策流、协调及被协调主体和协调流。这四种基本元素以不同的方式进行排列组合，形成一定的协调机制。

协调机制按照一定的标准可以分为不同的类型。如玛奇和西蒙（March and Simon，1958）将协调机制分为 Coordination by Plan（计划型协调）和 Coordination by Feed-back（反馈型协调）。前者是指在活动之前拟订好计划并按照计划进行协调；后者则是在行动过程中，根据活动进行过程中表现出的信息进行协调。前者适合于环境稳定并可以预见结果的情形，后者则适合于复杂环境中干扰变化较多的情形。范德文等（van De Ven，et al.，1976，1984）将协调机制分为两类：一是利用标准、规则和计划等实现设计好的规则或制度协调控制，处理各种组织间依赖关系的程序化协调机制；二是利用相互适应、反馈、群体会议以及建立工作关系和信任等处理组织间依赖关系的给予人际关系协调、沟通的协调机制。波特利尔（Boutilier，1996）在研究多媒体系统时提出三种协调机制：基于沟通的协调机制、基于惯例式的协调机制以及基于学习的协调机制。安应民等在对文献进行梳理的基础上，对协调机制进行了分类，如图2-5所示。

在图2-5中，安应民将系统简化为两两关系，将协调模式分为自主协调和第三方协调。他将多元素系统的协调机制简单化，易于理解，并且指明了协调可以通过预先的计划和通过第三方干预进行。但是他忽略了系统的复杂性和协调方式的可综合性，现实实践中，完全依靠系统要素的自我调解或者完全依赖第三方都是不现实的。因为像景区利益相关者系统这种复杂利益系统，各自所拥有的资源不同，对景区的期望值不同，甚至利益主体的出发点不同，他们对景区建设的干扰动机就不同。

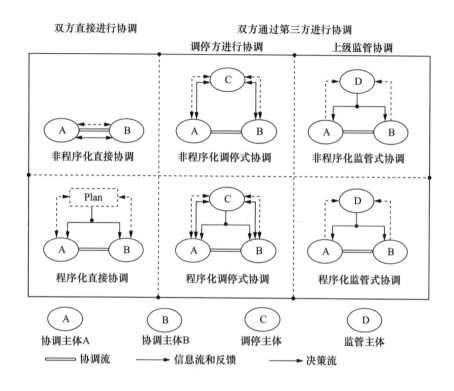

图 2 - 5　协调机制的分类总体

2. 景区利益相关者协调机制

通过设计并运行科学、合理的协调机制，有效协调景区利益相关者系统，在实现经济效益的同时，实现良好的社会效益和生态环境效益是景区管理的最高目标，而利益相关者系统协调机制正是所有景区想要的、实现真正协调发展目标的重要保障。景区利益相关者系统协调机制本质上是一套从利益分配到组织完善、精神激励和预期管理等在内的涉及物质、精神和制度的约束、激励体系，具体分为系统内协调机制和系统外协调机制及其保障机制。而系统内协调机制又包括目标协调机制、利益协调机制、冲突协调机制、组织结构协调机制和预期管理机制等；系统外协调机制主要是各种规章制度的约束机制。

第二节　国内外研究现状

一　利益相关者理论

（一）利益相关者理论发展阶段

利益相关者理论的发展经历了从利益相关者影响到利益相关者参与的过程（刘美玉，2010）。利益相关者理论的发展大致分为三个阶段，如表2-1所示。

表2-1　　　　　　　利益相关者理论发展三阶段

研究阶段	大致年份	观点	代表人物
影响企业生存	1963—1984	研究谁是利益相关者，与企业关系如何	SRI，Rhenman，Ansoff，Salanci 等
突出战略地位实施战略管理	1984—1995	强调利益相关者在企业战略分析、规划和实施中的作用	Freeman，Bowie，Alkhafaji
参与所有权分配	1995年至今	突出利益相关者的利益，考虑利益相关者的剩余索取权如何实现及其对企业的绩效影响	Blair，Mitchell，Agle，Donaldson and preston，Clarkson 等

利益相关者理论的发展是个动态的过程，其发展脉络如图2-6所示。

就第三阶段的研究，威廉姆森（1985、1996）、布莱尔（1995、1996）、Rajan 和 Zingales（1997、1998）、克拉克森等做出了巨大贡献。威廉姆森（1985、1996）首次提出了公司治理框架中应该给那些向公司提供了"专用性资产"的人一定的位置。布莱尔（1995a）认为，利益相关者是那些向公司投入了"专用性资产"且该资产事实上处于风险中的人，他们因"专用性资产"的投入而承担公司剩余风险的同时享有相应的剩余索取权。企业是由利益相关者组成的系统（Clarkson，1995），因此对利益相关者的管理应该是系统管理。

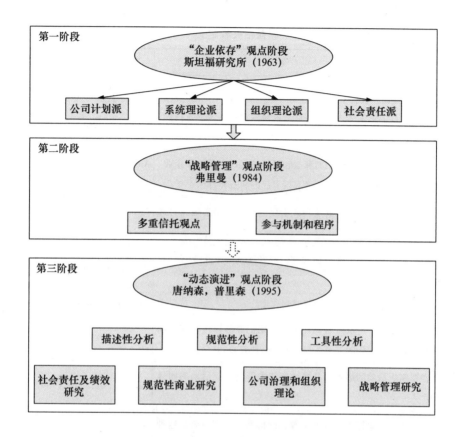

图 2-6 利益相关者理论发展脉络①

（二）利益相关者的界定

"利益相关者"最早用来描述人们在某一项活动或企业运营的过程中"下注"而获得抽头或赔本。② 而 1963 年美国斯坦福研究院（Stanford Institute）的研究报告中描述的"利益相关者是一个群体，没有它的支持，组织将不会存在"则是利益相关者最早的知识基础。中西方学者所给出的有代表性的利益相关者定义如表 2-2 所示。

---

① 王辉：《从"企业依存"到"动态演化"——一个利益相关者理论文献的回顾与评述》，《经济管理》2003 年第 2 期。

② 《牛津词典》。

表 2 - 2　　　　　　　　　利益相关者定义①

定　　义	定义者
没有他们的支持，组织将无法生存的团体	Stanford Memo（1963）
利益相关者与企业互为依存，前者依靠后者来实现个人目标，而后者也依靠前者来维持生存	Freeman（1964）
一个企业的参与者，他们的利益和目标的实现必须依靠企业；而企业也必须依赖利益相关者实现自己的利益和目标	Ahlstedt 和 Jalmukainen（1971）
能够影响一个组织目标的实现或者受到一个组织实现其目标过程影响的人	Freeman 和 Reed（1983）Freeman（1984）
那些能够影响一个企业目标实现，或者受到一个企业行为影响的人	Freeman 和 Gilbert（1987）
权利因公司活动而受到侵犯或受到尊重的人	Evan 和 Freeman（1998）
在公司中下了一种或多种赌注的人。他们能够以所有权或法律的名义对公司资源共享产权或财产行使收益和权利	Carroll（1989）
利益受组织活动的影响，并且也有能力影响组织活动的团体和个人	Savage，Nix，etc.（1991）
那些通过向企业提供关键性资源，以换取个人利益满足这种交换关系的存在而与企业建立起联系并对企业有合法要求权的团体	Hill 和 Jones（1992）
利益相关者与某个组织有着一些如交易关系、行为影响及道德责任等合法的、不平凡的关系	Brenner（1993）
他们在企业中投入一种或多种形式的"赌注"，因而影响企业的活动，或受到企业活动的影响	Carroll（1993）
联合价值创造的人为过程的参与者	Freeman（1994）
他们会受到或可能受到企业活动明显或潜在的影响，会影响或潜在地影响企业的活动，他们的权益正在显性化	Starik（1994）

---

① 程宏辉：《利益相关者的利益要求：理论与实证研究》，经济管理出版社 2004 年版，第 103—105 页；刘美玉：《企业利益相关者共同治理与相互制衡研究》，北京师范大学出版社 2010 年版，第 37—43 页。

续表

定　义	定义者
可能或正在为企业投入"赌注"，会受到企业活动明显或潜在的影响，也可以明显或潜在地影响企业活动的个体或组织	Starik（1994）
在企业中投入了一些实物资本、人力资本、财务资本或一些有价值的东西，并由此而承担了某些形式的风险，或者说因企业活动而承担风险的人	Clarkson（1994）
那些因为企业的作为或不作为而受益或受损，或预期将会受益或受损的个人或团体	Donaldson 和 Preston（1995）
为企业投入专用性资产以及由此而在事实上承担了风险，享有剩余索取权的个人或组织	Blair M. M.（1995）
利益相关者是通过契约与公司形成特定经济关系，期望从公司经营中获取回报，或者尽管没有契约关系，但其利益受公司经营影响，并能通过特定手段影响公司经营的个体或团体	李苹莉（2001）
利益相关者是那些在企业中进行了一定专业性投资，能够影响企业目标实现，或者受该企业实现其目标过程影响的群体或个人	程宏辉（2004）
利益相关者是通过契约与企业形成特定的利益关系，期望从企业经营中获得回报，并主动或被动承担一定的企业经营风险的个人或团体	刘美玉（2010）

　　以上定义从不同角度界定了利益相关者，但是他们更多地关注向企业进行投资并受企业经营行为影响的个人或组织，并没有将自然环境及其他生物考虑进去。而在可持续发展背景下，人们对环境和生态的关注日益提高，而且生态环境保护和其他生物的自然演化是旅游可持续发展的基础保障，因此，研究旅游利益相关者就必须考虑以上两个因素。正如李心合（2001）所言："企业的资源配置和使用不仅对人类种群的利益产生影响，而且对其他生物和客观环境状态产生影响……这些包括人类的和非人类的以及现实的和潜在的受企业资源配置行为影响的对象都应当被视为企业的利益相关者。"这样理解利益

相关者并按这个最宽泛的利益相关者概念配置管理资源,才真正符合可持续发展战略的要求。

(三) 利益相关者的分类

企业经营活动离不开利益相关者的参与,所有的利益相关者都可能是十分重要的,但没有人说过他们是同等重要的(沃克、马尔,2003)。因此,如果不进行分类管理,就会像托马斯·唐纳森等所言:"列出一个大公司的所有有资格作为利益相关者的人,后果只能是将不相同要求和目标的群体混在一起,反而解决不了任何问题。"正如陈宏辉(2003)所描述的"简单将所有利益相关者看成一个整体进行研究与应用推广,几乎无法得出令人信服的结论"。

鉴于不同的利益相关者所占有资源的差异性和对于企业的重要程度不同,他们对于企业经营活动的影响作用和企业活动对他们的影响大小也不一样。因此,按照一定的标准对利益相关者进行分类对于利益相关者管理具有重要意义。以下学者从不同侧面进行了分类:

(1) 弗里曼(Freeman,1984)从所有权(Ownership)、经济依赖性(Economic dependence)和社会利益(Social interest)三个不同的维度,将利益相关者分为因为持有公司股票从而拥有企业所有权的利益相关者、在公司工作以获得薪酬从而在经济上对企业有依赖关系的利益相关者和与公司既无所有权又无经济依赖关系,但在社会利益上与企业有关的利益相关者,如政府、媒体等。

(2) 弗雷德瑞克(Frederick,1992)将利益相关者分为股东、债权人、供应商等与企业直接发生交易关系的直接利益相关者。前者与企业直接发生交易关系,和政府、社团、媒体等与企业发生非交易关系的间接利益相关者,如图 2 - 7 所示。

(3) Savage(1991)采用威胁性与合作性两个维度将利益相关者区分为四类:支持型、边缘型、反对型、混合型,如图 2 - 8 所示。

从图 2 - 8 中可见,在第一象限的利益相关者,合作性高而威胁性低,属于支持企业目标和行为的群体或个人,如股东、雇员,被称为支持型利益相关者;在第二象限,则是那些对企业目标和行为威胁性和合作性都一般的群体或个人,如公众、社区、公众等,故称为边

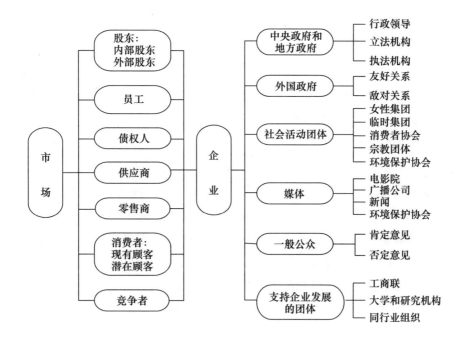

图 2 - 7　企业中利益相关者分类①

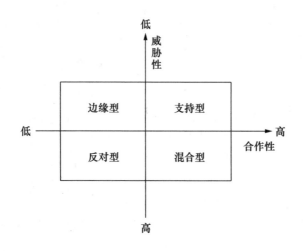

图 2 - 8　Savage 利益相关者分类

　① 寇小萱:《企业营销中的伦理问题研究》,天津人民出版社 2009 年版,第 77 页。

缘型利益相关者；在第三象限的利益相关者，属于不仅对企业目标和行为威胁性高，而且合作意愿低的群体或个人，如竞争对手、环保部门等，所以称为反对型利益相关者；第四象限，如图 2 - 8 所示，虽然威胁性较高，但同时也具有较高的合作意愿，既可能成为支持型，也可能成为反对型的群体或个人，如债权人、媒体等，因此称为混合型利益相关者。

（4）查克汉姆（Charkham，1992）根据相关利益群体是否与企业存在交易合同关系分为契约型（contractual stakeholders）和公众型利益相关者（community stakeholders）；克拉克森（Clarkson，1998）根据利益相关者与企业关系的紧密性程度将其分为主要利益相关者和次要利益相关者；维勒（Wheeler，1998）引入社会性维度，在克拉克森的基础上，将利益相关者分为主要社会利益相关者、次要社会利益相关者、主要非社会利益相关者和次要非社会利益相关者，见图 2 - 9。

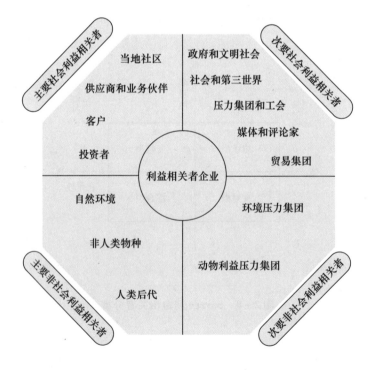

图 2 - 9 Wheeler 利益相关者分类

上述利益相关者分类方法对于人们认知利益相关者有极大的促进作用,但这些方法却缺乏可操作性。对此,Mitchell 等在研究利益相关者理论的产生与发展脉络的基础上,提出了被后人称为米切尔评分法(Score – based Approach)的分类方法,即从影响力(Power)、合法性(Legitimacy)和紧迫性(Urgency)三个维度对利益相关者进行了划分的方法,如图 2 – 10 所示。

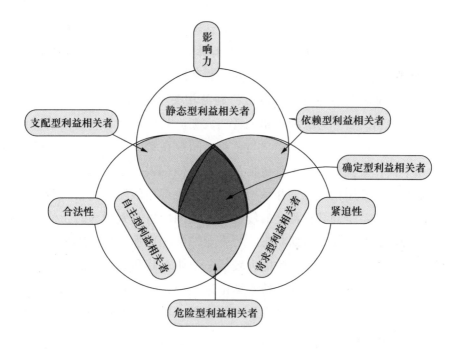

图 2 – 10 Mitchell、Agle 和 Wood(1997)利益相关者分类

按照 Mitchell(1997)等的划分标准,同时具备影响力、合法性和紧迫性三个属性的叫作确定型利益相关者,如图 2 – 10 中心三元交叠黑色部分所示;同时拥有两个属性的被称为预期型利益相关者,根据拥有的维度属性不同,预期型利益相关者又可分为支配型、依赖型和危险型三种利益相关者,如图 2 – 10 中浅色阴影部分所示;只具有三个属性中一项的被称为潜在的利益相关者,如图中白色部分所示。其中,静态型利益相关者只具有影响力,自主型利益相关者只具备合

法性，苛求型利益相关者只具有紧迫性。米切尔分类法最大的贡献在于确定了不同利益相关者类型的动态性，即外界条件的改变可能使利益相关者从不同状态之间发生转变。正如程宏辉（2003）所言："评分法极大地改善了利益相关者分类的可操作性，在很大程度上推动了利益相关者理论的应用，并成为利益相关者分类中最常用的方法之一。"

国内，陈宏辉和贾生华（2004）指出不同类型利益相关者对于企业管理决策的影响以及其受到的企业活动影响的程度是不一样的。因此，主张从多个角度对利益相关者群体进行分类。他们在综合分析"多维细分法"和"米切尔评分法"的基础上，从利益相关者的主动性、重要性和紧急性三个维度，将利益相关者分为核心利益相关者、蛰伏利益相关者、边缘利益相关者三大类。其中，核心利益相关者包括股东、管理人员和员工，是与企业之间存在紧密利益缔结关系的群体和个人；蛰伏利益相关者包括消费者、债权人、契约人，他们因为向企业投入专用性资源，并承担与专用性投资相匹配的经营风险，而当他们的利益受到某种程度的侵害或者预期即将受到侵害时，他们可能由蛰伏状态转变为活跃状态，对企业的影响更加明显；边缘利益相关者对企业而言，通常影响能力较低，企业对其利益诉求的反应也较弱，如社区等。钱晨在他的博士学位论文中，根据利益相关者是否为企业产权主体和所投入"赌注"的关键性，将企业利益相关者分为四类，见图 2 - 11。

最终，他认为股东、经营者、债权人、员工和政府这五类利益相关者对公司治理关系最为密切。

刘美玉（2010）指出，由于利益相关者的研究已经进入参与治理阶段，利益相关者的分类应该有助于公司治理。她认为实践中分类应该遵循以下原则：①能反映利益相关者最本质的区别；②能够分辨出各利益相关者权利的实现方式，从而确定影响其参与公司治理的方式；③界定方法能够真实、准确地反映各利益相关者在企业中的角色定位；④要考虑利益相关者角色的动态性和重叠性。

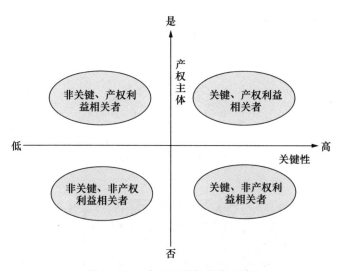

图 2 – 11 企业利益相关者分类

以上文献对利益相关者分类和分类方法给出了很多建议，但利益相关者之间的关系如何呢？对此理论界的看法也分为两类：一类以 Freeman（1984）、Clarkson（1995）为代表，他们认为利益相关者之间只存在"二元关系"。因此，他们将企业置于利益相关者集合的中心，只考虑不同企业之间的关系而忽略利益相关者彼此之间的联系，如图 2 – 12 所示；Starik（1994）、Freeman（1999）、Rowley（1997）等提出了另外一种观点，认为企业与利益相关者之间、不同的利益相关者之间的联系是多方向、多角度的，应该是网状结构，可能是直接的也可能是间接的，如图 2 – 13 所示，其中 Starik 和 Freeman 甚至主张在网络框架下研究企业与其利益相关者以及不同利益相关者之间的相互影响，反对将企业置于网络的中心，如图 2 – 14 所示。

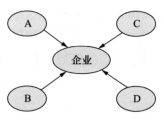

图 2 – 12 二元关系

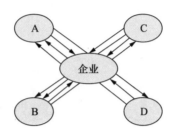

图 2 - 13　中心网络结构

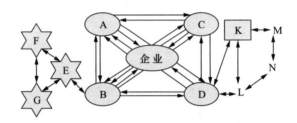

图 2 - 14　非中心网络结构

　　虽然从网络角度考察企业与利益相关者的关系从理论上更完美，但是在实践管理中这种分析太过于复杂，特别是图 2 - 14，企业对利益相关者的利益很难兼顾。

　　为了研究利益相关者对管理绩效的影响，吴玲、陈维政 (2003) 将企业对利益相关者的分类管理和管理绩效评价结合起来，建立了具有绩效和管理双向信息反馈特征的分类管理的定量模式。一方面使企业对利益相关者实施分类管理变得定量与可控；另一方面使绩效评价真正起到对管理的导向作用，使利益相关者理论具有可操作性。他们的研究成果具有较强的现实指导性。

　　二　国内外旅游利益相关者研究基础

　　20 世纪 70 至 80 年代，随着可持续发展研究的不断深入，旅游业快速发展带来的环境问题、生态问题以及社会交通、能源乃至社会公平等问题受到广泛的关注，有学者开始将"利益相关者" (Stakeholder) 理论用于旅游领域的研究，并提出了"旅游利益相关者"这一概念。"Stakeholder"一词最早出现在 ATOR 杂志 1988 年第 2 期的一篇研究旅游规划中的社区参与的文章《社区中负责任和响应灵敏的旅游规划》（Haywood K. M.，1988）。但此后很长时间内，国外学者对旅游利益相关者的研究成果主要集中在对旅游利益相关者的界定及分类；旅游规划、旅游管理中的利益相关者合作，利益相关者在旅游环境伦理与可持续发展中影响，社区旅游及其协作中的利益相关者等问题。仅有少量关于旅游利益相关者冲突的研究，但主要集中于生态旅游、城市管理、野生公园管理等方面。

（一）旅游利益相关者的界定与分类

Walle（1995）指出，旅游业是一个综合性行业，涉及多个行业的协同，因此，比大部分其他行业所涉及的利益相关者都要多，如果连"谁是企业的利益相关者这一基本概念都未清晰界定的话，要想进行有效的管理是非常困难的"（程宏辉，2004）。因此，景区利益相关者的界定与分类对于景区管理具有重要意义。

目前国内关于旅游业利益相关者分类引用最多的是 Sautter 和 Leisen（1999）在 Freeman 的利益主体谱系图的基础上绘制的旅游业利益主体图，如图 2-15 所示。

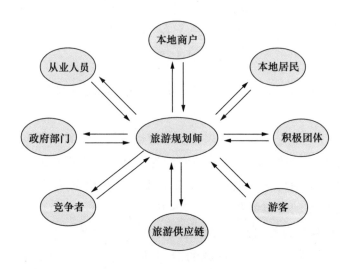

图 2-15　旅游业利益主体

此后，Marilyrm Pfleekenstein 和 Patrieia Huebseh（1999）指出如果以旅游活动或现象为中心，则可能产生更复杂的利益体系，其中不仅涉及住宿、旅游公司和吸引物，还包括餐馆、娱乐场所、赌场、商业区和商场、航空、游船等。而大卫·韦弗和马丁·沃普曼（2000）对旅游利益主体进行的界定，则认为旅游利益主体主要包括游客、旅游企业、客源地政府、东道主政府、东道主社区非政府组织、大学等，并绘制了一张旅游利益主体系统图（见图 2 - 16），并明确指出了利益主体活动的双向互动和相互影响性。旅游利益相关者之间因为互动和相互影响而结成一个复杂的交互关系网络。

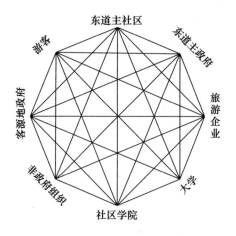

图 2 - 16　David Weaver，Martin Opperman 旅游利益主体

Ryan（2002）指出，如果一个旅游运营商如果希望开发一个选定的新的旅游目的地，那么受营运商行为影响的许多潜在的利益相关者可以很快地识别出来。他在 Sautter 和 Leisen 图谱的基础上提出了 12 类旅游经营商利益相关者，见图 2 - 17。

（二）旅游利益相关者的冲突与协作

由于利益相关者投入资源的专用性不同，各自追求的利益不相同，利益相关者之间存在利益冲突是不可避免的。张祖群（2004）在研究荆州特有的文化景观旅游中不同利益主体的经济互动关系时，发

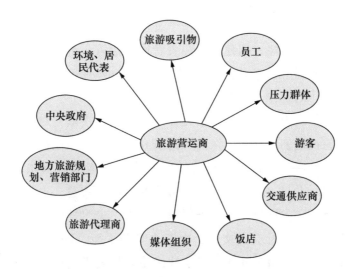

图 2 − 17　受旅游经营行为影响的利益主体

现不同旅游利益主体之间的矛盾是旅游活动的重要内容。但旅游利益相关者冲突往往会降低游客体验价值和旅游管理效率，因此，在旅游发展中，对利益相关者的协作和冲突管理是旅游管理中的一个重要内容。Friedman（2002）认为，"利益相关者理论的未来发展方向应当更加关注组织与利益相关者之间的利益冲突及其解决方案的研究"。

　　对于利益相关者之间如何实现协作，也有部分学者提出了不同的见解，如 Sautter 和 Leisen 提出可以应用"利益相关者取向矩阵"（Stakeholder Orientation Matrix）作为工具，分析利益相关者之间的关系及其行为趋势，找出和维持利益相关者的共同战略取向，以促成协作，避免冲突。Yuksel 等指出，尽管协作规划耗费时间并且困难重重，但它"长期内可以避免冲突成本，政治上更合理，并能够建立利益相关者的知识库和能力"。Ritchie 提出了多个利益相关者合作参与的"基于利益的谈判"和"共同决策"（Shared Decision-making，SDM）的圆桌会议程序和方法。Markwick 建议在分析利益相关者之间各种复杂关系时采用"利益相关者权力—利益矩阵"（Stakeholder Mapping of Power-interest Matrix），在了解旅游开发中利益相关者之间的冲突时要充分考虑他们之间的关系，以及环境条件和经济收益对他们的影响。Sautter 和 Leisen 根据基于过程的关系型取向战略和基于结果的交易型取向战略，构建利益相关者取向矩阵，帮助制定促进旅游规划中主要利益相关者之间合作的方案。Heugens（2004）研究了利益相关者之间的合作、协调与利益均衡。

很多学者认为，边缘利益相关者与企业关系松散，对企业影响不大，往往忽视他们的存在。在前人的研究中，社区往往被认为是对企业影响较小的一类，而被划分为边缘利益相关者或者蛰伏利益相关者，只有 Murphy P. E.（1985）提出要重视社区利益，主张从社区的利益出发，确定发展目标，并进行科学规划，突出社区发展、社会承载力，实现经济、社会、文化、生态之间的平衡。Jamal 和 Getz 主张无论是在界定社区旅游问题、确定社区旅游规划方向还是在旅游规划执行阶段，都需要所有社区利益相关者的参与和协作，并提出了促进社区旅游利益相关群体协作的六项建议。Reed 认为，权力关系对了解社区旅游规划特点和预测规划执行效果具有重要作用，权力关系对于协作行动结果有重要影响，甚至成为协作的障碍；指出研究权力关系对社区旅游的影响机理具有重要意义。Bramwell 等结合希望谷（Hope Valley）实例提出了"社区协作政策制定程序"（Local Collaborative Policy-making Process）的框架。Tosun（2000）、Wilson（2001）、Andriotis（2005）等认为，虽然控制旅游开发行为的决定性力量是开发商、政府或非政府组织而不是社区居民，但开发商、政府或非政府组织必须获得当地社区居民的合作，且采取措施促成社区居民和政府、开发商等各种利益相关者之间的规范性参与和协作对于旅游开发的成功是十分必要的。Hart（2004）认为，边缘利益相关者对组织战略的影响不容忽视，提出组织的健康发展必须关注边缘利益相关者对组织竞争的作用研究；Blain、Ryan 等从建立旅游目的地形象和景区品牌化的角度，提出应该充分吸纳利益相关者的意见，鼓励他们的参与，以确保旅游者理解和接受相关信息，形成高质量的旅游体验，从而树立良好的形象和品牌。

2002 年保继刚和钟新民在为桂林市做旅游规划时，最早将利益相关者理论应用于旅游领域。他们将游客、政府、商业部门、本地居民、景点开发商等归结为区域旅游发展中主要利益相关者，在深入分析主要利益相关者的利益表现形式、追求利益的决策过程与行为、相互制约和相互影响关系以及对旅游业发展的促进和限制作用的基础上，制定了《桂林市旅游发展总体规划（2001—2020）》。① 张伟和吴必虎（2002）在制定四川省乐山市旅游发展战略规划过程中已经意识到不同利益主体之间的合作是区域和城市旅游业可持续发展的保障，在规划制定过程中他们在制定四川省乐山市旅游发展战略规划过程中，高度重视当地居民的意见，但不足之处在于他们在对利益相关者的选择还不全面，忽略了非政府组织（NGO）和社会公众的影响，对利益相关者之间的互动、协作与利益均衡也未进行预见和安排。针对旅游利益相关者管理，黄昆（2003）在研究景区各利益相关者对景区环境管理的影响时，分析了政府部门、景区投资者、当地居民等利益相关者的影响作用，并在此基础上构建了基于利益相关者共同参与的景区环境管理模式及其实施中的注意事项。刘雪梅与保继刚（2004）在研究生态旅游时，探讨了生态旅游中不同利益相关者之间的关系处理问题及其政策建议。夏赞才（2003）将利益相关者理论应用于我国旅行社管理研究，指出首先要确定谁是旅行社的利益相关者，并构建了旅行社利益相关者图谱，将旅行社利益相关者分为核心层、战略层和外围层，不同层级由不同的利益相关者构成，旅行社应运用基本图谱，根据自身的具体情况来构建模型，对利益相关者进行有效的管理。对于旅游目的地利益相关者的冲突与协调，孙九霞（2004）在研究西双版纳傣族园时提出要把居民这一弱势群体列入旅游规划的利益群体和开发主体，并提出了协调社区居民与当地政府、开发商和旅游者的关系。黄洁（2004）在探讨历史文化积淀型旅游社区多元利益主体的利益冲突时，以浙江嘉善西塘古镇作为个案，提出了"社区合作"的解决方案。林壁属等（2006）以武夷山为例对封闭式管理中各利益相关者协调进行实证研究，指出景区封闭式管理困境的最佳破解途径是顾全利益相关者，保证多方利益的协调，建立利益均衡的景

---

① 保继刚、钟新民：《桂林市旅游发展总体规划（2001—2020）》，2002 年。

区合作管理模式。李凡等（2007）在研究乡村旅游可持续发展中的利益相关者管理时，以广东省大旗头古村为例，建立了利益主体的层次分析模型，并对模型数据进行了描述性分析、可靠性和拟合程度的分析，构建了大旗头古村利益主体之间的关系图谱，指出古村落不同利益主体的关注点既有共性，也存在差异，但古村落的文化和环境方面是共同关注的地方。

（三）评述

综上所述，国内外对企业利益相关者以及旅游业利益相关者的界定与分类、冲突与协调从不同角度、采用不同方法进行了大量研究并且产生了大量成果，部分研究者也或多或少地涉及景区利益相关者，但是针对景区这种特殊的企业形式的专门性研究几乎空缺。

景区利益相关者是一个复杂的系统，景区系统内利益相关者众多，所有的利益相关者都有自己的利益诉求。由于利益相关者的地位和立场不同，利益诉求因此不尽相同，甚至差异较大。其中利益诉求相近的利益相关者会组成大小不一的团体（子系统），与景区进行利益博弈。所以说，景区利益相关者系统的协调性是景区管理的一个很现实而又不可回避的问题，其直接关系景区的生存和可持续发展，关系到地方经济社会的和谐发展。但就检索到的文献而言，将景区利益相关者看成一个系统，从系统观和协同学的角度研究该系统协调度和研究景区利益相关者系统协同机制的文献还很少见，且他们的研究以定性描述为主。另外，在可持续发展背景下，环境对景区的影响和要求更高，甚至超过"人"的因素，因此，在考虑景区利益相关者系统时，必须强化生态环境的地位。但以往关于旅游利益相关者的研究多限于"人"的研究，所涉及的"组织"如政府，也只是人的利益的代言人，并没有将环境子系统列入利益相关者系统。

利益相关者因为投入关键性资源的差异性，对企业生存和发展、对企业管理决策的影响能力以及被企业活动影响的程度和影响都不一样。尽管国内的学者在旅游发展中已经非常注重利益相关者管理，但现有研究大多停留在对利益相关者个体或者群体行为及其对旅游的影响和解决层面，而旅游涉及多个行业，众多旅游利益相关者构成一个复杂的系统，从系统的角度研究利益相关者协作的研究还很少，并且由于缺少定量分析，相应的研究内容深入不够，对实践的指导性不足。

三　利益相关者协调机制研究基础

宋瑞（2005）指出，利益相关者角色间复杂的关系和矛盾是制约我国生态旅游发展的关键。为了确保生态旅游的可持续发展，需要建立一个合理的利益协调和分配机制，对政府、当地社区、旅游企业、保护地、旅游者、非政府组织、学术界及相关机构、媒体等利益相关者的角色和关系进行调整，真正使他们各自扮演好调控者、参与者和受益者、研究指导者和宣传媒介及监督者的角色。陈宏辉、贾生华（2005）在剖析了企业中各种利益相关者利益冲突特性的基础上，将公司治理的本质理解为企业利益相关者之间利益冲突的协调机制并阐明公司治理安排的有效性取决于它是否能够动态地满足多维度的平衡要求。朱菁菁（2006）从微观（个体因素）、中观（旅游地因素）和宏观（国家及社会因素）三个层次对其成因做了深入分析，在旅游地利益冲突的类型以及主体之间各种典型的冲突形式的基础之上，从发展经济、改变制度环境、建立监控机制三个大的方向展开具体的对策研究，提出了旅游地利益冲突的协调机制，即构建一个"增加利益对象的有效供给——创造利益→内在制度外在制度——分配利益→正式制度非正式制度——保障利益"模型，以实现相机治理和共同治理相结合的利益冲突协调模式。刘静艳（2006）认为，生态旅游可持续发展的关键是建立各种利益相关者之间的利益均衡机制，形成一体化的共生系统，并用系统动力学方法分析生态旅游中各种利益主体之间的系统动力学关系、构建了各利益相关者之间的结构关系。常宏建（2009）在其博士学位论文中就项目利益相关者协同机制进行了定性和定量相结合的研究，分别构建了项目内部和外部利益相关者协调机制，并就其效果进行了评价。

目前关于利益相关者协调机制的文献不多，本书主要借鉴组织间关系的协调机制的研究方法从供应链、虚拟企业、动态联盟和网络组织领域等方面展开评述。

（一）关于供应链协调机制的研究

价值链中节点企业之间是相互依赖的，价值链中作业之间的依赖程度越高，价值链中节点企业之间的关系进行协调、管理和控制就越重要。协调是供应链高效运转的关键。

国外，Williamson（1996）指出，市场和一体化机制对于传统功能性组织关系协调是有效的，但对于过程导向的组织关系的协调则需要寻找其他的协调机制。Sahin 和 Robinson（2002）认为，集成式的供应链一般可以采用集中决策协调，而对于成员较多的分散供应链则应选择如契约、承诺等合适的协调机制，以保证绝大多数成员的利益。Simatupang（2002）把供应链协调机制分为同步物流、信息共享、激励联盟和集体学习四个组成部分。四个部分密切合作，共同促成供应链成员的分工与合作。

国内，庄品（2004）定义供应链的协调机制为使供应链成员保持统一行动以实现预定目标的行为规则，并从宏观和微观两个角度，把协调机制分为信息共享和供应链契约，建立了包含一个供应商和一个零售商的供应链数学模型。邱灿华、蔡三发和沈荣芳（2005）认为，协调机制是保证分布式决策供应链有效协作的重要前提，进而将分布式供应链的协调机制细分为委托代理机制、价格协调机制、合同机制、库存控制机制四类。晚春东、毕建广和谭旭红（2006）认为，建立供应链系统协调机制就是要建立供应链系统内成员之间的战略性合作伙伴关系，以实现合理分配利润，共同分担风险，提高信息共享程度……最终实现系统利润最大化，进而提出了包括供应链系统的信息共享与传递平台、合理的利润分配和激励机制和供应链系统的信任机制在内的三种协调机制。

学者们从不同的角度对供应链协调机制进行了大量的研究和探讨，成果丰硕。供应链是由不同利益主体构成的合作型系统，为了应对动态变化的环境，有必要构建有效的协调机制，提高供应链成员之间的合作关系层次。但是很少有研究者对合作的具体特征、保持和发展合作关系的机制进行研究，对供应链协调机制的研究仍然有待深入，而就景区类供应链协调机制更是如此。

（二）虚拟企业协调机制研究

直接就利益相关者协调机制的研究很少，考虑到虚拟企业的实质是由具有相同利益的企业构成的企业联盟，故虚拟企业协调机制的研究结论对于利益相关者系统的研究具有一定的指导和借鉴意义。因此，对虚拟企业协调机制进行综述如下：

虚拟企业（Virtual Enterprise）是指具有不同资源与优势的企业为了共同目标而组织的建立在信息网络基础上的共享技术与信息，分担费用，联合开发的、互利的企业联盟体，是在网络背景下出现的一种全新的企业模式，是一种松散组织，要想实现组织目标，就必须协调组织成员间的关系，并且这种协调活动必须贯穿于虚拟企业的整个生命周期。虚拟企业的协调机制是为了实现系统目标而设计的行为规则或处理过程，表现为对参与各方相关行为的守则，或关于商务过程细节的一系列协议和规范。龚英、张旭梅（2005）认为，虚拟供应链由于没有核心企业的控制，其合作伙伴的协调就更为重要。协调中应构建协调框架，确定协调内容，并建立协调的保障机制，运用好各种协调方法。王冰（2000）通过博弈模型分析虚拟企业解体的原因后，提出虚拟企业管理需要一种全新的管理模式——协调管理。针对企业动态联盟实践中遇到的协调困难及由此而导致的诸多风险问题，张青山、游明忠（2003）提出了目标机制、信任机制和群体决策机制三种形态的企业动态联盟的协调机制，并给出了一些具体的协调方法。卢少华（2004）从协商层、协作层和信息层三个层次讨论虚拟企业的协调和激励机制。李宁（2006）将集群网络看作一个系统，建立了企业集群内部企业间的协调—合作博弈模型，根据企业集群的特点把集群内部协调机制分为隐性协调与显性协调，其中隐性协调包括信任、声誉、集群文化协调与关系网络协调，显性协调包括中介组织协调与政府协调，并以三个企业集群为例对所提出的企业集群内部协调机制进行实证。赵艳萍（2007）在研究虚拟企业的协调机制时，将其分为决策层、运作层与信息层三个层次，并构建了以组织设计、信息沟通与信任为主体的组织协调机制和协调保障机制。

综上所述，学者们从不同的角度对供应链、虚拟企业等复合组织的利益分配、群体协商、沟通与信任、信息技术、知识管理、跨文化管理等协调机制进行了研究。但是，目前对协调机制具体包括哪些内容与工具仍然没有结论。但目前的研究大多还停留在概念层面，对合作的具体特征、保持和发展合作关系的机制的研究还有待加强。景区利益相关者系统是由包含生态系统在内的利益相关者组成的复合型系统，景区利益相关者之间的关系如何，构建什么样的景区利益相关者协调机制，才能建立和维护景区利益相关者之间良好的合作关系？这正是前人研究领域的不足之处。

四　组织协调度测量研究现状

协调度是指协同的外在效果，反映的内在本质是系统要素间及系统与环境间整合的紧密程度，协调度测度则是通过建立一个指标体系并建立相应的数学模型对协调度进行评价。本书选择协同、集成、和谐等与协调意义相近的词汇对景区利益相关者协调度测量的文献进行梳理。目前，针对协调度测量的研究主要有两个角度：一是以单个企业来测量企业各要素协调程度；二是针对复合网络组织（例如战略联盟、供应链、虚拟企业等）来测量协调度。

（一）单个企业内要素协调度的研究

Koberg（1996）等在研究服务性企业的组织创新时，根据企业部门的创新动力设计了八个问题并运用五分法来测度企业内部跨职能的协同机制。Ensign（2001）从组织设计角度研究了企业战略、环境、组织间的匹配性问题。他研究了匹配的关键变量的维度及其测度问题，并总结出了一个六格概念矩阵来表示不同角度的匹配和同余关系。矩阵包括三个常用维度（战略、组织、环境）和两个层次的战略（业务战略和企业战略），以及三种匹配范围（内部、外部和整合匹配）。

郑刚（2004）在其博士学位论文中以企业创新系统中各要素（包括战略、技术、组织、文化、制度、市场、参与度等要素）全面协同为研究对象，提出了全面协同度的定量测度模型（DTs 模型）和指标体系，并构建了全面协同机制。

许学国和邱一祥（2005）通过分析组织系统学习协同要素，运用协同学理论构建组织学习的协同性评价指标体系和评价模型，对一些代表性企业进行了协同性评价研究。

（二）复合网络系统协调度的研究

吴跃明（l996）等根据系统工程的多目标技术和协同学理论提出了由功效函数、协调度模型和环境—经济系统协调指标体系三部分构成的环境—经济系统协调度模型。孟庆松和韩文秀（2000）以协同学的序参量原理和役使原理为基础，提出了复合系统的整体协调度模型。王硕和唐小我（2004）运用和谐理论与方法，以案例研究的形式，分析了虚拟企业运作与发展要素划分、现状和谐性，剖析其和谐机制，分析虚拟企业系统的和谐状态，通过专家评分法评价各要素不和谐度、受制约度、绝对不和谐度，最后提出了有针对性的改进。曾宇星（2005）针对动态联盟组织特征及运作特点，将国外交叉学科最新研究成果——小世界网络（small world network）模型引入动态联盟的研究当中，建立动态联盟组织成员之间合作关系的小世界网络模型，应用网络效率和网络熵对动态联盟组织的合作稳定性和合作效率进行评价。在建模的基础上，从网络的数量特征去考察动态联盟企业网络的合作情况，提出评价标准和方案，最后结合模型对某计算机制造企业的案例进行分析，并利用社会网络分析软件 StocNET1.4 和数学计算语言 MATLAB，对动态联盟合作关系的模型进行模拟。

目前对协调度计算方法的角度，可以分为采用指标体系赋权法和不采用赋权法两种方法体系。

指标体系赋权法主要思路就是通过建立各子系统以及各系统要素相应的指标体系，并赋予相应的权系数，再进行加权求和，即得出了协同性。郑刚在他的博士学位论文中，就通过构建全面协同性测度模型，建立企业各要素全面协同性指标体系并赋予了相应的权系数，最后进行线性加权求和得出总的协同性。指标体系赋权法中赋权的方法有主观赋权法和客观赋权法。主观赋权法如 AHP 法、模糊评价法等；客观赋权法如神经网络计算方法。但指标体系赋权法应用中，如何确定权系数的问题一直是个难点，同时该方法的本质是一种折中评价，其存在严重不足。

不采用赋权对协调度测量的方法常见的有以下几种：一是孟庆松和韩文秀（2000）在研究复合系统协调度模型时所采用的基于协同学理论提出协调度模型；二是樊华和陶学禹（2006）研究复合系统协调度模型及其应用所采用的数据包络分析和模糊数学方法；三是网络分析法；四是基于席酉民提出的和谐管理理论中和谐度的测量办法。

五　系统理论

系统科学被广泛地应用于自然科学和社会科学的研究中。协同学作为系统科学中有很大影响的流派，受到很多科学家和科研人员的重视。

（一）系统及系统科学

系统（System）是指由相互联系、相互制约的若干要素以一定结构形式联结构成的具有某种功能的有机整体。其数学表达式为：

$$S = \mathrm{def}[R(E)]P; \quad E = e_1, e_2, \cdots, e_n \tag{2-1}$$

式中，S 表示系统；R 表示关系；P 表示性质；E 表示系统要素，$E = e_1, e_2, \cdots, e_n$，是 e_i 的集合。在这里，要素是指系统的构成成分、组元或相互关联的因子等；def 是定义的意思。

系统由系统要素、结构、功能所构成，包含要素与要素、要素与系统、系统与环境三个方面的关系。任何一个系统都必须具备三个基本要素：系统结构（系统的要素及其属性）、系统的环境及其界限、系统的输入和输出（系统行为）。系统一般具有整体性、相关性、等级结构性、动态平衡性、目的性和环境适应性等基本特征。世界上任何事物都可以看成是一个系统，系统是普遍存在的。

系统科学是研究系统的一般模式、系统的结构和功能，研究系统、要素、环境三者之间的相互关系和变动规律性的科学。它研究各种系统的共同特征，用数学方法定量地描述其功能，寻求并确立适用于一切系统的原理、原则和数学模型。

（二）复杂系统理论与复杂适应系统理论

复杂系统理论是系统科学中的一个前沿方向，它强调用整体论和还原论相结合的方法去分析复杂系统中各组成部分之间相互作用所涌现出的特性。成思危教授（1999）认为，复杂系统最本质的特征是组分具有某种程度的智能，即具有了解其所处的环境，预测其变化，并按预定的目标采取行动的能力。①

20 世纪初被认为是复杂系统理论的研究起始时期，当时系统科学主要针对简单系统的研究，所以可以认为是复杂系统理论的研究基础。系统科学自美籍理论生物学家贝塔朗菲（Lvon. Bertalanffy）在 1925 年提出后，涌现了一大批系统思想流派和科学家。如普利高津（I. pringogine）创立的耗散结构理论；哈肯（Hermann Hakenn）创立的协同论；艾根（M. Eigen）创立的超循环理论；托姆（R. Thom）创立的突变论。20 世纪 70 年代，在钱学森、宋健等老一辈的大力倡导下，中国开始了引进和研究系统科学的热潮并涌现出一大批科学家和成果。如钱学森的复杂性科学、邓聚龙创立的灰色系统理论、吴学谋提出的"泛系理论"和蔡文创立的"物元分析"等，并使系统理论上了一个台阶。复杂系统理论的逐渐成熟和不断深化，对类似产业集群这种自组织的研究具有很大的推动作用。

根据复杂系统理论的形成、发展与成熟，该理论也相应经历了萌芽、形成到快速发展的三个阶段。

复杂系统理论的萌芽阶段是指 20 世纪 30 年代前后的阶段，这一时期，众学者从一般系统论、控制论、信息论等角度逐渐形成了复杂系统理论的基础观点，即不同因素之间的相互作用所造成的影响不等于因素本身作用相加。

复杂系统理论的形成阶段一般指 20 世纪 60 年代至 70 年代，学者从系统行为、结构的特征演进，探讨了环境、动力机制、途径等因素对复杂性的影响，认为复杂系统内会通过各个要素的相互影响，自发和自主地从无序形成有序，从混乱中产生规则，从简单因素中产生复杂性，并在研究中提出了混沌理论、耗散结构论、突变论以及协同学的理论和方法。其中，耗散结构理论（又称自组织系统理论）研究的是系统自身能够在环境影响下自我发展和演化，形成新的时空和功

---

① 任佩瑜、张莉、宋勇：《基于复杂性科学的管理熵，管理耗散结构理论及其在企业组织与决策中的作用》，《管理世界》2001 年第 6 期。

能结构。该理论认为，一个非线性开放系统，在远离平衡态和没有外力驱使下，通过不断交换物质能量，系统内部构件能够协同工作，最终结构达到有序。这种有序基于不断与外界交换物质和能量才能维持。耗散结构理论认为，系统的有序化离不开外界的物质和能量。

协同学（synergetics）是德国学者赫尔曼·哈肯（H. Haken）教授在 20 世纪 70 年代提出的，研究协同系统从无序到有序的演化规律的新兴综合性学科。协同学理论是在耗散结构理论基础上发展形成的，该理论认为，各个系统间在环境中存在互相竞争以及合作的关系，开放系统中，除了物质和能量外，信息流的输入也会刺激子系统的调整，不断发生相互作用，推动系统达到最佳协同状态。系统内部子系统的有效协同被认为是系统自组织、有序化的根源。协同学理论进一步指出系统内部子系统在外界条件下的相互耦合是系统自组织的关键之处，也是最终造成协同现象的原因。

协同学研究协同系统在外参量的驱动下和在子系统之间协同学的相互作用下，以自组织的方式在宏观尺度上形成空间、时间或功能有序结构的条件、特点及其演化规律。其核心是支配原理，系统内部只有在少数趋势、力量等起核心作用的情况下，才能促使系统内子系统协同运作，最终达到有序。

任竞斐（2013）在她的博士学位论文中在研究企业组织协同时，通过构建协同的矢量模型，指出管理组织中各子系统会形成若干不同方向和大小的管理作用力。企业的协同力取决于不同力的大小和夹角，其中，管理力 $\angle\alpha$、$\angle\beta$ 就是组织的协同率或者协同度，如图 2 - 18 所示。

在不同力确定且条件不变时，夹角越小，协同力越高，管理效率就越大，当 $\angle\alpha$、$\angle\beta$ 为 0 时，组织协同度达到最高状态；相反，$\angle\alpha$、$\angle\beta$ 越大，则协同度越低，系统就越无序。

景区利益相关者系统是一个由景区利益相关者组成的复杂网络系统，从复杂网络系统的角度来看，景区利益相关者管理实质上就是一种对他们之间合作关系进行协调的管理，其目的就是提高景区系统运行的有序性，使其达到协同的境界。

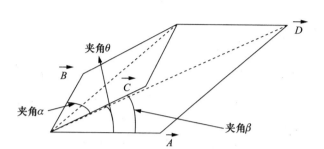

图 2 - 18　三力协同矢量

在研究景区利益相关者系统协同的机理、分析系统协调机制作用机理、景区利益相关者协调机制构建等方面时可以综合运用协同理论。其总体目标就是要通过构建良好的协调机制，在景区和景区利益相关者之间建立和维护良好的合作关系，提高系统的有序性，使各系统由无序状态发展为有序状态，实现利益相关者和景区的协同发展，促进经济社会系统和谐发展。这对于丰富和发展景区管理理论和指导景区开发实践都有着重要的意义。

20 世纪 70 年代至 90 年代是复杂系统理论的发展阶段。该阶段的理论成果主要有分形理论、超循环理论和复杂适应性系统理论，其中，复杂适应性系统理论（CAS）发展最为完善，且在应用上最为广泛。复杂适应系统（Complex Adaptive Systems，CAS），也称复杂性科学（Complexity Science）。最先提出复杂性思想的是莫兰[1]，而普利高津首次提出了"复杂性科学"的概念，他指出："在经典物理学中，基本的过程被认为是决定论的和可逆的。"[2] 诺贝尔物理奖获得者盖尔曼提出了"适应性复杂系统"的理念，他指出复杂适应系统是一些多元的或多主体的系统，大量的具有主动性的个体积极地相互竞争和合作，在没有中央指挥的情况下，通过彼此相互作用和相互适应也能形成整体的有序状态，"复杂适应系统在有序与无序之间的一个中间状

① 埃德加·莫兰：《迷失的范式：人性研究》，陈一壮译，北京大学出版社 1999 年版。
② 普利高津、斯唐热：《从混沌到有序》，上海译文出版社 1987 年版，第 42 页。

态运作得最好"。① 复杂适应系统的基本思想是复杂适应系统理论的核心是适应产生复杂性。② 复杂系统中的成员被称为有适应性的主体。所谓具有适应性是指它能够与环境以及其他主体进行交互作用。主体在这种持续不断的交互作用过程中,不断地"学习"或者"积累经验",并且根据学习到的经验改变自身结构和行为方式。整个宏观系统的演变或进化,包括新层次的产生、分化和多样性的出现,新的、聚合而成的、更大的主体的出现等,都是在这个基础上逐步派生出来的。

复杂适应系统有适应性主体、共同演化、趋向混沌的边缘和产生涌现现象四个方面的主要特征③:

1. 基于适应性主体

适应性主体具有感知和效应的能力,自身有目的性、主动性和积极的"活性",能够与环境及其他主体随机进行交互作用,自动调整自身状态以适应环境,或与其他主体进行合作或竞争,争取最大的生存和延续自身的利益。但它不是全知全能的或是永远不会犯错失败的,错误的预期和判断将导致它趋向消亡。

2. 共同演化

适应性主体从所得到的正反馈中加强它的存在,它可以从一种多样性统一形式转变为另一种多样性统一形式(主体的演化)。但适应性主体不只是演化,而且是共同演化。共同演化是任何复杂适应系统突变和自组织的强大力量,并且共同演化都永远导向混沌的边缘。

3. 趋向混沌的边缘

复杂适应系统具有将秩序和混沌融入某种特殊平衡的能力。每个适应性主体为了有利于自己的存在和连续,都会稍稍加强一些与对手的相互配合,这样就能很好地根据其他主体的行动来调整自己,从而

---

① 盖尔曼:《夸克与美洲豹》,杨建邺译,湖南科学技术出版社1997年版,第364页。
② 约翰·H.霍兰:《隐秩序》,周晓牧、韩晖译,上海科技教育出版社2000年版。
③ 百度百科:"复杂适应系统",https://baike.baidu.com/item/%E5%A4%8D%E6%9D%82%E9%80%82%E5%BA%94%E7%B3%BB%E7%BB%9F#reference-[1]-1345710-wrap。

使整个系统在共同演化中向着混沌的边缘发展，从而保持一个系统中的各种要素从来没有静止在某一个状态中，但也没有动荡到会解体的地步。

4. 产生涌现现象

涌现现象最为本质的特征是由小到大、由简入繁。沃尔德罗普认为："复杂的行为并非出自复杂的基本结构，极为有趣的复杂行为是从极为简单的元素群中涌现出来的。"[①] 涌现现象产生的根源是适应性主体在某种或多种规则支配下的相互作用。涌现是复杂适应系统层级结构间整体宏观的动态现象。

本章小结

本章定义了本书的研究对象景区和景区利益相关者，为下文的研究指明了研究方向，然后针对该对象及其管理进行了文献梳理。企业利益相关者理论的研究，无论是定义、分类还是管理都有大量的研究成果，并成功应用于旅游业，在规划、利益冲突与协调等方面都有广泛研究，但是从系统学角度研究景区利益相关者，特别是考虑生态系统的利益，对景区利益相关者进行有限度评价；用协同学的研究方法在剖析景区利益相关者协调机制作用机理的基础上构建景区利益相关者协调机制的还不多见。景区开发与环境保护的协调不仅是景区可持续发展的必要条件，而且是地方经济社会和谐发展的基础。景区利益相关者众多而且具有流动性特征，如何识别景区利益相关者及其关系、他们的利益诉求以及和景区利益冲突，建立协调机制对于上述问题具有重要意义。

---

① 米歇尔·沃尔德罗普：《复杂：诞生于秩序与混沌边缘的科学》，生活·读书·新知三联书店 1997 年版。

第三章 景区利益相关者系统及其属性分析

　　Mitchell（1997）曾指出，利益相关者理论的核心有两个问题：一是利益相关者的认定；二是利益相关者的特征，二者是管理层给予特定群体特别关注的依据。景区利益相关者关系协调机制的研究也存在这两个问题：首先是如何识别景区利益相关者的利益诉求和冲突，如何评价景区利益相关者的优先度；其次要明确景区利益相关者系统的协调机制作用机理。前者是要弄清楚有哪些问题，确定分级管理的依据；后者是为制定协调机制寻求理论依据。本章要解决的是第一个问题。

　　托马斯·唐纳森等早已指出："列出一个大公司的每一个可能有资格作为利益相关者的人，造成的结果往往是把具有极不相同的要求和目标的相互交接的群体混在一起。"陈宏辉（2003）更是提出："简单将所有利益相关者看成一个整体进行研究与应用推广，几乎无法得出令人信服的结论。"为了更好地分析景区利益相关者，建立景区利益相关者协调机制，本章将景区视作一个由多种以景区为核心的利益相关者组成的一个系统，并对这个系统的属性进行分析，为下文景区利益相关者协调机制研究提供依据。

第一节　景区利益相关者系统的产生与发展

　　在物理学中，分析一类事物的运动规律，必须要找准参照物。我们在分析景区利益相关者系统之前，也必须要清楚景区所在地社区在成为景区以前即景区投资者介入前有哪些利益相关者，也就是景区投资者介入前该地区的利益相关者系统包含哪些利益相关者群体，弄清楚他们处于一种什么关系状态，他们又如何转变为景区利益相关者系统。

一　景区的前身——社区系统

社区和行政村是我国行政管理体系最基层的区域单位，为了与国际接轨，统称社区。社区系统则是指景区投资人介入前的区域利益相关者系统。而景区投资人介入前的社区是指那些具有特色优质旅游资源但是"养在深闺人未识"的社区或者虽然已经认识到相关资源的价值但还没有投资人介入开发相关资源而打破原有传统经营模式的社区。

在我国，自 20 世纪 70 年代末 80 年代初实行家庭联产承包责任制以后，除少量保持集体经济必要的集体土地或者说当时地处偏远、荒芜、贫瘠的土地或荒山、石漠等（为便于描述，将土地、山地、林地和水体等自然农业生产资料统称土地）以外，都分田到户，以一定期限承包给农户，由农户独立经营，自负盈亏，社区农户享有合同期内的所有土地经营权。在这种背景下，社区属于以各家各户为单位的小农经济主体（不排除有农村专业合作社），特别是自 2000 年开始我国逐步取消"三提五统""农特两税"以后，社区关系变得相对简单，新闻媒体、环保等公益组织对这些地区的关注度较低。这时期（景区投资人介入前）的社区利益相关者系统——在一定区域内的有利益关系的群体，包含各级政府机关、社区居民（包括农户）和自然生态系统仅仅是行政管辖和邻里关系或者简单的、低级的旅游接待关系（如农家乐），我们称这一时期的利益相关者系统为社区系统，如图 3－1 所示。

可见，这一阶段的利益相关者系统构成相对简单。

二　景区利益相关者系统的形成过程及其演化分析

（一）景区利益相关者系统形成过程

景区系统在旅游开发输入之前，处于一种原始的状态，旅游资源所在地原有居民、政府等相关者属于一种管理、服务、指导和生产者的关系，他们在相当长的时间内形成了一种相互接受、相互认可的相对

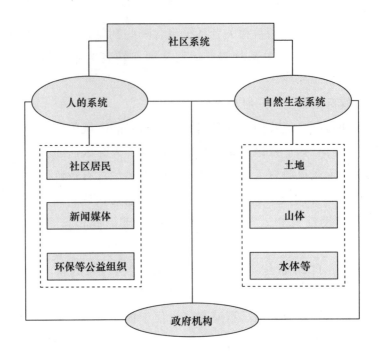

图3-1 社区系统

稳定、比较和谐的关系状态。当旅游资源被政府或者旅游投资者所关注并且纳入开发计划后，景区投资人的介入，引入大批如景区管理部门、规划部门、旅行社、游客等与旅游有关的组织和个人，原本松散的社区组织因为资源的重组，原有相对平衡的稳态被打破，形成以"景区"这一企业为中心的新的利益相关者系统——景区利益相关者系统。

（二）景区利益相关者系统演化

在新形成的景区利益相关者系统中，不断有"人"进出，同时也有资源投入和撤出以及信息流、技术流等的交换，利益相关者在一定的利益目标的指引下不断实现利益，也产生利益冲突，但在一定的机制作用下，系统自身不断优化，最后形成一种协调的景区利益相关者系统，景区良性发展；但有可能出现另一种情况，即系统本身不能优化，而出现紊乱的景区系统，这必然会有诸多约束或者外来其他因素的约束，使景区趋于协调。但也不排除极端情况，即在外在约束下，利益相关者仍然无法协调,最后景区破产,逐渐回归到以前的状态。整个过程如图 3-2 所示。

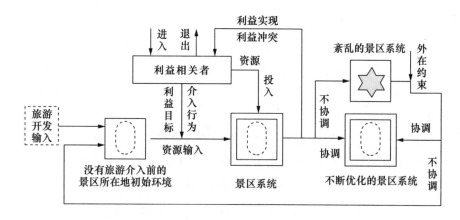

图 3-2 景区利益相关者系统演化图 1

上述过程实际上也是一个由稳定到不稳定再到稳定的过程,如图 3-3 所示。

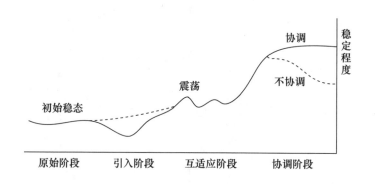

图 3-3 景区利益相关者系统演化图 2

在图 3-3 中,在原始阶段,社区的自然环境和社会环境相对稳定,人们生活习以为常;当旅游资源开发投资人进入后,引发原有社区居民欲望的"动荡",人们开始有新的利益需求,原有稳态被打破,进入震荡期，这一时段，人们可能都有较统一的发展意识，一致支持景区建设，稳定程度如虚线所示上升，但一般情况下，人们出于"利己主义"，或者征地补偿、拆迁等原因，稳定程度会下降；经过一定时间的协调，到了互适应阶段，这时期会出现一定的小幅度震荡，然后进入协调阶段，稳定程度会提高。当然，此阶段也可能出现极端情况：利益冲突无法协调，或者其他原因，导致景区无法持续经营下去，导致稳定程度下降。那么，这种震荡和不协调主要是由哪些因素引起的呢？

三 景区利益相关者系统的构成要素及其关系

本书是站在景区的角度展开研究，借鉴大卫、马丁和 Ryan 的研究成果，以景区为中心，以景区的利益相关者为研究对象，从景区（投资人）的角度研究他们与景区的利益协调关系，景区利益相关者关系如图 3 - 4 所示。

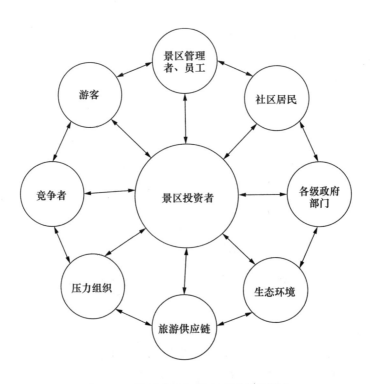

图 3 - 4 景区利益相关者系统关系图 1

在图 3 - 4 中，景区居于核心，但由于景区本身不能助长自身利益诉求，特以景区代理人——投资者为代表；社区居民是指居住在景区内部或者在景区开发中迁出但还在景区工作的村民，他们要么拥有景区开发所必需的资源要素，要么为景区提供人力资源；各级政府部门是指涉及景区开发和管理的各级政府部门，包括景区所在地村委会；游客是景区赖以生存和发展的根源，是景区主要的收益来源，景区管理很大程度上是为游客服务；景区管理者和员工是景区运营的执行者，景区管理效率和质量很大程度上依赖于这个群体，反过来他们的收入和心理归属来源于景区，他们与景区的互动关系着景区的形象；压力组织包括环保组织、行业协会、新闻媒体等；旅游供应链企业则是除景区以外的包含吃、住、行、游、购、娱各个环节在内的所有旅游产品和服务的供给企业和个人；竞争者是指景区周边相似类型景区，它们与景区有共同的客源和旅游供应链，但在很大程度上，这种竞争对景区开发和管理影响是双向的，既有促进作用也有一定的负面影响；压力组织则是一个存在于景区之外并关注景区所有利益相关者利益的虚拟组织，广义压力组织它包含村民、政府、环保组织、新闻媒介甚至包括景区在内的所有利益相关者。将生态环境列为利益相关者是本书的一个创新，虽然和其他利益相关者的诉求有所重叠，本书单独提出来的目的是要重视生态环境的诉求，促进景区经营可持续发展，建设和谐健康的景区系统。在市场经济条件下，这些除生态环境外的组织或群体都是"经济人"，各有其目标和利益指向。并且在很大程度上，这些目标和利益指向是相互冲突、难以协调和动态变化的；与此同时，随着新兴旅游目的地不断出现，旅游景区间竞争日益加剧，而旅游景区竞争力取决于众多方面，其中，成功整合旅游中各参与方的分散力量和资源无疑可以形成协同效应，进而可以增强旅游景区的竞争力。

在图 3 - 4 中，利益相关者之间因为利益关系而结成社会网络，除景区投资人外，其他利益相关者之间的关系如图 3 - 5 所示。

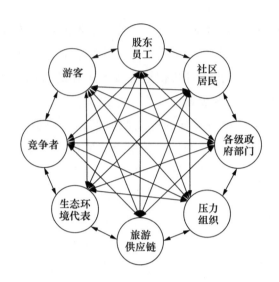

图 3 – 5　景区利益相关者系统关系图 2

第二节　景区利益相关者系统复杂性分析

正是因为景区发展所处环境和所需资源的复杂性，景区利益相关者系统也具有复杂性。景区利益相关者系统是由各种与景区相互影响的个人或者群体构成的一种非线性的综合体。这种综合体不是简单群体聚合，而是形成了具有非常复杂的相互依赖和相互影响的关系。不同利益相关者之间存在互动关系，即使是无行为能力的生态环境，也有其代言人主张权利。系统中各利益相关者根据自己所占有的资源进行收益预期并据此做出决策。如果他们在思考问题时不仅考虑自身的状态，还考虑其他主体的行为，系统整体就会形成一种良性的竞争与合作并存的协调状态；相反，如果各利益群体都追求自身利益最大化或者着眼短期利益，就会产生冲突。正是因为这种网络式的相互作用与影响催生了系统的复杂性。利益相关者系统复杂性还可以分为内部复杂性和外部复杂性。内部复杂性包括构成要素复杂、利益诉求复杂、组织关系复杂、信息传递复杂等，是整个系统复杂性的根据；外部复杂性包括系统的开放性和动态性，是系统复杂性的外部条件。

一 内部复杂性

景区利益相关者系统的内部复杂性，主要表现在系统构成要素的复杂性、利益相关者利益诉求的复杂性和动态性、组织关系等几个方面。其中，系统构成要素的复杂性主要表现在成员的多样性，而成员多样性则指景区利益相关者成员的数量众多及其异质性。随着我国科学技术、经济和社会的高速发展，人们的生活态度和生活方式发生了很大改变，对旅游的关注也越来越多，不仅是参与程度大幅度提高，而且对旅游对经济社会的影响、对资源的利用和对环境的影响都更加关注。因此景区发展呈现出复杂化的发展趋势，景区开发和经营管理所涉及的利益相关者越来越多，除传统的游客、旅游产品供应商、旅行社、战略合作伙伴、同类竞争景区与投资人、政府、社会公众、新闻媒体、相关社团、科研及教育机构等外，环保组织等其他压力集团开始出现，这些利益相关者构成了一个开放性复杂网络。这些网络成员有着不完全相同的资源、参与动机、利益诉求和参与主动性、影响能力等，异质性非常鲜明。

利益相关者之间关系的复杂性是指景区利益相关者之间在景区开发和经营管理过程中存在多方面的复杂关系。这种复杂关系又是由利益相关者利益诉求的复杂性引致的。景区利益相关者系统构成要素众多，各要素所处地位不同，具有的资源不同，对景区的重要性不同，或者说它们关注点不同决定了它们对景区的利益诉求不一样。正如薄茜（2012）在她的硕士学位论文中以乡村旅游为对象，研究乡村旅游资源开发与保护过程中的利益相关者系统时所指出：在乡村利益相关者系统中，政府作为公共资源的整合者和协调者，拥有资源和政治权利；旅游企业凭借资本权利和技术优势从政府部门获取资源权利；旅游者作为乡村旅游产品的购买者拥有对产品和服务选择的权利；社区居民通过参与乡村旅游发展与当地旅游企业形成一种或是竞争或是合作的关系；社区集体组织作为社区居民利益的代表者，有权要求政府及有关部门合理规划，给予资金和技术方面的支持，要求旅游企业合理开发利用旅游资源并获得一定的税收收益。其关系如图 3-6 所示。

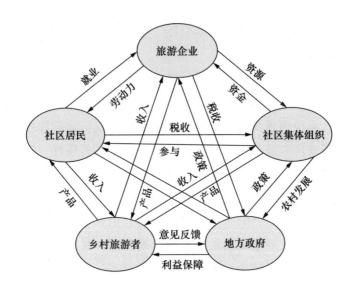

图 3 - 6   乡村旅游利益相关者关系

　　在她的研究中，她仅关注了有限四组的利益相关者，其关系尚且如此复杂。对景区而言，实际参与利益相关者范围更广，这种关系就更加复杂。其中，关系的复杂性主要是由各方所掌握的资源、所处地位、所具备的职能差异和各自的贡献决定的，这些因素导致他们之间关系的异质性。景区系统中利益相关者群体之间的关系既有供应关系，如旅游供应链与其他利益相关者之间的供应，社区居民和政府对景区的旅游资源供应等；也有成员之间的竞争与合作关系，这种复杂关系的外在表现就是物质流、信息流、资金流、知识流和技术流等。此外，景区利益相关者是动态的。动态性是由旅游的特性决定的，一方面，包括"吃、住、行、游、购、娱"在内的旅游活动是动态的，商、养、学、闲、情、奇等诉求或体验价值也是动态的，景区在不同的时间和空间接待不同的游客、引入和淘汰不同的旅游供应商满足游客动态之利益诉求。另一方面，同一类利益相关者群体在不同的时间和空间的影响力不一样。利益相关者在不同的时段所具有的资源价值不同，因此，其要价的能力不同；同时，利益相关者本身还具有成长性，具有生命周期，在不同的时间段，他们的成熟度有差异，对利益要求的取舍会表现出较大的动态性。

二　外部复杂性

景区利益相关者系统的外部复杂性主要表现为开放性和动态性。

所谓开放性是指景区利益相关者系统本身是一个开放系统，它与外界环境不断进行着人流、物质流、能量流、信息流和知识流、资金流的交换。利益相关者系统本身存在于一定的宏观环境之中，受环境的影响和支配，同时又反过来作用于环境，并在环境中相互竞争与合作，并达到一种动态的平衡。系统的开放性加剧了系统的复杂性。

景区利益相关者系统的动态性是指任何景区利益相关者都是处在一定的社会历史阶段、存在于一定的时间和空间中。在它的发展和演化程中只是社会大系统的一个子系统。在景区开发和经营过程中，景区利益相关者才存在，并且在此过程中与社会大系统的其他方面（即环境）进行着各种联系。国家法律、经济环境、行业政策、景区所在地的制度、法规、民族习惯、社会文化以及气候等方面都具有动态性，这些动态性进一步造成了景区利益相关者系统的不确定性，而不确定性又造成了系统的复杂性。

第三节　景区利益相关者的优先度评价及其分类

"所有的利益相关者都可能十分重要，但没有人说过他们是同等重要的"（Walker and Marr，2001），因此，要研究利益相关者系统协调机制就必须对利益相关者进行优先度评价，进行分类。

一　影响景区利益相关者重要程度的关键属性

（一）影响利益相关者重要程度的关键属性文献回顾

20世纪90年代以后，欧美一些企业利益相关者理论研究学者就已经开始不再将企业利益相关者视为是同质的，认为企业利益相关者之间存在诸多属性上的差异性。张秋来（2011）在其博士学位论文中归纳总结了这些属性，包括可交易性（Charkham，1992）、关系的直接性（Frederick，1998）、风险承担的自愿性（Clarkson，1994）、企业与利益相关者之间联系的紧密性（Clarkson，1995）、企业利益相关者群体间以及组织内部的社会性（Wheeler，1998）、企业利益相关者所提出利益要求的合法性、企业利益相关者为维护其利益要求而可能行使其权力的可能性及其紧急性（Mitchell and Wood，1997；Schlange，2009）；Geunchan Lim、Hyunchul Ahn、Heeseok Lee（2005）提出了权力性（Power）、合法性（Legitimacy）、紧急性（Urgency）、相互依赖性（Interdependent）、潜在的协作性（The potential of cooperation）、潜在的威胁（The potentialof threat）六个方面相互影响的属性（特征），具体如表 3 - 1 所示。

表 3 - 1　　　　　影响企业利益相关者重要程度的属性

提出者	时间	利益相关者属性的相关定义
查克汉姆（Charkham）	1992	契约的可交易性：利益相关者之间的综合性，社会契约进行交易的可能性程度
克拉克森（Clarkson）	1994	风险承担的自愿性：利益相关者之间对待组织风险的态度，是否拥有自主性
	1995	联系的紧密性：企业组织的利益相关者之间联系的紧密性程度
米切尔、伍德（Mitchell and Wood）	1997	合法性（Power）：企业所认为的某一利益相关者对某种权益要求在法律上的正当性 权力性（Legitimacy）：生成某种结果的才干或能力 紧急性（Urgency）：利益相关者需要企业对他们的要求给予急切关注或回应的程度
威勒（Wheeler）	1998	群体的社会性：利益相关者间作为社会组成部分的一些属性
贾生华、陈宏辉	2002	可接近性（Proximity）：利益相关者需求对企业决策者来说能够实现的可能性程度
陈宏辉	2004	重要性（Importance）：利益相关者对组织活动的影响程度

续表

提出者	时间	利益相关者属性的相关定义
Geunchan Lim, Hyunchul Ahn, Heeseok Lee	2005	相互依赖性（Interdependent）：利益相关者间是否存在一种共生现象而相互依赖 潜在的协作性（The potential of cooperation）：利益相关者间是否存在一种相互合作的可能性 潜在的威胁（The potential of threat）：利益相关者间是否存在一种竞争与对抗，而不是相互依赖的可能性

资料来源：张秋来：《利益相关者管理对企业财务绩效的影响研究》，博士学位论文，华中科技大学，2011 年，第 57 页。

（二）景区利益相关者优先度评价指标筛选

虽然张秋来研究的是企业利益相关者，但是前文已经说明本书中的景区本质上是属于营利性企业，故以上属性仍然适用于景区利益相关者。本书将契约的可交易性、风险承担的自愿性、联系的紧密性、利益要求的合法性、权力性、紧急性、群体的社会性、可接近性以及利益相关者的主动性、重要性和协作性和威胁性等开发专家咨询调研量表以筛选出用以评价景区相关利益者优先度的评价指标。并向长期从事景区经营管理及从事景区科研工作的 30 位专家发放专家咨询调研量表（详见附录），包括对景区利益相关者优先度评价的主题及目标的阐述，对景区利益相关者优先度评价指标的详细列表（见表 3 - 2），并设置开放性问题，请专家对该指标集的修改调整等进行意见补充，有效回收专家咨询调研量表 26 份，占总发放数的 86.67%。专家对各指标的赞同次数如图 3 - 7 所示。赞同次数不小于 16 次，即赞同率达到 60% 的指标有 7 个。统计结果显示，契约的可交易性、权力性、群体的社会性、潜在的协作性、潜在的威胁等指标或与景区利益相关者的优先度评价相关程度不高，或与其他因素相关程度较高，故被剔除。

表 3 – 2 景区利益相关者优先度评价指标集

序号	拟参考指标	指标的含义
1	契约的可交易性	利益相关者之间进行资源进行交易的可能性程度
2	风险承担的自愿性	利益相关者对待组织风险的态度，是否拥有自主性
3	联系的紧密性	利益相关者之间联系的紧密性程度及交往的频率
4	关键性	利益相关者所拥有的专用性资源对景区开发和经营活动的必要性
5	权力性	干预景区开发经营活动的才干或能力
6	紧急性	景区开发或经营活动对利益相关者所有资源需求的迫切程度或者利益相关者需要景区对他们的要求给予急切关注或回应的程度
7	群体的社会性	利益相关者之间作为社会组成部分的一些属性
8	可接近性	利益相关者需求对企业决策者来说能够实现的可能性程度
9	影响力	利益相关者对组织活动的影响程度
10	相互依赖性	利益相关者之间是否存在一种共生现象而相互依赖
11	潜在的协作性	利益相关者之间是否存在一种相互合作的可能性
12	潜在的威胁	利益相关者之间是否存在一种竞争与对抗，而不是相互依赖的可能性

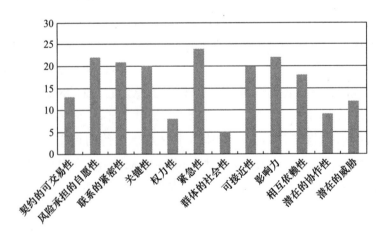

图 3 – 7 专家咨询调研结果

根据专家咨询调研对景区利益相关者优先度评价指标集调整给出的补充建议，联系的紧密性、关键性和相互依赖性均表现出景区利益相关者相对于其他利益相关者的关键性，因此将联系的紧密性和相互依赖性合并到关键性指标。最后确定评价景区利益相关者优先度的指标有风险承担的自愿性、关键性、紧急性、可接近性和影响力五个维度。

二　景区利益相关者优先度的评价过程

评价景区利益相关者优先度的主要指标包括风险承担的自愿性、关键性、紧急性、可接近性和影响力五个维度。本部分将针对每个评价指标采用专家评价法确定景区各利益相关者在该指标下的取值。

（一）确定景区各利益相关者的自愿性

景区利益相关者的风险承担的自愿性是指景区利益相关者对待组织风险的态度。为确定景区各利益相关者对承担风险的自愿性程度，笔者采用了模糊层次分析法。

1. 构造模糊判断矩阵

景区利益委托人（x_1）、景区管理人员和员工（x_2）、旅游供应链企业（x_3）、社区居民（x_4）、各级政府部门（x_5）、游客（x_6）、压力组织（x_7）、生态环境代理人（x_8）、竞争者（x_9）等利益相关者对风险承担的自愿性，通过访谈的方式向景区经营管理与研究专家采集数据。笔者采用了0—1标度系统，其具体含义如下所示：

0.1——对风险的承担，甲利益相关者的自愿性绝对比不上乙利益相关者；

0.3——对风险的承担，甲利益相关者的自愿性显然比不上乙利益相关者；

0.5——甲利益相关者对风险承担的自愿程度与乙利益相关者等同；

0.7——对风险的承担，甲利益相关者的自愿性明显超过乙利益相关者；

0.9——对风险的承担，甲利益相关者的自愿性绝对超过乙利益相关者。

访谈过程中，专家对景区两个利益相关者的比较过程中，对其自愿性存在模糊的概念，用 [0，1] 中的一个数值来对比景区两个利益相关者的自愿程度比较困难。于是让专家给出 [0，1] 范围内的一个区间来描述两个利益相关者自愿程度的对比。通过对景区 9 个利益相关者的两两比较，构造出区间互补判断矩阵 $\tilde{A} = (\tilde{a}_{ij})_{9 \times 9}$，其中，$\tilde{a}_{ij} = [a_{ij}^-, a_{ij}^+]$，$0 \leqslant a_{ij}^- \leqslant a_{ij}^+ \leqslant 1$，$a_{ij}^- + a_{ij}^+ = 1$。若 $a_{ij}^+ < 0.5$，则对风险的承担，第 i 个利益相关者比不上第 j 个利益相关者；若 $a_{ij}^- = a_{ij}^+ = 0.5$，则第 i 个利益相关者对风险承担的自愿程度与第 j 个利益相关者等同；若 $a_{ij}^- > 0.5$，则对风险的承担，第 i 个利益相关者超过第 j 个利益相关者；其数值的大小描述了其比不上或超过的程度。

$$\tilde{A} = (\tilde{a}_{ij})_{9 \times 9} = ([a_{ij}^-, a_{ij}^+])_{9 \times 9} =$$

$$
\begin{bmatrix}
[0.5, 0.5] & [0.65, 0.85] & [0.6, 0.8] & [0.5, 0.6] & [0.6, 0.75] \\
[0.5, 0.7] & [0.75, 0.85] & [0.8, 0.95] & [0.85, 1] \\
[0.15, 0.35] & [0.5, 0.5] & [0.4, 0.5] & [0.25, 0.4] & [0.35, 0.45] \\
[0.3, 0.45] & [0.45, 0.6] & [0.5, 0.65] & [0.55, 0.75] \\
[0.2, 0.4] & [0.5, 0.6] & [0.5, 0.5] & [0.25, 0.45] & [0.35, 0.55] \\
[0.3, 0.5] & [0.5, 0.7] & [0.6, 0.75] & [0.65, 0.75] \\
[0.4, 0.5] & [0.6, 0.75] & [0.55, 0.75] & [0.5, 0.5] & [0.55, 0.7] \\
[0.5, 0.6] & [0.7, 0.85] & [0.7, 0.85] & [0.75, 0.95] \\
[0.25, 0.4] & [0.55, 0.65] & [0.45, 0.65] & [0.3, 0.45] \\
[0.5, 0.5] & [0.4, 0.5] & [0.55, 0.7] & [0.65, 0.8] & [0.7, 0.85] \\
[0.3, 0.5] & [0.55, 0.7] & [0.5, 0.7] & [0.4, 0.5] & [0.5, 0.6] \\
[0.5, 0.5] & [0.65, 0.75] & [0.65, 0.8] & [0.7, 0.9] \\
[0.15, 0.25] & [0.4, 0.55] & [0.3, 0.5] & [0.15, 0.3] & [0.3, 0.45] \\
[0.25, 0.35] & [0.5, 0.5] & [0.5, 0.6] & [0.55, 0.7] \\
[0.05, 0.2] & [0.35, 0.5] & [0.25, 0.4] & [0.15, 0.3] & [0.2, 0.35] \\
[0.2, 0.35] & [0.4, 0.5] & [0.5, 0.5] & [0.5, 0.6] \\
[0, 0.15] & [0.25, 0.45] & [0.25, 0.35] & [0.05, 0.25] & [0.15, 0.3] \\
[0.1, 0.3] & [0.3, 0.45] & [0.4, 0.5] & [0.5, 0.5]
\end{bmatrix}
$$

2. 获取景区各利益相关者的权重

笔者采用胡明明和任佩瑜等提出的线性规划模型来获取景区利益相关者对风险程度自愿程度的权重 $\widetilde{W} = (\widetilde{w}_1, \widetilde{w}_2, \cdots, \widetilde{w}_9)$。在获得景区各利益相关者权重前，需对区间数互补判断矩阵的一致性进行检验。根据模型（3-1），得：

$$J_1^* = \min \sum_{i=1}^{n-1} \sum_{j=i+1}^{n} (d_{ij}^- + d_{ij}^+)$$

$$\text{s. t. } 4(w_i - w_j) + 0.5 + d_{ij}^- \geq a_{ij}^-, \ i = 1, 2, \cdots, 8; \ j = i+1, \cdots, 9$$

$$4(w_i - w_j) + 0.5 - d_{ij}^+ \leq a_{ij}^+, \ i = 1, 2, \cdots, 8; \ j = i+1, \cdots, 9$$

$$w_i \geq 0, \ i \in I, \ \sum_{i=1}^{9} w_i = 1$$

$$d_{ij}^-, \ d_{ij}^+ \geq 0, \ i = 1, 2, \cdots, 8; \ j = i+1, \cdots, 9 \qquad (3-1)$$

J_1^* 是偏差判别变量，若 $J_1^* > 0$，即偏差和大于 0，说明原区间数互补判断矩阵不是一致的，需要调整；如果 $J_1^* = 0$，表示偏差和为零，则不需要调整。编写 LINGO 程序对模型（3-1）求解，得到 $J_1^* = 0$，可知 $\widetilde{A} = (\widetilde{a}_{ij})_{9 \times 9}$ 是一个加型一致性区间数互补判断矩阵。则分别通过模型（3-2）和模型（3-3），编写 LINGO 程序即可求得各利益相关者对风险承担自愿性程度的上下界。以求取景区利益委托人对风险承担自愿性程度为例。

$$w_j^- = \min w_j$$

$$\text{s. t. } 4(w_i - w_j) + 0.5 \geq a_{ij}^-, \ i = 1, 2, \cdots, 8; \ j = i+1, \cdots, 9$$

$$4(w_i - w_j) + 0.5 \leq a_{ij}^+, \ i = 1, 2, \cdots, 8; \ j = i+1, \cdots, 9$$

$$w_i \leq 0, \ i \in I, \ \sum_{i=1}^{9} w_i = 1 \qquad (3-2)$$

$$w_j^- = \max w_j$$

$$\text{s. t. } 4(w_i - w_j) + 0.5 \geq a_{ij}^-, \ i = 1, 2, \cdots, 8; \ j = i+1, \cdots, 9$$

$$4(w_i - w_j) + 0.5 \leq a_{ij}^+, \ i = 1, 2, \cdots, 8; \ j = i+1, \cdots, 9$$

$$w_i \geq 0, \ i \in I, \ \sum_{i=1}^{9} w_i = 1 \qquad (3-3)$$

通过 LINGO 程序求解出景区利益委托人（x_1）对风险承担自愿性的上界为 0.18，景区利益委托人（x_1）对风险承担自愿性的下界为 0.15。分别对景区管理人员和员工（x_2）、旅游供应链企业（x_3）、社区居民（x_4）、各级政府部门（x_5）、游客（x_6）、压力组织（x_7）、生态环境代理人（x_8）、竞争者（x_9）利用式（3－2）和式（3－3）编写 LINGO 程序即可求解出景区各利益相关者对风险承担的自愿性程度（见表3－3）。

表3－3　　　景区各利益相关者对风险承担的自愿性程度

景区利益相关者	景区投资人	景区管理人员	供应链企业	社区居民	政府部门	游客	压力组织	生态环境	竞争者
风险承担自愿性	[0.15, 0.18]	[0.08, 0.12]	[0.09, 0.13]	[0.13, 0.17]	[0.11, 0.14]	[0.12, 0.15]	[0.07, 0.10]	[0.06, 0.09]	[0.04, 0.08]

（二）确定景区各利益相关者的关键性

景区利益相关者的关键性是指利益相关者所拥有的专用性资源对景区开发和经营活动的必要性。为确定景区各利益相关者的关键性程度，笔者同样采用了模糊层次分析法。

1. 构造模糊判断矩阵

对景区利益委托人（x_1）、景区管理人员和员工（x_2）、旅游供应链企业（x_3）、社区居民（x_4）、各级政府部门（x_5）、游客（x_6）、压力组织（x_7）、生态环境代理人（x_8）、竞争者（x_9）等利益相关者的关键性，通过访谈的方式向景区经营管理与研究专家采集数据。笔者采用了0—1标度系统，其具体含义如下所示：

0.1——甲利益相关者绝对比不上乙利益相关者关键；

0.3——甲利益相关者显然比不上乙利益相关者关键；

0.5——甲利益相关者与乙利益相关者同样关键；

0.7——甲利益相关者的关键性明显超过乙利益相关者；

0.9——甲利益相关者的关键性绝对超过乙利益相关者。

访谈过程中，专家对景区两个利益相关者的比较过程中，对其自愿性存在模糊的概念，用［0，1］中的一个数值来对比景区两个利益相关者的关键程度比较困难。于是让专家给出［0，1］范围内的一个区间来描述两个利益相关者关键程度的对比。通过对景区9个利益相关者的两两比较，构造出区间互补判断矩阵 $\tilde{B} = (\tilde{b}_{ij})_{9 \times 9}$，其中 $\tilde{b}_{ij} = [b_{ij}^-, b_{ij}^+]$。

2. 获取景区各利益相关者的权重

在获得景区各利益相关者权重 $\tilde{W} = (\tilde{w}_1, \tilde{w}_2, \cdots, \tilde{w}_9)$ 前，同样根据式（3-1）编写 LINGO 程序对区间数互补判断矩阵的一致性进行检验，求解得到 $J_1^* = 0$，可知 $\tilde{B} = (\tilde{b}_{ij})_{9 \times 9}$ 是一个加型一致性区间数互补判断矩阵。则分别通过式（3-2）和式（3-3），编写 LINGO 程序求得景区利益委托人（x_1）、景区管理人员和员工（x_2）、旅游供应链企业（x_3）、社区居民（x_4）、各级政府部门（x_5）、游客（x_6）、压力组织（x_7）、生态环境代理人（x_8）、竞争者（x_9）的关键性程度（见表3-4）。

表3-4　　　　　　　　　景区各利益相关者关键性程度

景区利益相关者	景区投资人	景区管理人员	供应链企业	社区居民	政府部门	游客	压力组织	生态环境	竞争者
关键性	[0.14, 0.19]	[0.07, 0.12]	[0.08, 0.14]	[0.12, 0.18]	[0.10, 0.15]	[0.11, 0.16]	[0.06, 0.11]	[0.05, 0.1]	[0.03, 0.09]

（三）确定景区各利益相关者的紧急性

景区利益相关者的紧急性是指景区开发或经营活动对利益相关者所有资源需求的迫切程度或者利益相关者需要景区对他们的要求给予急切关注或回应的程度。为确定景区各利益相关者的关键性程度，笔者同样采用了模糊层次分析法。

1. 构造模糊判断矩阵

对景区利益委托人（x_1）、景区管理人员和员工（x_2）、旅游供应链企业（x_3）、社区居民（x_4）、各级政府部门（x_5）、游客（x_6）、压力组织（x_7）、生态环境代理人（x_8）、竞争者（x_9）等利益相关者的紧急性，通过访谈的方式向景区经营管理与研究专家采集数据。笔者采用了0—1标度系统，其具体含义如下所示：

0.1——甲利益相关者绝对比不上乙利益相关者紧急；

0.3——甲利益相关者显然比不上乙利益相关者紧急；

0.5——甲利益相关者与乙利益相关者同样紧急；

0.7——甲利益相关者的紧急性明显超过乙利益相关者；

0.9——甲利益相关者的紧急性绝对超过乙利益相关者。

访谈过程中，专家对景区两个利益相关者的比较过程中，对其紧急性存在模糊的概念，用 [0，1] 中的一个数值来对比景区两个利益相关者的紧急程度比较困难。于是让专家给出 [0，1] 范围内的一个区间来描述两个利益相关者紧急程度的对比。通过对景区 9 个利益相关者的两两比较，构造出区间互补判断矩阵 $\widetilde{C} = (\widetilde{c}_{ij})_{9 \times 9}$，其中 $\widetilde{c}_{ij} = [c_{ij}^{-}, c_{ij}^{+}]$。

2. 获取景区各利益相关者的权重

在获得景区各利益相关者的紧急性权重 $\widetilde{W} = (\widetilde{w}_1, \widetilde{w}_2, \cdots, \widetilde{w}_9)$ 前，同样根据式 （3－1）编写 LINGO 程序对区间数互补判断矩阵的一致性进行检验，求解得到 $J_1^* = 0$，可知 $\widetilde{C} = (\widetilde{c}_{ij})_{9 \times 9}$ 是一个加型一致性区间数互补判断矩阵。则分别通过式 （3－2）和式 （3－3），编写 LINGO 程序求得景区利益委托人 （x_1）、景区管理人员和员工 （x_2）、旅游供应链企业 （x_3）、社区居民 （x_4）、各级政府部门 （x_5）、游客 （x_6）、压力组织 （x_7）、生态环境代理人 （x_8）、竞争者 （x_9）的紧急性程度，如表 3－5 所示。

表 3－5 景区各利益相关者紧急性程度

景区利益相关者	景区投资人	景区管理人员	供应链企业	社区居民	政府部门	游客	压力组织	生态环境	竞争者
紧急性	[0.15, 0.18]	[0.08, 0.12]	[0.09, 0.13]	[0.13, 0.17]	[0.10, 0.14]	[0.12, 0.15]	[0.06, 0.1]	[0.06, 0.09]	[0.04, 0.08]

（四）确定景区各利益相关者的可接近性

景区利益相关者的可接近性是指利益相关者需求对企业决策者来

说能够实现的可能性程度。为确定景区各利益相关者的可接近性程度，笔者同样采用了模糊层次分析法。

1. 构造模糊判断矩阵

对景区利益委托人（x_1）、景区管理人员和员工（x_2）、旅游供应链企业（x_3）、社区居民（x_4）、各级政府部门（x_5）、游客（x_6）、压力组织（x_7）、生态环境代理人（x_8）、竞争者（x_9）等利益相关者的可接近性，通过访谈的方式向景区经营管理与研究专家采集数据。笔者采用了 0—1 标度系统，其具体含义如下所示：

0.1——甲利益相关者绝对比不上乙利益相关者可接近；

0.3——甲利益相关者显然比不上乙利益相关者可接近；

0.5——甲利益相关者与乙利益相关者同样可接近；

0.7——甲利益相关者的可接近性明显超过乙利益相关者；

0.9——甲利益相关者的可接近性绝对超过乙利益相关者。

访谈过程中，专家对景区两个利益相关者的比较过程中，其可接近性存在模糊的概念，用［0，1］中的一个数值来对比景区两个利益相关者的可接近性程度比较困难。于是让专家给出［0，1］范围内的一个区间来描述两个利益相关者关键程度的对比。通过对景区 9 个利益相关者的两两比较，构造出区间互补判断矩阵 $\tilde{E} = (\tilde{e}_{ij})_{9 \times 9}$，其中 $\tilde{e}_{ij} = [e_{ij}^-, \ e_{ij}^+]$。

2. 获取景区各利益相关者的权重

在获得景区各利益相关者的可接近性权重 $\tilde{W} = (\tilde{w}_1, \ \tilde{w}_2, \ \cdots, \ \tilde{w}_9)$ 前，根据式（3 – 1）编写 LINGO 程序对区间数互补判断矩阵的一致性进行检验，求解得到 $J_1^* = 0$，可知 $\tilde{E} = (\tilde{e}_{ij})_{9 \times 9}$ 是一个加型一致性区间数互补判断矩阵。则分别通过式（3 – 2）和式（3 – 3），编写 LINGO 程序求得景区利益委托人（x_1）、景区管理人员和员工（x_2）、旅游供应链企业（x_3）、社区居民（x_4）、各级政府部门（x_5）、游客（x_6）、压力组织（x_7）、生态环境代理人（x_8）、竞争者（x_9）的可接近性程度（见表 3 – 6）。

表 3 - 6 景区各利益相关者的可接近性程度

景区利益相关者	景区投资人	景区管理人员	供应链企业	社区居民	政府部门	游客	压力组织	生态环境	竞争者
可接近性	[0.14, 0.18]	[0.08, 0.12]	[0.09, 0.13]	[0.13, 0.17]	[0.1, 0.14]	[0.12, 0.16]	[0.07, 0.11]	[0.06, 0.1]	[0.05, 0.08]

(五) 确定景区各利益相关者的影响力

景区利益相关者的影响力是指利益相关者对组织活动的影响程度。为确定景区各利益相关者的影响力，笔者同样采用了模糊层次分析法。

1. 构造模糊判断矩阵

对景区利益委托人 (x_1)、景区管理人员和员工 (x_2)、旅游供应链企业 (x_3)、社区居民 (x_4)、各级政府部门 (x_5)、游客 (x_6)、压力组织 (x_7)、生态环境代理人 (x_8)、竞争者 (x_9) 等利益相关者的影响力，通过访谈的方式向景区经营管理与研究专家采集数据。笔者采用了 0—1 标度系统，其具体含义如下所示：

0.1——甲利益相关者绝对比不上乙利益相关者的影响力；

0.3——甲利益相关者显然比不上乙利益相关者的影响力；

0.5——甲利益相关者与乙利益相关者同样的影响力；

0.7——甲利益相关者的影响力明显超过乙利益相关者；

0.9——甲利益相关者的影响力绝对超过乙利益相关者。

访谈过程中，专家对景区两个利益相关者的比较过程中，对其影响力存在模糊的概念，用 [0，1] 中的一个数值来对比景区两个利益相关者的影响力程度比较困难。于是让专家给出 [0，1] 范围内的一个区间来描述两个利益相关者影响力的对比。通过对景区 9 个利益相关者的两两比较，构造出区间互补判断矩阵 $\widetilde{F} = (\widetilde{f_{ij}})_{9 \times 9}$，其中 $\widetilde{f_{ij}} = [f_{ij}^-, f_{ij}^+]$。

2. 获取景区各利益相关者的权重

在获得景区各利益相关者影响力的权重 $\widetilde{W} = (\widetilde{w_1}, \widetilde{w_2}, \cdots, \widetilde{w_9})$ 前，根据式 (3 - 1) 编写 LINGO 程序对区间数互补判断矩阵的一致

性进行检验，求解得到 $J_1^* = 0$，可知 $\widetilde{F} = (\widetilde{f}_{ij})_{9 \times 9}$ 是一个加型一致性区间数互补判断矩阵。则分别通过式（3 - 2）和式（3 - 3），编写 LINGO 程序求得景区利益委托人（x_1）、景区管理人员和员工（x_2）、旅游供应链企业（x_3）、社区居民（x_4）、各级政府部门（x_5）、游客（x_6）、压力组织（x_7）、生态环境代理人（x_8）、竞争者（x_9）的影响力程度（见表 3 - 7）。

表 3 - 7 景区各利益相关者的影响力

景区利益相关者	景区投资人	景区管理人员	供应链企业	社区居民	政府部门	游客	压力组织	生态环境	竞争者
影响力	[0.13, 0.2]	[0.06, 0.13]	[0.09, 0.14]	[0.11, 0.18]	[0.09, 0.15]	[0.10, 0.17]	[0.05, 0.13]	[0.04, 0.11]	[0.03, 0.09]

三 景区利益相关者优先度的评定结果及其分类

通过上面的分析，景区利益委托人（x_1）、景区管理人员和员工（x_2）、旅游供应链企业（x_3）、社区居民（x_4）、各级政府部门（x_5）、游客（x_6）、压力组织（x_7）、生态环境代理人（x_8）、竞争者（x_9）的风险承担的自愿性、关键性、紧急性、可接近性和影响力专家评价的数据如表 3 - 8 所示。

表 3 - 8 景区各利益相关者优先度评价指标数据

景区利益相关者	风险承担的自愿性	关键性	紧急性	可接近性	影响力
景区投资人	[0.15, 0.18]	[0.14, 0.19]	[0.15, 0.18]	[0.14, 0.18]	[0.13, 0.2]
景区管理人员	[0.08, 0.12]	[0.07, 0.12]	[0.08, 0.12]	[0.08, 0.12]	[0.06, 0.13]
供应链企业	[0.09, 0.13]	[0.08, 0.14]	[0.09, 0.13]	[0.09, 0.13]	[0.09, 0.14]
社区居民	[0.13, 0.17]	[0.12, 0.18]	[0.13, 0.17]	[0.13, 0.17]	[0.11, 0.18]
政府部门	[0.11, 0.14]	[0.10, 0.15]	[0.10, 0.14]	[0.1, 0.14]	[0.09, 0.15]
游客	[0.12, 0.15]	[0.11, 0.16]	[0.12, 0.15]	[0.12, 0.16]	[0.10, 0.17]

续表

景区利益相关者	风险承担的自愿性	关键性	紧急性	可接近性	影响力
压力组织	[0.07, 0.1]	[0.06, 0.11]	[0.06, 0.1]	[0.07, 0.11]	[0.05, 0.13]
生态环境	[0.06, 0.09]	[0.05, 0.1]	[0.06, 0.09]	[0.06, 0.1]	[0.04, 0.11]
竞争者	[0.04, 0.08]	[0.03, 0.09]	[0.04, 0.08]	[0.05, 0.08]	[0.03, 0.09]

为了综合集成景区各利益相关者的风险承担的自愿性、关键性、紧急性、可接近性和影响力，必须先获得个指标的权重。指标的权重分为两类：主观权重和客观权重。本书采用主观权重。用于模糊层次分析法，通过访谈的方式向景区经营管理与研究专家采集数据。采用了0—1标度系统，其具体含义如下所示：

0.1——甲指标对优先度评价的贡献度绝对比不上乙；

0.3——甲指标对优先度评价的贡献度显然比不上乙；

0.5——甲指标对优先度评价的贡献度与乙等同；

0.7——甲指标对优先度评价的贡献度显然超过乙；

0.9——甲指标对优先度评价的贡献度绝对超过乙。

访谈过程中，专家对景区两个评价指标贡献度比较过程中，对指标的贡献度存在模糊的概念，用 [0, 1] 中的一个数值来对比两个指标的贡献度比较困难。于是让专家给出 [0, 1] 范围内的一个区间来描述两个指标的对比。通过对 5 个评价指标的两两比较，构造出区间互补判断矩阵 $\widetilde{G} = (\widetilde{g}_{ij})_{5 \times 5}$，其中 $\widetilde{g}_{ij} = [g_{ij}^-, g_{ij}^+]$。

表 3 - 9 　　　　　　　指标重要性区间数互补判断矩阵

	风险承担的自愿性	关键性	紧急性	可接近性	影响力
风险承担的自愿性	0.5	[0.2, 0.3]	[0.3, 0.4]	[0.7, 0.8]	[0.4, 0.5]
关键性	[0.7, 0.8]	0.5	[0.6, 0.7]	[0.9, 1]	[0.6, 0.8]
紧急性	[0.6, 0.7]	[0.3, 0.4]	0.5	[0.7, 0.9]	[0.6, 0.8]

	风险承担的 自愿性	关键性	紧急性	可接近性	影响力
可接近性	[0.2, 0.3]	[0, 0.1]	[0.1, 0.3]	0.5	[0.2, 0.4]
影响力	[0.5, 0.6]	[0.2, 0.4]	[0.2, 0.4]	[0.6, 0.8]	0.5

同样根据式（3-1）编写 LINGO 程序对区间数互补判断矩阵的一致性进行检验，求解得到 $J_1^* = 0$，可知 $\tilde{G} = (\tilde{g}_{ij})_{5 \times 5}$ 是一个加型一致性区间数互补判断矩阵。则分别通过式（3-2）和式（3-3），编写 LINGO 程序，求得评价指标风险承担的自愿性、关键性、紧急性、可接近性和影响力的贡献度（见表3-10）。

表3-10 各评价指标的贡献度

优先度评 价指标	风险承担 自愿性	关键性	紧急性	可接近性	影响力
贡献度	[0.18, 0.2]	[0.25, 0.27]	[0.22, 0.24]	[0.23, 0.15]	[0.19, 0.21]

采用模糊多属性决策的区间数加权平均集结算子：

$$WA(\tilde{a}_1, \tilde{a}_2, \cdots, \tilde{a}_n) = \sum_{i=1}^{n} \tilde{w}_i \times \tilde{a}_i$$

对表3-8中各利益相关者优先度评价属性数据进行集结。

（1）景区利益委托人的优先度为：

[0.18, 0.2] × [0.15, 0.18] + [0.25, 0.27] × [0.14, 0.19] + [0.22, 0.24] × [0.15, 0.18] + [0.23, 0.15] × [0.14, 0.18] + [0.19, 0.21] × [0.13, 0.2] = [0.13, 0.19]

（2）景区管理人员和员工的优先度为：

[0.18, 0.2] × [0.08, 0.12] + [0.25, 0.27] × [0.07, 0.12] + [0.22, 0.24] × [0.08, 0.12] + [0.23, 0.15] × [0.08, 0.12] + [0.19, 0.21] × [0.06, 0.13] = [0.07, 0.12]

（3）旅游供应链企业的优先度为：

$[0.18, 0.2] \times [0.09, 0.13] + [0.25, 0.27] \times [0.08, 0.14] + [0.22, 0.24] \times [0.09, 0.13] + [0.23, 0.15] \times [0.09, 0.13] + [0.19, 0.21] \times [0.09, 0.14] = [0.08, 0.13]$

（4）社区居民的优先度为：

$[0.18, 0.2] \times [0.13, 0.17] + [0.25, 0.27] \times [0.12, 0.18] + [0.22, 0.24] \times [0.13, 0.17] + [0.23, 0.15] \times [0.13, 0.17] + [0.19, 0.21] \times [0.11, 0.18] = [0.11, 0.17]$

（5）各级政府部门的优先度为：

$[0.18, 0.2] \times [0.11, 0.14] + [0.25, 0.27] \times [0.10, 0.15] + [0.22, 0.24] \times [0.10, 0.14] + [0.23, 0.15] \times [0.1, 0.14] + [0.19, 0.21] \times [0.09, 0.15] = [0.09, 0.14]$

（6）游客的优先度为：

$[0.18, 0.2] \times [0.12, 0.15] + [0.25, 0.27] \times [0.11, 0.16] + [0.22, 0.24] \times [0.12, 0.15] + [0.23, 0.15] \times [0.12, 0.16] + [0.19, 0.21] \times [0.10, 0.17] = [0.1, 0.16]$

（7）压力组织的优先度为：

$[0.18, 0.2] \times [0.07, 0.1] + [0.25, 0.27] \times [0.06, 0.11] + [0.22, 0.24] \times [0.06, 0.1] + [0.23, 0.15] \times [0.07, 0.11] + [0.19, 0.21] \times [0.05, 0.13] = [0.06, 0.11]$

（8）生态环境代理人的优先度为：

$[0.18, 0.2] \times [0.06, 0.09] + [0.25, 0.27] \times [0.05, 0.1] + [0.22, 0.24] \times [0.06, 0.09] + [0.23, 0.15] \times [0.06, 0.1] + [0.19, 0.21] \times [0.04, 0.11] = [0.05, 0.1]$

（9）竞争者的优先度为：

$[0.18, 0.2] \times [0.04, 0.08] + [0.25, 0.27] \times [0.03, 0.09] + [0.22, 0.24] \times [0.04, 0.08] + [0.23, 0.15] \times [0.05, 0.08] + [0.19, 0.21] \times [0.03, 0.09] = [0.03, 0.08]$

采用徐泽水和达庆利提出的区间数排序方法，对景区各利益相关者的优先度区间数进行排序。通过公式：

$$P_{ij} = \max\left\{1 - \max\left\{\frac{w_j^+ - w_i^-}{w_i^+ - w_i^- + w_j^+ - w_j^-}, \ 0\right\}, \ 0\right\}$$

构造出可能度矩阵：

$$P = \begin{bmatrix} 0.5 & 0.95 & 0.8 & 0.75 & 0.85 & 0.7 & 1 & 1 & 1 \\ 0.35 & 0.5 & 0.55 & 0.5 & 0.6 & 0.55 & 0.75 & 0.7 & 0.85 \\ 0.4 & 0.65 & 0.5 & 0.45 & 0.55 & 0.6 & 0.7 & 0.75 & 0.9 \\ 0.4 & 0.65 & 0.5 & 0.45 & 0.55 & 0.6 & 0.7 & 0.75 & 0.9 \\ 0.55 & 0.9 & 0.75 & 0.5 & 0.7 & 0.75 & 0.85 & 1 & 1 \\ 0.55 & 0.7 & 0.65 & 0.5 & 0.5 & 0.55 & 0.85 & 0.8 & 0.95 \\ 0.6 & 0.85 & 0.7 & 0.55 & 065 & 0.5 & 0.9 & 0.95 & 0.9 \\ 0.4 & 0.65 & 0.5 & 0.45 & 0.45 & 0.5 & 0.5 & 0.75 & 0.8 \\ 0.25 & 0.5 & 0.55 & 0.4 & 0.4 & 0.45 & 0.65 & 0.5 & 0.65 \\ 0.2 & 0.55 & 0.4 & 0.35 & 0.45 & 0.3 & 0.6 & 0.55 & 0.5 \end{bmatrix}.$$

对矩阵 P 的行求和，即可得到：

$p_1 = 7.65$；$p_2 = 3.58$；$p_3 = 4.53$；

$p_4 = 6.93$；$p_5 = 5.34$；

$p_6 = 6.25$；$p_7 = 2.75$；

$p_8 = 2.11$；$p_9 = 1.34$。

便可得知：

$x_1 > x_4 > x_6 > x_5 > x_3 > x_2 > x_7 > x_8 > x_9$

景区利益相关者中优先度最高的是景区利益委托人、社区居民和游客，优先度较高的是景区管理人和员工、旅游供应链企业、各级政府部门。优先度最低的是压力组织、生态环境代理人和竞争者。因此，本书将优先度高的利益相关者归结为核心利益相关者；而将优先度低的称为边缘利益相关者。

需要强调的是，利益相关者与企业的关系并不具有"固定的特性"，政治力量的干预、社会经济环境的改变、各种联盟的建立都有可能导致利益相关者与企业的关系发生变化，核心利益相关者和边缘利益相关者完全有可能发生互换，甚至完全退出，也就是说，景区核心利益相关者的构成在实践中是动态的，因此对景区利益相关者的管理也具有动态性和弹性。

本章小结

　　本章首先分析了具有优势旅游资源的社区向景区转化的过程及其演化：社区是一个相对简单的系统，在景区投资人介入开发和营运后，其转变成为景区，形成景区利益相关者系统，景区利益相关者系统在利益相关者成员的相互作用下在不稳定与稳定之间转化。本章分析了景区利益相关者系统工程，归纳出包括景区投资人在内的 9 类景区利益相关者，并分析了他们之间的关系，指出景区投资人是利益相关者系统的核心，其他各类利益相关者之间相互作用构成复杂的网络结构，然后分析了景区利益相关者系统的复杂性；最后在分析影响景区利益相关者重要程度的关键因素基础上，通过专家意见法和模糊矩阵法评价了景区利益相关者的优先度，将景区投资人、管理者和员工、游客、社区居民、政府和旅游供应链企业归结为核心利益相关者，压力组织、竞争者和生态环境归结为边缘利益相关者。为下文分析景区利益相关者系统协调机制作用机理提供理论支持。

第四章　景区利益相关者系统协调 机制作用机理研究

景区是一个涉及多方、多层次利益的复杂利益共同体，相互利益关系极为复杂。根据第三章所述，景区利益相关者系统包括：景区（景区利益代理人）、管理者和员工、社区居民、各级政府部门、旅游供应链、游客、压力组织、生态环境、竞争者总共9种类群。其中景区利益代理人、管理者和员工、社区居民、各级政府部门和旅游供应链属于核心利益相关者；压力组织、生态环境和竞争者属于边缘利益相关者。在景区管理中，不同利益相关者群体对景区发展的影响和作用不同，因此，对其管理方式也不相同。正如薄茜在其博士学位论文中所描述："个人或群体的地位、目标都会影响到他们对旅游的认知、定位和态度，从而影响到旅游开发和管理的原则和方式。"在景区开发与经营过程中，利益相关者多元化，不同的利益主体构成一个错综复杂的利益网络，网络中不同的利益相关者的利益诉求会有所不同，不同的利益诉求还可能叠加，产生"蝴蝶效应"，对景区管理造成破坏性影响。但景区利益相关者系统是个开放的复杂系统，系统本身具有自组织能力，从积极的角度看，如果所有利益相关者能形成共同的利益诉求，他们就会为了共同目标，集中资源，通过公共目标来实现自身目标；相反，如果某些群体的利益诉求得不到主张，他们会以自己的方式进行负面信息的传播，并被放大，最后引起多方的"共鸣"，酿出严重的后果和极坏的负面影响，如不少景区发生的突发群体事件。因此，对景区利益相关者的利益诉求进行分析具有重要意义。

第一节　景区利益相关者诉求分析

利益相关者因为在景区中投入了一定的专用资源或者具有某种影响景区发展的能力，他们会向景区表达满足某种需求的愿望，而这种愿望的强力程度取决于他们对景区收益的预期。这种预期以压力方式传递给景区代理人。然而，由于景区利益相关者来自不同层面，且关系复杂，他们的利益要求差异较大，因此他们施加给景区代理人的压力的具体方式和大小也千差万别，并且很难准确地测量。因此，这就要求景区利益代理人采取有效的方式和实际行动回应利益相关者的利益期望，并认真识别他们的利益诉求。

一　景区核心利益相关者的利益诉求及其行为特征

核心利益相关者是指对景区实现自身目标的经营管理活动影响最大或受其影响最大的群体。不同的利益相关者对于旅游发展和实现方式的解读不同，追求的利益也不相同。具体地，景区和旅游供应链追求持续增长的经济效益和景区的持续发展；游客追求愉快的旅游体验和旅行安全，将旅游视为独特的消费行为方式和生活方式；政府的目标是维护地方稳定、实现税收的增长，并期望以旅游业的发展改善地方经济社会发展状况；景区所在地社区居民则不仅希望从景区开发中充分利用自己的土地资源获得尽可能多的经济收益、就业机会、提高生活水平和社会地位甚至是景区管理的话语权，而且希望在景区开发中保护好本地生态环境，保持和改善祖祖辈辈的生活环境；而景区经营者则期望从中获得更大个人发展空间、提升自己的职业技能、提高自己的经济收入和社会地位。不同利益相关者群体对经济利益、社会利益、环境利益的诉求也不一致。

（一）景区代理人——景区投资者

投资者作为景区旅游资源开发资本的出资人，他们期望通过景区开发和经营获取预期回报，因此，他们要保证景区的盈利，就会努力维护景区的利益，所以说投资人是景区的利益代理人，他们在利益相关者系统处于核心地位，是景区利益相关者系统利益诉求和冲突的协调者。投资者向旅游相关企业投入景区运营所必需的物质资本或货币资本，改造景区所在地旅游资源，形成旅游产品，进入旅游销售市场，期望获得经济效益和社会效益。为了实现景区可持续发展，还必须保证环境效益。因此，投资人具有多重属性。一方面，投资者通过向景区注入资本，取得景区经营权，直接控制景区的经营管理，实现经营资本的增值，从而快速地获得经济收益；另一方面，投资人作为景区的代理人，有义务保护景区旅游资源和环境。正如张晓慧（2011）所言：投资者在开发旅游资源时，要坚持最小化影响环境行为原则，处理好旅游环境补偿与旅游收益分配的关系问题。此外，投资人出于自身长远利益的考虑，必须关注景区的长期发展，进而考虑景区开发和经营的社会效益。

在旅游景区发展过程中，投资人作为景区代理人会与各利益主体发生交互行为。首先，投资人作为典型的"经济人"，制定经营制度，将企业管理权转交给景区管理者，希望通过各种机制激励管理者和员工高效管理，期望获得尽可能高的投资回报率，因而产生对旅游企业良好盈利前景的诉求；其次，投资人必须接受各级政府的管理和监督，并遵循相关法律法规和景区规划，因而产生希望制定良好的旅游行业政策的诉求；最后，投资人在参与景区开发治理的过程中，基于景区可持续发展的考虑，要考虑景区资源的保护和维持良好社区关系，因此会产生景区资源有效保护和合理利用的诉求。

综上所述，景区代理人——投资者的利益诉求包括：良好的政策环境和社会环境、景区开发顺利并快速发展、高额资本回报、管理者和员工的忠诚、形成良好的景区品牌和吸引力。

（二）景区管理者、员工

景区管理者和员工是景区日常经营管理的执行者，他们通过对景区公共资源的管理并提供旅游服务，向游客提供旅游体验而实现自身利益诉求的同时确保景区公共资源得到有效保护和合理利用。他们向景区投入大量专用性人力资源，他们最了解景区的资源和运行情况，对景区的相关经营管理措施更有发言权，因此在经营管理景区的日常事务中要承担几乎全部责任。在景区经营管理过程中，他们通过对资源管理权限的有效管理与强化来实现自身的利益诉求。管理者作为理性的"经济人",可能导致管理者的"逆向选择"和"败德行为";当然,对人性假设除了利己主义,还有利他主义:管理者作为一个完整的个体,还具有社会地位、荣誉、权力以及事业成就感等多维度的追求。管理者期望通过自己参与经营管理,维持景区长期生存与发展,以保障自身工作稳定。

员工是景区的一般劳动力资源。员工在一定程度上来说是景区利益相关者群体的起点,因为员工行为直接影响其所接触到的其他利益相关者。Rucci A. J.、Kirn S. P.、Quinn R. T. 等(1998)通过美国西尔斯公司的利润链图早已说明这个问题。员工个体的人力资本是企业财富创造过程中必不可少的客观需要,他们在向景区提供服务的同时追求其自身的利益,利益的满足程度决定他们提供的资源质量和服务水平(见图4-1)。因此,企业要对员工提供激励和监督的必要性。

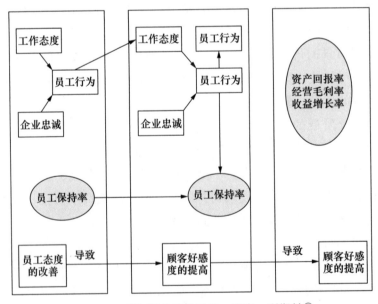

图4-1 西尔斯公司的员工—顾客—利润链①

---

① Rucci A. J., Kirn S. P., Quinn R. T., "The employee-customer-profit chain at Sears", *Harvard Business Review*, Vol. 76, 1998: 82 – 98.

在我国，因为现行的社会保障机制决定了景区员工不仅主要收入来源于景区工作，而且他们的社会地位、保障等都来源于此。

管理者和员工是景区的真正运营者，毋庸置疑，景区发展关系到每一位管理者及其员工的切身利益。为了有效保障其自身利益，管理者和员工会产生以下利益诉求：合理的薪酬、福利，景区可持续发展并有较高的知名度和美誉度，融洽的组织气氛与人际关系，经营管理决策权的大小，良好的工作环境与工作条件，管理政策、决策程序公正，提升自己的人力资本以及可以预期的较大升职空间等。

（三）社区居民

本书所指社区居民是指居住在景区内部或者在景区开发中迁出但可以在景区工作的村民。他们所生活的环境以及在长期生产、生活过程中创造和积累的物质文化和精神文化是景区开发所依赖的旅游资源最主要的构成部分。包括社区民居建筑、民俗活动、生产生活场景以及优良的自然生态环境等。社区居民既是景区开发的利益相关者，同时也是人文旅游资源的重要部分。旅游开发作为一种外来扰动，对当地的影响是长期和深远的，而社区居民作为这些旅游资源的创造者、使用权所有者和保护者，同时也是旅游开发影响的承受者和敏感者。

由于我国实行家庭联产承包责任制，绝大部分土地、山林、水体"分田到户"，村民拥有相关资源一定期限的经营权，只有少量相关资源属于村集体。如前文所述，部分具有特色资源的地区选择发展旅游业，景区投资人多是以租赁或者是流转的方式从农民和村集体取得土地等旅游资源的经营权。无论哪种模式，所需资源都来自村集体和村民。也就是说，村民和村集体拥有旅游开发的关键资源。在开发景区以前，景区资源为居民社区生存与发展提供物质基础。长期以来，社区居民在景区及其周边生活劳作、繁衍生息，景区开发相当于剥夺了他们赖以生产和生活的基本要素，因此，在旅游开发中，居民期望得到尽可能大的资源补偿。但是，由于部分地方政府强制征地等补偿政策不合理，以及社区公民自身意识和参与精神及技术匮乏、资本缺乏、能力不足以及权力缺失等诸多因素，投资者低成本使用居民资源，导致社区居民的利益分配不均，社区居民成为景区开发过程中话语权丧失的大多数和最大的利益受损者。在景区开发过程中社区居民的主体地位往往得不到承认和重视，很大程度上都是被动地参与旅游发展，发挥的作用极为有限，利益诉求也很难实现。当然，景区的开发能给社区居民带来方便的就业机会和更多的致富机会。同时景区的发展也离不开社区居民的配合与支持，社区内的居民不仅可为景区治理提供廉价劳动力，而且社区居民通过生产能为景区提供日常运营所需的物质资料。同时居民的素质、资源保护意识等，都会直接影响景区的形象和声誉。

关于社区居民诉求，李凡和蔡桢燕（2007）在以大旗头古村为例研究古村落旅游开发中各方的利益主体时经过实证研究表明，村民最看重的是环境，因为环境是村民世代繁衍生息的根本，其次是社会尊重、社会治安、就业情况，反映出村民最关注的是切身利益。其中就业情况村民大部分表示对自己没多大影响，因为一方面旅游对员工需求不多，另一方面村民更多地选择外出务工。褚宏伟（2012）通过实证研究证明石岩湖景区当地居民利益诉求的顺序是改善当地的经济状况、为当地提供就业、提升地方档次和品位、加强环保工作。由于我国大部分景区位于经济发展十分落后的地区，当地社区居民迫切希望通过开发风景资源和发展旅游业来促进社会经济的发展，提高生活水平。同时，景区开发要征用村民的土地、山体或者水体，他们因此而失去全部或者部分收入来源，为此，他们最强烈的愿望是希望通过征用土地获得补偿并通过发展旅游业提供更多的就业或商业机会，增加家庭经济收入，改善生活质量；其次，对于祖祖辈辈生活的地方，他们希望在旅游资源开发经营过程中保护生态环境、传承传统文化；最后，向往便利、清洁和富裕的美好生活是每一个人的追求，因此，社区居民还希望景区开发和经营能带动地方基础设施建设，提升社区档次与品位，改善生产生活条件。

（四）政府部门

当前，关于政府性质的界定存在两种截然相反的观点。一种观点认为，政府作为全体公民权利的委托行使者，除公共利益外，在行使公共权利的过程中不会追求任何个人或团体的利益。另一种观点认为，政府具有"经济人"属性，他们追求自身组织目标或自身利益而非公共利益或社会福利。本书中的各级政府部门包括制定旅游产业发展法规和政策的国家机关、对景区具有管辖权旅游局、税务局、国土资源管理局、物价局等政府部门以及景区所在地的村委会等。具有明显比较优势旅游资源的地区经济社会发展水平一般都较低。因此，当地政府开发旅游景区的第一动力来源于对经济利益的追求，期望通过旅游资源开发，促进产业结构调整，带动地方经济，在增加地方财政收入的同时增加就业机会、缓解地方就业压力，继而带动社会各项事业的发展。因此，政府部门希望投资人快速注入资金，缩短建设周期，促进景区不断发展壮大并能够实现可持续发展。同时，政府是社会利益的代表，因此要谋求景区的社会环境效益，促进景区的可持续发展，提高地方知名度和美誉度。希望通过有效的管理模式保护旅游资源，保护生态环境，监督景区建设和经营状况，保证国家资源的合理开发利用，维护市场经济秩序，保护消费者权益，维护社会公正公平等。

（五）旅游供应链

从事旅游服务业的企业大多处在旅游供应链当中，它们包括旅游产业链的吃、住、行、游、购、娱等相关企业。这些企业的收益都附属于景区经营活动，同时他们的经营活动也影响景区的收益和形象，所以也属于景区利益相关者。旅游产业链的成员在追求经济效益的同时，客观上也增加了景区收益。但如果两者之间的关系协调不好，就会降低旅游服务质量，降低游客旅游体验，影响风景区的健康发展。旅游行业相关资料统计显示，每年旅游投诉中，意见最多的一般都是吃、住、行、游和购等环节，因为在当前我国旅游发展水平下，这几个环节是游客最关注、意见最大、投诉最多的。而就其余景区的利益而言，其中旅行社及导游联系最为紧密，因为几乎70%的游客都是通过旅行社进入景区，虽然从2013年新的旅游法实施以后情况有所改观，2013年国庆黄金周散客首次超过团队游，但旅行社及导游仍有重要作用。旅行社通过将各个地方的游客以团队的形式组织起来开展旅游活动，并由导游引导观光旅游，通过与景区合作，并为游客服务来获得收益。游客游览景区的过程中，通过吃、住、行、购、娱等活动获得旅游体验。游客只有吃得放心、住得舒心、行得顺心、玩得开心才会感受到全方位的旅游服务，才能获得较高的旅游满意度；而景区也才能塑造景良好的品牌形象，从而吸引更多的游客，为旅游供应链带来更大的经济效益。随着旅游业的迅猛发展，游客的这些活动也带动了整个旅游产业链的发展。总的来说，旅游产业链利益目标的实现要依托景区的良性发展。因此，旅游供应链的利益诉求可概括为：景区能够长期生存和发展；景区知名度和美誉度；良好的合作信誉；足够的游客吸引力（流量）；有机会参与该企业的管理决策；透明的信息分享；及时的结款。

（六）游客

游客是旅游活动的主体，是旅游产品的消费者，是一切旅游活动和现象的核心，没有游客就没有旅游。毋庸置疑，游客的购买决策行为直接决定着旅游产品能否实现其价值，也决定着旅游企业与社区居民能否得到货币补偿。张晓慧（2011）指出，游客关注的核心利益是异质的，其利益核心是非经济利益。景区与游客的交易不是单纯的"等价交换"，游客期望以合理的价格获得高质量旅游体验，具有对景区的欣赏权、教育权，游客关注的问题主要有景区景观的真实性与完整性、景区门票价格以及旅游产品是否物有所值。游客利益的核心是旅游经历的"质量"和"满足感"。游客在进行旅游活动过程中，涉及食、住、行、游、购、娱等各个环节。游客利益需求的实现就是通过在各个环节中与外界的各种接触和感受，从中获得各种知识、愉悦感和满足感来实现。游客通过支付一定的价格获得一种旅游体验。旅游作为一种高层次的精神生活，游客在旅游过程中想要追求一种在日常工作生活中无法获取的心灵洗涤与精神体验。游客的这种利益诉求是非经济性的。具体可归纳为：一是优越的旅游吸引物（自然、历史、民俗文化等），如优美的自然环境，独特的历史文化景观；二是景区具有一定的知名度和美誉度；三是便捷的交通条件和旅游基础设施；四是有安全保障，旅游环境整洁卫生；五是合理的门票价格，旅游产品物有所值等。

二　景区边缘利益相关者利益诉求及其对景区发展的影响分析

Hart（2004）认为，边缘利益相关者对组织战略的影响不容忽视，矛盾的激化将会严重影响到组织的发展战略，进而提出组织的健康发展必须关注边缘利益相关者对组织竞争的作用研究。

（一）压力组织

景区压力组织包括学术专家、行业协会、新闻媒体、环保组织等。其中，学术专家主要是通过开展理论研究来为景区旅游开发以及景区环境保护提供必要的理论指导和技术支持；行业协会通过制定相关标准和规范，为景区旅游开发与景区环境保护提供必要的依据；新闻媒体通过各种传播媒介对旅游经营者的旅游开发行为进行指导和监督。目前，对景区旅游进行研究的院校和科研机构虽然很多，但相应的专业人才很是缺乏，研究不够系统也不够深入，对旅游资源开发、规划设计等方面的定性研究较多，定量的研究相对较少，甚至对一些基本的理论问题尚未达成共识，尤其缺乏信息技术快速发展背景下对景区管理智能化管理的研究。如 RFID 技术在景区信息实时采集、传输和集成处理、车辆调度等方面的应用，目前该领域的研究在四川大学商学院任佩瑜教授的领衔下，已经在九寨沟进行了工程性验证，并取得良好的效果。有专家评价该研究开创了中国乃至世界旅游管理的新领域和新方向。综观国内外研究，学术界更多的是关注旅游规划的科学性、资源开发的合理性、旅游发展过程中的低碳化、环境保护等方面，近年来旅游管理的智能化、信息化、可追溯等正成为关注重点。在目前的景区旅游活动与旅游业经营过程中，学术专家的理论与技术指导功能并未得到应有的重视和有效发挥。旅游行业协会作为旅游发展过程中极为重要的第三方力量，主要是在旅游发展规划、研究与开发、行业执行标准、咨询、教育和培训以及与政府的沟通与合作等方面发挥作用。目前，我国的旅游行业协会发展较为迅速，对旅游的发展起到了积极的推动作用。就景区旅游来看，其职能基本都由旅游行业协会执行，随着景区旅游的迅速发展，旅游行业协会的作用也会得到更大程度的发挥。高科（2010）指出，新闻媒体是旅游发展的中介体，主要担负信息沟通的作用，世界各国旅游发展的经验表明，媒体对旅游的发展具有重要意义，首先，新闻媒体对景区特色景点和所在地风土人情、历史文化的介绍和相关旅游知识的传播，能够吸引游客的关注，有力地推动旅游行业的发展；其次，新闻媒体通过对旅游相关部门、企业进行监督，有效规范其健康发展。并进一步指出，目前，我国的新闻媒体对旅游的发展起到了一定的积极作用，但应进一步加强其监督作用，敢于披露和批评旅游发展过程中的不合理现象。压力组织往往代表着社会的公益和知识的先导，不具备强制约束力。但是，在网络发达的今天，网络舆论的传播速度和放大效应能够形成强大的社会心理压力，因此，他们通过舆论力量保护景区资源合理开发和社区居民的利益。并且，随着旅游业的发展，压力组织在旅游系统中的作用将会越来越大。为促进旅游可持续发展，在开发旅游资源初期，从旅游规划、决策到实施全程，都应有相关压力组织的参与，这会对旅游景区发展全过程产生一定的促进作用。从利益诉求角度看，学术团体对景区开发的要求是科学规划、景区合理开发、高效管理、旅游行业政策有效、利益分配均衡等。

（二）生态环境

生态环境虽然是利益主体，但其自身不能主张其权益。生态环境是旅游的承载者，景区旅游的可持续发展离不开良好的生态环境，但从目前的情况来看，虽然大家都能够意识到生态环境的重要性，但受经济利益的诱惑，或为了减少环保投入，节约成本，很多景区在旅游开发中往往会有意或无意地忽视生态建设和环境的保护。为了突出生态环境资源的重要作用和地位，本书从伦理学的角度将其拟人化，将其作为利益的主体进行讨论。生态环境本身的利益是旅游资源的质量，即旅游资源能否得到合理的开发与保护，环境是否受到污染和生态质量是否得到保护和改善。生态环境往往只是一个"影子"利益主体，一般由政府、社区居民、压力集团、学者甚至是投资人作为其代表，主张其诉求。尽管如此，生态环境仍然处于弱势地位。生态环境代表参与不足的原因是多方面的：由于各种利益集团的冲突以及整个社会环保意识薄弱等因素，生态环境代表不敢大胆呼吁环境保护；生态环境代表的普遍无权状态使其根本无法参与决策；旅游管理部门人

员观念和知识水平不高，未能充分意识到生态环境代表参与的重要性
或者无法找到恰当的参与方式。

　　相对于企业和政府来说，生态环境代表不是以利润动机、权力原
则来驱动，而是以志愿精神为导向。生态环境代表以环境破坏、生物
多样性保护问题为服务对象，它能在政府与市场之外，增进社会福
利，促进社会公平。由于生态环境保护政治性倾向较弱，生态环境代
表已经逐渐成为我国民间团体中最活跃、影响最大和特征最为鲜明的
一个群体。生态环境代表在引导自然资源正确的开发模式、反对非可
持续的开发方式方面，发挥着重要的引导和利益平衡作用，已经成为
影响景区旅游和谐发展的关键性引导因素。但目前尚缺乏通过在对其
进行实证的基础上，针对生态旅游领域的相关分析和总结。因此，对
其深入探讨，特别是对其发挥积极作用的原因、表现形式、组织状态
以及其影响力的发展规律等方面进行理论分析、总结，有助于将生态
旅游脆弱地区的和谐发展研究推向深入。

　　（三）竞争者

　　决定区域旅游竞争力的基本因素有资源条件、需求条件、旅游环
境、区域行为和介入机会 5 个。竞争者从保护自身利益出发，还会关
注竞争的公平性。影响一个景区竞争力的主要因素是资源条件和市场
关注度以及进入机会，这些都建立在充分的信息分析基础上，因此，
竞争者的利益诉求可概括为：公平的竞争环境；透明的信息交换机
制；良好的合作氛围等。

第二节　景区利益相关者的利益冲突分析

　　利益究其本性来说是盲目的、无止境的、片面的，它具有不法的
本能。"利益冲突无处不在，公司也不例外。股东利益的冲突是公司
中最为普遍，也最为引人注目问题之一"。Friedman（2002）提出，
利益的分配与争夺是产生利益相关者理论的根本原因，因此利益相关
者理论的未来研究应当关注组织与利益相关者之间的冲突及其解决，

这是发展利益相关者理论的重要途径。

一 冲突种类

从利益属性的角度来说，景区利益相关者系统内部各子系统的利益冲突包括经济利益、社会利益和环境利益三大类。由于各利益主体的价值取向不同，对经济利益、社会利益、环境利益的追求程度不同，并且都希望自身利益最大化，景区发展可能会产生与其预期价值相背离的情况，在利益的驱使下，态度不同，矛盾自然存在。比如，景区代理人——投资者基于其"经济人"的基本属性，会将经济利益摆在首位；压力组织作为非营利组织，不以利润为导向，通过舆论力量维护利益相关者系统中弱势群体的利益；游客作为旅游活动的主体，注重旅游活动带来的精神体验，并且随着自身素质的提高，越来越重视景区发展的环境利益和社会利益；而政府作为全体公民权利的委托人，会先满足景区的经济效益以维持社会稳定，然后再满足环境效益；社区居民希望旅游开发能带来经济收益，同时景区是社区居民日常生活的环境，因此，他们还要关注环境利益。上述举例表明，各利益主体对三大利益的敏感度差异导致了不同利益主体之间的冲突。

从利益主体角度分析，在景区发展过程中，主要存在景区代理人——投资者与各利益主体都存在利益交互而产生的冲突。

（一）景区代理人——投资者与景区管理者、员工的冲突

投资者通过制定景区经营制度，将企业管理权转交给景区管理者，期望管理者和员工恪尽职守，并以尽可能低的管理者与员工的报酬，获得良好的景区品牌和吸引力，并获得尽可能高的投资回报率。而管理者和员工经营管理景区的日常事务，他们希望自己的付出会得到投资者的认可，并且获得自身生存与发展所必需的回报。同时希望通过亲自参与景区经营管理，维持景区长期生存与发展，以保障自身工作稳定。双方就此产生经济利益冲突。

（二）景区代理人——投资者与社区居民的冲突

投资人与当地社区居民的矛盾首先表现在利益分配的不均衡。社区居民虽然是旅游资源的主要占有者，但他们缺少旅游开发的意识和必要的资本。同时，投资人由于能够给政府带来可以预见的税收收入

和其他利益，往往能得到政府的支持，导致双方地位上的差距。投资者作为"经济人"，开发经营活动的首要目的是实现经济利益，可能在企业运转过程中忽略处于弱势地位居民的利益诉求。而当地社区居民的核心利益诉求是增加就业机会，提高家庭经济收入，改善生活质量。社区公民自身意识和参与精神及技术匮乏、资本缺乏、能力不足以及权力缺失等诸多因素，投资者低成本使用居民资源，导致社区居民的利益分配不均，社区居民成为景区开发过程中话语权丧失的大多数和最大的利益受损者。当地居民不能充分分享发展旅游业所带来的好处，导致对投资者的不满甚至是抵制，从而间接影响到对旅游者的态度。投资人与当地社区居民的矛盾还表现在，由于双方处于不平等地位，双方的权利处于不同层次，投资者凭借资本和技术优势在当地旅游市场中形成垄断；而普通农户家庭式的经营方式无法与外来企业资本抗衡，同时外来工作者占据大部分管理层工作，而当地居民由于自身文化素质等因素的局限只能从事基层的工作，这无疑加剧了投资者与当地社区居民的矛盾冲突。

（三）景区代理人——投资者与各级政府部门的冲突

从纯经济学角度看，景区投资人和政府是处在对立地位的，作为公共利益代表人的各级政府部门和"经济人"属性的景区投资人在利益追求上存在根本性的分歧。景区代理人的首要目标是追求经济利益的最大化，最起码在相当长一段时间内不会太忽视景区开发所造成的一系列社会和环境等影响以及社区居民的利益诉求。而各级政府部门却扮演着多重角色：一方面要凭借景区代理人将资本、技术、人力资源等引进到景区，与景区资源结合，开发旅游景区，形成旅游产品；另一方面不能完全依靠景区代理人自律，要监督景区建设和经营状况，通过制定相关政策和法律法规等一系列制度措施来约束其经营管理活动，以保证国家资源的合理开发利用，维护市场经济秩序，保护消费者权益，维护社会公正公平。如果两者没能充分认识到他们的共同利益所在，比如，若地方政府的管理和控制不当，就会出现经济漏损，导致绝大部分收益被景区代理人控制和掠夺，社区居民收益甚微，利益分配严重不均衡。

（四）景区投资者与旅游供应链的冲突

景区旅游发展的利益矛盾体现在景区旅游产业活动的各个环节，包括交通、住宿、餐饮、游览、娱乐生产服务等环节，各个环节由不同的企业来提供，位于旅游供应链各环节的旅游企业之间利益协调不好，景区旅游活动很难有效地开展起来。作为景区代理人的投资者从自身长远利益考虑，在追求高投资回报率的同时，会关注旅游产业的长期发展以及旅游产业的社会效益，也会履行保护景区旅游资源和环境的义务。而处于旅游供应链不同环节的旅游企业，为了追求自身利益的最大化，可能发生恶性竞争，无视整个景区的长远发展。因此，在实现旅游供应链一体化的过程中，如何实现景区旅游企业的网络化，如何更好地利用资源开发多样化的旅游活动项目，不断丰富旅游企业的经营类型和经营内容，不断规范旅游企业的竞争行为，提高旅游企业的质量，延伸旅游产业链，把旅游这块蛋糕做大做强，是调节景区代理人与旅游供应链利益矛盾的主要方向和主要环节。

（五）旅游供应链与游客的冲突

旅游供应链上的旅游企业以不同的旅游服务形式和服务内容形成不同的旅游产品来满足游客的整体需求，而游客的需求虽然从整体上来说是一次完整而愉悦的旅游经历，但是具体内容各有差异，有的游客追求自然风光，有的游客追求民族风俗，还有的游客追求当地的特色餐饮等，甚至某些游客之间的需求是相互干扰的。因此，需求和供给可能发生不匹配。既然游客旅游需求是一次完整的旅游体验和经历，那么游客满意就是吃、住、行、游、购、娱等服务的全过程满意。这就对供应链上的旅游企业提出更高的要求。旅游产业链中与游客直接接触的是导游，导游的服务态度、专业素养等都会影响游客的满意度。当游客在某个环节接受的旅游服务与自身预期的服务差距过大，游客就会产生抱怨情绪，甚至投诉。旅游供应链要想化解与游客的矛盾冲突，获得高的旅游满意度，必须通过拓展企业网络和彼此合作，为游客提供多样化的旅游产品和旅游服务。这些利益矛盾的解决过程也是景区旅游业发展不断完善的过程。

（六）社区居民与游客的利益冲突

社区对游客的影响是多方面的。社区居民对游客的影响主要体现在他们对旅游者所采取的态度上，社区居民的态度与旅游开发的阶段密切相关。在景区旅游开发初期，当地社区居民还没有受到外界各种风气的影响，民风憨厚、善良、淳朴，居民对到访的游客态度非常友善，氛围和谐友好。但随着旅游开发活动的加剧，外来经济、文化与当地经济、文化的交融碰撞越来越频繁，外来游客的消费习惯和消费观念使社区居民产生严重的心理不平衡；同时，由于部分地方政府强制征地等补偿政策不合理，以及社区公民自身意识和参与精神及技术匮乏、资本缺乏、能力不足以及权力缺失等诸多因素，导致社区居民虽然在参与景区旅游发展中获得一定的经济收益，但是投资者低成本使用居民资源，对社区居民的利益分配不均，社区居民还要承受景区不合理开发、环境恶化等一系列后果，这一切使社区居民成为景区开发过程中话语权丧失的大多数和最大的利益受损者。社区居民逐渐意识到自己在景区开发活动中的边缘化，这种心理失衡状态使社区居民对游客的态度发生转变，部分居民为了获得额外的收入，甚至采取拉客、宰客等不合法经营手段来欺骗游客，导致社区居民与游客的关系进一步恶化。

二　冲突成因分析

利益冲突主要取决于系统内利益相关者的多少、性质、所拥有资源的稀缺性和规模以及发展的差异性。这些差异性会导致利益相关者间的非平衡和非线性，而非平衡和非线性作用将导致协同放大，而这种协同放大的传递又导致系统有序结构的形成。但是，由于非平衡和非线性所形成的协同放大效应，并不一定完全是积极作用，也可能产生消极影响。例如，如果某几类利益相关者所拥有的资源非常重要，各成员之间的发展差异过大等，而景区没处理好相应关系，就会引起系统内部主体矛盾的尖锐化，造成景区与各利益相关者之间的摩擦，从而影响整个系统的协调发展。

旅游景区利益相关者之间的利益要求纷繁复杂，只有通过对引起旅游景区各利益相关者发生冲突的根本原因进行深入分析，才可能采用适当的方法和途径来缓和各利益相关者的利益冲突。总的来看，景区利益相关者之间的矛盾冲突原因由内因和外因构成。

（一）利益矛盾的内在动因

所谓内因就是系统内部利益相关者自身的原因，其实质就是利益主体的利益得不到满足或者是受到了侵犯。具体可以包括以下情况：

1. 旅游开发地资源的"稀缺性"

在某一区域内，按照我国现行的农村社会生产制度，每一村、一组、一户的土地资源是有限的，而在这有限的土地资源中，可能被占用的可以开发的旅游资源更少。而当前，虽然我国整体实现了小康，但人们收入差距仍然存在，并且在有些地区差距可能较大，这导致人们对物质财富的渴望，对土地资源回报的期望差异较大。而旅游资源投资者作为"经济人"，没有"扶贫"的义务，也不可能"均贫富"。因此，稀缺资源所有者的期望值与投资者的满足能力之间的差异（缺口）不可避免地引发不同程度的"冲突"。

2. 利益分配格局变化

旅游开发改变了原有利益主体格局，新的利益主体加入不仅改变了旅游资源所在社区利益相关者的数量，也从根本上改变了利益相关者的地位和关系结构，景区管理机制要求利益相关者根据所投入资源的专用性和多少进行利益分配，进而导致利益分配格局的改变，因此直接威胁到原有利益相关者的既得利益，引起他们的排斥反应。

3. 各种利益相关者的自利本性

在各种利益相关者满足自身利益需求的本能驱使下，旅游景区各个利益相关者会自发地采取各种行动维护自身利益。面对旅游资源稀缺的客观现实，各种利益相关者为了最大限度地满足自身利益，通过自利性的本能，自发地与其他利益相关者产生交互作用，发生各种资源争夺行为。在自利性意识的支配下，各种利益相关者产生自私自利、逃避惩罚、懒惰和投机取巧等想法。比如景区和旅游供应链为了追求经济效益，不顾公众的利益，做出一些急功近利的行为，提供一些名不副实的服务；游客只顾个人的旅游享受与旅途方便，乱扔垃圾，破坏公共设施等，甚至不服从工作人员安排；政府为了维护地方稳定、实现税收的增长，忽视对旅游企业非法行为的监督和治理；景区所在地社区居民可能因为自身利益受到损害而与景区、政府发生纠纷和冲突，为了争取自身的利益，他们甚至会采取一些破坏手段来阻碍景区的发展。

4. 信息的不透明

在旅游开发和后期的经营管理过程中，信息是一个很重要的生产因素和管理工具。但所有利益相关者获得信息的途径、接收信息的能力的不一致导致信息不透明，理解问题的信息不充分。信息不透明和不充分会导致各利益主体做出不符合实际的不理性利益预期或行动决策，导致冲突的产生。

5. 各种利益相关者的信任度缺乏

各种利益相关者之间的来往需要靠信任做支撑，而信任在景区利益相关者网络中是相互的。由于我国旅游市场存在诸多问题，导致各种利益相关者之间的信任存在缺失。首先，由于我国旅游相关政策法规体系不健全，给一些投机取巧分子可乘之机，导致一些机会主义行为；其次，政府处理冲突时的不公正，站在资源优势一方，也会导致公众的抵触情绪；最后，由于旅游市场信息不对称，旅游供应链的各个环节存在不信任，并且游客对旅游企业提供的产品和服务存在怀疑。最典型的现象就是，长期以来，大部分导游引导游客去需要花钱又无典型游览价值的地方，导致游客感受价值降低，满意度下降，游客对旅游服务失去信任，也使真正具有旅游价值的游览地和旅游产品失去了市场。

（二）利益矛盾的外因

外因是指系统外部因素导致的矛盾和冲突。

1. 制度不完善

我国的景区管理不同于国外，国家不但不会财政拨款建设景区；相反，还要利用景区经营，获取财政税收。这样的体制，导致自上而下都盲目追求经济效益，忽视景区可持续发展。政府部门只看旅游企业上缴的税额，导致旅游产业畸形发展，经营者逐利意识膨胀，同时也使得自身权力失衡，约束力度弱化。此外，政策法规体系不完善还导致主体间的利益分配不合理，滋生不正当的谋利行为，使处于劣势地位的社区居民和游客的利益得不到保障；监控力度不足会造成景区的秩序混乱和利益相关者的道德缺失；信息不对称为景区服务提供者的机会主义行为提供了有利条件，从而使游客得不到旅游保障。制度的不完善，还导致系统内部交易成本的增加，使生产效率降低，从而损害景区整体利益。

2. 偶然因素

景区利益相关者的关系还受到外界自然灾害、疫病、交通事故等偶然因素的影响，这些不可预测的偶然因素会影响旅游需求或供给的数量和质量。而不同的利益相关者对此的承受能力是不同的，不同的承受能力会对利益损失的态度发生改变，这种态度的变化会转化为矛盾表现或者冲突激化的导火索。

景区利益相关者系统的复杂性导致其关系的复杂性，而这种复杂关系则因为影响景区利益相关者系统矛盾冲突因素的复杂性，作为景区代言人，投资人只有全面分析原因并进行及时处理，才能实现系统协调。

三　景区利益相关者利益冲突对景区发展的影响

"经济人"假设认为人都广泛存在的损人利己的机会主义倾向（Opportunism）。利益不仅是人们行动的动力源泉，他们通过预期利益大小来决策是否行动或者采取什么行动并比较所获利益的多少与他们预期的利益目标来判断是否满意。如果预期利益太小或者周期太长，人们一般积极性不强；相反，那么他们行动的动力就大，为此，他们甚至会通过一些非正当行为来谋求自己的利益。

正如亚当·斯密所说："每个人都在力图应用他的资本，来使其产品能得到最大的价值……他所追求的仅仅是他个人的感受，仅仅是个人的利益……当然，由于追逐他自己的利益，他经常促进了社会利益，其效果要比他真正想促进社会利益时所得到的效果为大。"

景区的各类利益相关者在利用自己占有的旅游资本谋求自身利益最大化的过程中，会对景区所在地的经济、环境和社会造成正负两种影响：一方面是对景区所在地资源的损耗，环境的破坏或是福利的降低；另一方面，在消耗资源的同时，人们在不断利用资源创造财富，不仅提高经济收益，而且在经济状况好转后，会有意识地增加社会福利投入、改善环境和加强生态建设，提高环境舒适度。

（一）对景区所在地的经济效应

景区利益相关者的利益冲突对景区所在地的经济效应有正效应和负效应。景区投资人的介入不仅带来大量的资本，而且带来超前的旅游规划和开发意识、专业知识和技术以及相应的人才，在经营过程中为了实现经营目标，就要努力协调各种利益相关者的利益冲突，这必然为景区所在地赚取外汇和收支平衡、产生社会收入、形成就业机会、改善经济结构和鼓励企业活动等促进当地经济发展做出巨大贡献。

而与之相对应的负面效应表现为利益相关者利益冲突难以协调进而带给景区所在地的损耗，包括旅游资源、资本和劳动力的投入等旅游投资效率降低，景区所在地发展旅游业的机会成本和旅游收入漏损等潜在损耗。景区开发特别是承包经营，旅游收入主要部分成为投资人所有，此外还包括政府的前期基础设施建设投入以及宣传费用、移民搬迁补偿费用、后期基础设施维护费用、环境污染带来的治理和管理费用、生态建设投入，景区经营不善后产生的债务利息的偿还等。其中，最主要的表现还是由于冲突而导致的景区管理效率低下，而导致的机会成本上升和主营收入的减少以及景区声誉的负面影响。

（二）对景区所在地的社会效应

很多人认为旅游开发的"社会影响大部分是令人不快的"，旅游发展的负面效应体现在：旅游犯罪、文化侵蚀、语言同化、环境污染、贫富差距扩大等。

随着旅游开发的不断深入，旅游投资者、管理者等外来人口的增加，游客的涌入，使景区所在地的空间变得拥挤，偷盗、欺骗等违法犯罪现象增多，环境受到污染；虽然景区开发促进了当地基础设施建设，但公共设施的人均保有量下降，使用频率上升，加速了损毁；外来人口的增加加大了疾病传播的风险，使景区所在地原住民和禽畜的健康受到威胁；随着旅游的发展，外来文化随之进入，造成当地居民的文化不适应，本土文化的异化和商品化，对本土文化会造成不同程度的侵蚀；景区所在地居民介入程度的差别导致了内部贫富差距加大，形成新的经济阶层的分化。

事实上，景区利益相关者的利益冲突也有其正面社会效应，诸如有利于不同文化的交流；促进商贸合作与学术交流；有利于对原有社会价值观念的肯定，从而增强对文化遗产的保护；有利于新的行为方式、价值体系的产生，促进景区所在地的文化发展；有利于改善目的地居民的生存条件。因为冲突的存在，作为景区投资人和管理者，为了实现自身目标，就必须采取有效的方式加以改善，以保证整个系统处于有序状态，例如，民俗旅游的吸引物是地方民俗文化、生产生活方式，不仅外来文化对当地文化有侵蚀，而且随着现代教育的提高，很多当地年轻人外出就业，不愿在家继承学习传统文化，导致很多地方的民间技艺、传统习俗等逐渐失传。而旅游的发展又必须依托于这些要素，管理者就会有意识地去挖掘和保护民俗文化，这有助于保护社会文化的多样性和原生态。此外，"一个人旅游的经历及感受会以言语语言和非言语语言方式影响别人，并且他可能在一切适宜的场合完成对他人的宣传，而不论其是否具有明确的目的性，接受信息的人会成为信息的再次传播者，遂形成逐次非定向信息扩散。"也就是说，景区的开发在带来冲突的同时，也可以促进民族之间的相互了解和融合，有助于社会稳定。

（三）对景区所在地的生态环境效应

相对于工农业的生产活动来说，旅游业属于低碳产业，对环境污染和生态的破坏相对小得多，甚至旅游的发展还可能会使景区所在地的环境得到保护、生态得以改善。首先，旅游的发展依赖于良好的生态环境，这促使景区管理者高度重视生态环境的保护；其次，由于景区开发和经营所需要的资源分属于不同的利益相关者，因此，景区需要整合资源，有利于提高资源利用效率、促进历史遗迹的修复和保护；最后，景区要提高收益，解决冲突，就必须通过高标准的规划、设计和高质量的建设、管理来保护景区的环境，并从门票收入中提取一部分用以保护和改善自然遗产和人造遗产（Archer. B. H. ，1977）。

最重要的是，景区往往在一些比较偏远的山区，这些地方的居民一般没有规划意识、环境和生态保护意识，乱丢乱倒，乱砍滥伐，私搭乱建，客观上造成了生态和环境的破坏。而旅游的发展，外来文明的引入，客观上能起到环境教育的作用，有利于促进人们进行生态维护，有助于增进环境的维护与改善。

当然，景区开发和经营也会对目的地的环境带来破坏。在一些原生态的地区往往因为景区开发和营运，不科学的规划，人工景点的修建，基础设施的建设，旅游者的大批进入、车辆的大量增加以及由此而带来的消费及其副产物，导致水资源被污染或减少、空气污染、土壤变质、野生的动植物生存环境发生巨大改变、历史遗迹和纪念物人为的损伤，等等，这些都是生态环境的巨大破坏。

第三节　景区利益相关者系统
自组织演化分析

景区利益相关者组成系统在"运行"过程中，也表现出典型的自组织特性。也就是说，当系统一定条件下可以自发地由无序走向有序，并努力形成有序的时间和空间的组织结构。本节从自组织的概念介绍，到构建景区利益相关者系统自组织，进而阐述该系统自组织演化的条件、机理、协同和涌现过程。

一　景区利益相关者系统自组织的概念

自组织现象是一个广泛存在于自然界和社会系统的生物现象，描述的是一个开放的复杂系统在一定条件下可以自发地由无序走向有序，形成有序的时间和空间的结构，呈现出类似于生命特征的自组织现象的特性。对于自组织的概念，不同的研究者由于研究背景、研究对象、研究动机和研究角度不同有不同的理解，其中 Haken 从系统协同性角度，定义自组织系统的自组织特性是由个体之间在交互的过程中，每个个体存在自发的倾向从无序的运动到个体之间关联而引起的协调合作的运动。Prigogine 从热力学及系统能量的角度给出定义，认为自组织过程是一个远离平衡态的开放系统，在内部强烈的非线性作用下，在外界物质和能量条件变化达到一定阈值的时候从原来的无序状态转变为有序状态的过程。

自组织理论主要由耗散结构理论（Dissipative Structure）、协同学理论（Synergetics）和突变论（Catastrophe Theory）三个部分组成。其中耗散结构是由普利高津于 1969 年提出的，描述一个远离平衡态的非线性的开放系统，在不断地与外界交换物质和能量的条件下，当系统内部某个参量的变化达到一定的阈值时，会发生涨落，激发系统发生非平衡相变，由原来的混沌无序状态向在时间上、空间上或功能上有序的状态转变。"协同学"的概念是联邦德国斯图加特大学教授、著名物理学家哈肯（Hermann Haken）于 1969 年在研究激光的特性时提出来的，描述的是协同系统在外参量的驱动下和在子系统之间的相互作用下，以自组织的方式在宏观尺度上形成空间、时间或功能有序结构的条件、特点及其演化规律。"耗散结构方法起一个构建自组织系统需要条件的作用。它研究了体系如何开放，开放的尺度，如何创造条件走向自组织等诸多问题。"而"协同学方法在整个自组织方法论处于一种动力学方法论的地位。它是体系自身如何保持自组织活力的重要方法，它所研究的重要概念和原理，如竞争、协同和支配（或使役）以及序参量等概念和原理，对于系统自组织的演化以及使得自组织程度越来越高，都具有重要的指导意义。"

综上所述，景区利益相关者系统自组织是指景区利益相关者系统这个开放性复杂系统，在初始状态由于利益分歧和冲突导致景区利益相关和系统呈现出混沌状态，但是他们在共同利益目标和其他机制的作用条件下会产生自组织行为并形成新的稳态结构。

二　景区利益相关者系统自组织演化

一切事物都处在不断变化发展的过程中，景区也不例外。由于景区不同利益相关者多样化的投资结构和价值取向，推动各利益相关者多样化的逐利行为，导致各种利益冲突不断上演又不断以一定的机制被协调，景区利益相关者系统也随之不断演化。如何让演化朝更有序的方向发展？首先要明确系统的形成条件和演化机理，这是景区利益相关者系统协同演化的基础。景区利益相关者系统是一个复杂的自组织系统。研究景区利益相关者系统自组织形成的动力条件，演化机理对于研究景区利益相关者系统协同具有重要意义。

（一）景区利益相关者系统自组织演化的条件

1. 耗散结构是景区利益相关者系统自组织演化的前提条件

耗散结构是系统自组织演化的前提。范艳丽等认为，一个系统能够自发组织形成耗散结构的必要条件，首先，要保证系统是开放的并具有亚稳定性。其次，系统内具有自催化的非线性相互作用，使影响系统平衡的破坏性因素转化成为系统演化的建设性因素。再次，系统具有涨落作用。而景区利益相关者系统是一个由相关主、客体以及该系统所处的环境组成的统一体，并且不断地与外界进行物质、能量、信息等交换活动，因此是一个开放系统；景区利益相关者系统内各种利益相关者之间在进行经济、权力、环境等利益转换的过程中存在不平衡，进而产生不同的期望目标和行为方式，以及信任程度；景区利益相关者系统内部各要素之间存在非线性依赖关系（比如倍乘效应），而不是简单的线性关系，系统成员相互制约、相互耦合，通过不断矛盾冲突以及协调共生而产生不同于部分的整体效应。最后，景区利益相关者系统是由许多相互关联的子系统所组成的，并且系统的状态不是各子系统状态的简单叠加，而是所有子系统综合作用的结果，同时系统在与外界进行交互的过程中不断受到外界的影响，当影响达到一定程度时，系统就会从当前的状态跃迁到另一个更有序的状态，进入一个新的相对平衡状态。

2. 景区利益相关者系统的管理熵减机制是自组织产生的自我约束力

根据热力学的熵增定律，孤立系统总是处于熵增状态，系统会从有序转向无序。任佩瑜（1997）将熵理论引入管理领域，提出了管理熵理论，指出在组织执行过程中，总是能量递减使管理效率递减直至不能发挥作用而需要新的方式去替代的一种管理规律。对于景区这种开放系统，其成员在景区经营过程中的冲突导致管理熵增，无序程度增加，导致景区管理效率降低。但由于其不断地与外界进行着信息流、物质流、能量流、人流等的交换，当熵增达到一定程度，会自发产生一种特殊的机制，即管理熵减机制，形成自组织运动，系统从无序转向有序，重新达到一种稳定状态，有利于景区运行的稳定并向好的方向发展。

3. 涨落是景区利益相关者系统自组织形成的外部动力

涨落的本质是系统状态变量偏离平均值的幅度。对于一个由大量子系统构成的系统总是或多或少地存在涨落，涨落是偶然的，杂乱无章的，涨落多半时间都会被消耗掉，但当系统内部某个参量变化达到一个临界值（阈值）时，会产生涨落，而促进系统突变进入新的稳定状态。即在非平衡系统具有了形成有序结构的宏观条件后，涨落对实现某种序所起的决定作用。涨落是系统产生耗散结构的原始动力之一。景区利益相关者系统是一个自组织系统，当系统的核心利益相关者发现某种市场机遇或者发现系统共同目标面临巨大威胁，而依靠单个成员的资源和能力又无法抓住机遇或者克服威胁时，他们就会在机遇或者威胁（涨落）的驱动下，以一定的方式形成新的平衡态，齐心协力应对外界的机遇或威胁，以实现共同目标。

（二）景区利益相关者系统自组织演化原理

景区利益相关者系统作为社会经济系统的一个子系统，其发展受其成员的能力和资源环境影响。鉴于此，本书引入 Logistic 法则剖析景区利益相关者系统自组织演化原理。

为了便于研究，选取景区核心利益相关者系统中的任意两个成员为研究对象，令 $X_1(t)$ 和 $X_2(t)$ 分别协调时为 t 时刻系统成员甲和成员乙所获得的利益；N_1 和 N_2 分别为甲、乙不合作时所获取的最大利益，假设 N 为常数。根据普利高津对两个自由竞争主体成长规律的 Logistic 方程描述：

$$\begin{cases} \dfrac{d_{x1}}{d_t} = r_1 X_1 \ (N_1 - X_1 - \beta X_2) \ - d_1 X_1 \\[3mm] \dfrac{d_{x2}}{d_t} = r_2 X_2 \ (N_2 - X_2 - \beta X_1) \ - d_2 X_2 \end{cases} \qquad (4-1)$$

其中，r_1 和 r_2 表示系统成员在一定条件下自主获利能力的增长率，假设其为常数；β 表示系统中两个主体间相互作用、相互影响的关系（$0 \leqslant \beta \leqslant 1$）；d 为单个主体发展过程中收益的减少率。

系统成员之间的合作有助于景区管理效率提高进而提高大家的福利，而且改善水平取决于系统要素的协调程度。因此，引入参数 δ_{ij}（$0 < \delta_{ij} < 1$）用以表示两系统主体协调而产生的影响，δ_{ij} 的大小说明相互促进作用的大小。同时，由于系统成员的冲突降低景区管理效率，有损于总体收益，于是引入表示主体间冲突影响的参数 β_{ij}（$0 < \beta_{ij} < 1$），于是由式（4-1）变换得到两个利益主体的景区利益相关者系统演化模型：

$$\begin{cases} \dfrac{\mathrm{d}_{x1}}{\mathrm{d}_t} = r_1 X_1 \ (N_1^- X_1^+ \delta_{1,2} X_2^- \beta_{1,2} X_2) \\ \dfrac{\mathrm{d}_{x2}}{\mathrm{d}_t} = r_2 X_2 \ (N_2^- - X_2^+ \delta_{2,1} X_1^- - \beta_{2,1} X_1) \end{cases} \qquad (4-2)$$

系统自组织的结果是系统达到新的稳定状态，因此，需要演化模型的解是稳定平衡点。对式（4-2）求解并计算其特征矩阵，根据微分方程的稳定性理论，只有系统主体由于协同合作对伙伴发挥的作用大于其由于冲突所产生的负面影响，或系统中成员冲突所产生的负面影响不足以引起系统发生涨落时，系统才是稳定的。

由以上分析可知，景区利益相关者系统演化要趋于稳态，必须保证景区利益相关者成员之间的协调。系统协调机制优化了系统的结构，提高了景区管理效率，增加了所有利益相关者的福利。

三　景区利益相关者系统的协同和涌现

协同学认为，复杂系统中的各子系统之间既存在相互制约又存在相互协作，在一定条件下，由于这种相互作用和协作，系统就会在客观上产生时间结构、空间结构或使时空结构达到新的有序状态。自组织协同是一种基于合作的运动，各主体通过合作关系使双方的资源要素优势互补，促进彼此利益诉求的满足。

（一）景区利益相关者系统的协同状态

自组织运动主要通过与环境之间的物质、能量和信息等的交换去解决问题。系统的稳定性是系统发挥自组织功能的条件，在受到外界扰动后，稳定性高的系统能很快地从偏离状态恢复到原状态；而稳定性低的系统恢复到原状态的速度较慢或者不能完全恢复。景区利益相关者系统与环境的交互引发系统不平衡性，导致系统内部各子系统之间的交流与冲突，进而造成系统秩序和结构的改变，在自组织机制作用下，最终使系统克服熵增，形成系统内部的熵减机制，从而推动系统的良性演化发展。

涨落①在系统从无序形成有序的过程中起着极其重要的作用。涨落可以分为两种：一种叫作微涨落，它对系统稳定性变化可以忽略不计；另一种是巨涨落，即能够让系统从无序跃升为有序稳态的涨落。通过涨落达到有序是有条件的，当景区利益相关者系统成员冲突严重，系统处于高度不稳定状态，微涨落在系统失稳的临界点产生累加和倍乘效应，转化为巨涨落，才能导致系统原有的结构和功能发生改变，从而演化成新的稳定状态。在临界点上涨落的加剧引发系统结构的转换和功能的改变，实现自组织。虽然系统的涨落是一种内在随机性，但这种随机性往往是自组织系统演化的随机性动力。

在景区运行过程中，如果系统内部或外部发生随机事件（涨落），当涨落对系统的冲击低于临界状态，则涨落回归，强化原有的组织结构；而当这些涨落超过了临界状态，则系统原有结构失稳，系统的发展出现不确定性。

景区利益相关者系统达到协同状态，整个系统将会在空间、时间以及功能等方面区域协调，达到一种最佳状态。这种协同是一种系统内部各利益相关者之间复杂关系的协同。协同不仅可以保证系统整体达到最优的协同运转状态，同时也有助于改善子系统之间的关系和福利。景区利益相关者自组织协同状态的形成过程如图4－2表示。

从图4－2可见，景区利益相关者初态在冲突和协作的作用下，

① 涨落是指物质系统处于热力学平衡态时，作为统计平均值的宏观物理量如能量、压强、分子数密度在其平均值附近有微小变动的现象。

不断产生涨落，在系统失稳达到临界点之前，涨落消融被吸收，系统回到初始态；当系统失稳达到或者超过阈值时，产生巨涨落，系统在协调机制的非线性作用下，达到新的稳态。

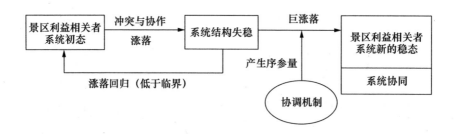

图4 - 2　景区利益相关者系统自组织演化过程

（二）景区利益相关者系统涌现

所谓系统涌现性是指系统整体功能超过各部分功能叠加的状态，也就是系统整体具有而部分不具有的特性，通俗地理解就是"1 + 1 > 2"。对景区利益相关者系统而言，其涌现性表现在系统内部各成员在非线性作用下，整体表现出一定的超成员属性、特征、行为以及功能，产生规模效应、结构效应和环境效应，共同作用造就系统的整体涌现性。

系统的整体涌现性就是系统内相关利益主体协同的结果，系统整体涌现性的产生需要满足一定的系统规模，并且不同的规模将导致不同的整体涌现性，而只有通过利益相关者之间相互作用、彼此制约，才能实现系统的整体涌现；同时，因为景区利益相关者系统不断从外界环境中获取资源，系统涌现需要有效利用环境和适应环境的特性。

系统通过物质、信息、能量的运动来决定如何整合和组织各个子系统以及各种资源以实现整体涌现。系统各利益相关者之间的利益关系，是系统涌现的根源。系统涌现的结果是产生新的系统结构，加强系统的稳定性。其涌现机理如图4 - 3所示。

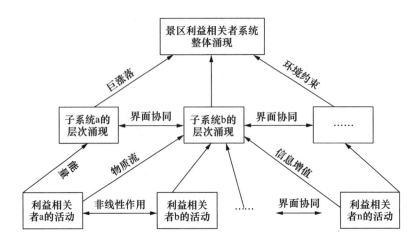

图 4-3 景区利益相关者系统整体涌现

第四节 景区利益相关者系统
协调的逻辑模型

考虑到利益相关者关系的复杂性和利益识别的困难性，引入 P-S-R 概念模型，即压力（pressure）—状态（state）—响应（response）模型。PSR 结构模型是由加拿大统计学家 David J. Rapport 和 Tony Friend 在 1979 年提出，后由经济合作和发展组织（OECD）与联合国环境规划署（UNEP）共同发展的一种用于研究环境问题的框架体系。P-S-R 最初是用以评估资源利用和持续发展的评价指标，其中压力指标用以表征造成发展不可持续的人类活动和消费模式或经济系统；状态指标用以表征可持续发展过程中的系统状态；而响应指标用以表征人类为促进可持续发展所采取的对策。

Johanson 和 Mattsson（1987）构造了由关系与互动所构成的二维结构网络分析框架，孙国强于 2003 年对其进行了进一步研究，并设计出由关系、互动与协同为基础的三维网络治理逻辑模型（见图 4-4）。

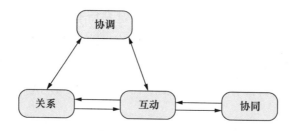

图 4 - 4　孙国强三维网络治理逻辑模型

参考孙国强的三维逻辑模型，结合 PARTNERING 模型，构建景区利益相关者协调逻辑模型，结构如图 4 - 5 所示。

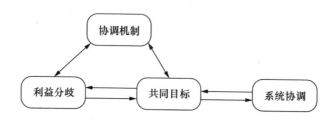

图 4 - 5　景区利益相关者系统协调逻辑模型

模型解释：

1. 利益分歧

在该模型中，利益分歧是利益相关者系统协调的逻辑起点，是系统需要协调的"原罪"。在景区投资人进入以前，景区所在地处于一个相对稳态之中，各方组织群体维持在一定的利益水平上因而相安无事。但景区投资人的进入，景区开发激起的"晕轮"打破了这一平衡。各方所拥有的资源在时间、空间上的差异性，导致他们对于景区做出了不同的期望回报值，并形成一定的利益分歧。利益分歧的存在，导致了系统的稳定性风险，当然也正是分歧的存在，促进了系统的发展和完善。但对于景区代言人而言，它的存在是一种威胁。协调活动的目的就是要消除分歧。所以说利益分歧是利益相关者系统协调的逻辑起点。由于旅游的复杂性，景区利益相关者系统中，涉及不同的利益相关者，不一定是所有的利益相关者都能从旅游发展中收益，同时，由于各个利益相关者群体所持有资源的专用性和重要程度不同，各利益群体所追求的利益目标因而也不一样，因此，各个目标之间必然存在一定的矛盾和冲突，即利益分歧。

2. 共同目标

景区利益相关者系统是一个复杂的关系网络，假设所有利益相关者都是理性的，则他们都清楚景区的开发不可避免，在这种情况下，只有实现景区的健康可持续发展才能从中获取自身利益目标，于是景区和众利益相关者就有了"共同期望"的目标。共同目标的存在使利益相关者群体之间的冲突、矛盾的协调成为一种可能。协调机制的目标就是要找到一种利益相关者之间的心理利益平衡点，形成一个让大家都可以接受的条件。这一条件促使利益相关者之间展开互动，并最终达成某种协议，形成新的稳态。可以说，共同目标就是利益相关者系统协调的动力。

前文已经论述了景区利益相关者系统是一种网络关系，而每一个利益群体相互影响并相互交织在一起，形成一种互动关系。我们可以把互动视为一个利益相关者不断从环境获取或者传播信息，不断积累经验解决问题和学习的过程。他们通过不断地学习并累积经验，克服自身有限理性，改变"搭便车"的观念，并通过比较机会主义行为的短期利益与维持关系的潜在好处，进而正确选择自己的行为。在共同目标这种诱惑或者说指导下，不断向着共同目标努力，在实现共同目标的同时，实现自身目标。

3. 协调机制

利益相关者之间的竞争、利益冲突与合作关系需要利用各种制度安排来协调和治理。由于景区利益相关者的逐利性，利益相关者之间存在明显的机会主义风险。系统的协调就是要通过某种机制将所有子系统整合成一个全新的整体稳态，并且使整体功能远远超出子系统功能之和。也就是说，系统协调就是通过机制来组织或调控各子系统，使之从无序转为有序，使系统达到协同状态。总而言之，景区利益相关者众多，大家在共同目标存在的同时拥有各自的"小团体"目标，也就是说，既有整体的利益又有各自的利益，既有合作的意愿也存在利益冲突，这是由各方拥有的资源的专用性和重要性及各方参与的主动性决定的。景区开发和经营对利益相关者所持资源的依赖性越强，就越需要协调，以最大限度减少冲突。

4. 系统协调

景区投资人的介入，景区的开发给景区所在地带来"扰动"，打破了原生态种群的相对平衡，形成新的生态系统——景区生态系统，在这个新的系统中，产生新的利益相关者群体。这些群体因自身利益的原因（有的利益被重新分配，有的虽然不触及其利益，但其原始欲望被激发，想从中获取到某种额外利益，即"搭便车"）一开始表现为一种不适应，但随着时间的流逝，景区利益相关者系统内部各子系统之间的自组织和他组织活动使系统产生协同效应，从而使系统内部各子系统从一个稳态变为另一个稳态，产生协同效应。但协同效应有正效应与负效应之分。正效应能给景区投资人和景区所在地原有种群即景区所有利益相关者带来帕累托改进，促进地方物质文明和精神文明的共同发展。之所以能够如此，是因为景区所有利益相关者能够预见景区开发和可持续发展能够给他们带来利好，他们能够搭乘景区这艘"大船"而实现自身能力所不能及的目标，于是形成不同水平的共同目标，这些目标在景区代言人或者经营管理者的合理引导下形成一种共同目标。在共同目标的指引下，各子系统通过信息交流、物质和能量交换以及技术协同，形成一个有序的具有较明显的自组织和自适应以及凝聚力、吸引力的系统结构。而协同负效应则是由于景区利益相关者系统各成员是具有独立人格的个体组成的群体，一方面，他们虽然总体行为特征一致，但是内部存在利益差异和分歧；另一方面，各群体也有各自的利益诉求。这些诉求和分歧并不能靠指令或者计划消除，导致各子系统缺乏协同或者由于利益分歧无法协调，甚至景区自身以外的各利益相关者就某种与景区利益性冲突的利益达成一致意见，进而导致与景区的利益冲突更大，更难协调，最终导致整个系统向更加无序状态演化，系统出现内耗，系统对经济社会的贡献小于投资人介入之前的状态甚至产生集体事件。负效应会产生破坏性作用，不利于景区和景区所在地的经济社会发展，故应该着力避免。可见，景区利益相关者系统的协调就是要促进成员之间产生正协同，以提高景区管理效率，促进地方经济社会发展。

第五节　景区利益相关者系统协调机制作用机理的逻辑模型

　　景区利益相关者系统在自组织和他组织的作用下，产生协调机制。但协调机制要通过与系统中成员相互作用才能产生效力，所以我们还需要分析协调机制的作用机理，弄清楚其逻辑关系。

　　我们知道，景区利益相关者系统是由拥有不同资源和不同利益诉求的成员构成，成员之间相互作用并形成复杂的关系网络，网络中作用力错综复杂。为了便于控制，先分析景区核心利益相关者和边缘利益相关者相互作用的动力机制。核心利益相关者是受景区开发和经营过程影响最大的利益群体，也是对景区实现经营目标影响最大的群体，他们与景区相互作用，并和边缘利益相关者互动，影响景区的营运，并在互动中实现景区利益相关者系统协调。其动力机制如图4-6所示。

　　在图4-6中，景区投资人、管理者和员工、游客、旅游供应链、政府部门、社区居民属于核心利益相关者；压力组织、生态环境和竞争者属于边缘利益相关者。其中，游客向景区支付门票（供应链中的旅行社向游客收取团费的一部分也是用于购买景区门票），购买社区居民和旅游供应链的旅游产品和服务，期望从中获得满意的体验价值并将所有感知结果归结于景区。游客是整个景区经营活动的核心，没有游客就没有景区的利益相关者系统；旅游供应链向景区提供配套服务，向景区支付租金或者特许经营费用，并通过在景区经营产品和提供服务获取收益；政府部门对景区既有支持服务职责（专项扶持资金、

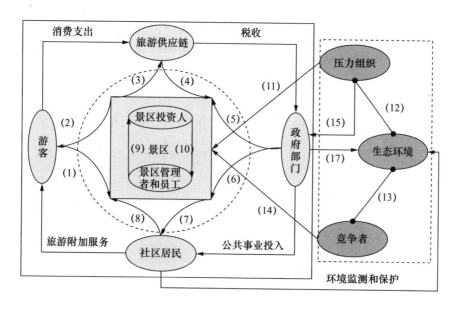

图4-6 景区利益相关者系统协调发展动力机制

政策支持等) 又具有监督管辖职能,并从景区开发和经营活动中获得资源出让、出租所得以及税收或者分红,同时,政府向景区所在地的社区居民进行公共事业投入,促进社区社会事业进步;社区居民通过向景区提供人力资源和旅游资源,获取收益并承担机会成本和经营风险;居于最核心地位的是景区投资人和景区管理者以及员工,在他人眼中,他们属于"自己人",景区投资人为景区开发和经营注入必要的资金,并作为景区代言人与其他利益相关者展开对话,景区管理者和员工通过管理经营景区,为投资人负责、从投资人那里获得报酬并期望得到培训以提高自身能力等福利。压力组织和生态环境与竞争者都是景区的外围利益相关者,属于边缘利益相关者。其中压力组织和环境组织通过对政府和景区投资人、经营管理者和员工施压,建议、监督甚至是迫使他们关注利益相关者的利益、改善社会经济和生态环境的福利;竞争者对景区的影响相对较小,而且是竞争与合作关系。竞争者的存在让景区代理人主动加强对资源的科学合理利用,更加关注环境和利益相关者的福利改善以提高竞争力。

在研究目标中，已经论述针对特定景区 A，景区利益相关者系统是一个开放性复杂系统，系统成员在外在压力（外参量）和内在利益的驱动下，结成一种复杂的网络结构关系。在此网络结构中，众利益相关者围绕景区展开合作与竞争，同时又有矛盾与冲突，在各种"力"的作用下，利益相关者与景区的关系和位置可能不断变化，如图 4 - 7 所示。

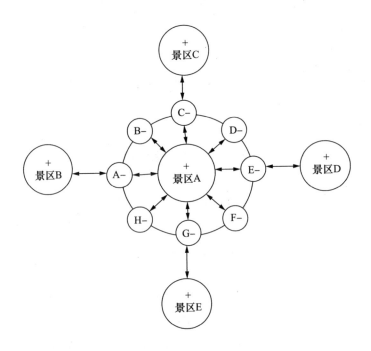

图 4 - 7　景区利益相关者系统构成元素运动示意图

由图 4 - 7 可知，B +、C +、D +、E +、A - …H - 等利益相关者在景区 A 的作用下，部分利益相关者会因为各种原因与景区目标或者行为一致、部分不一致甚至完全相反。其原理就似围绕在质子周围的电荷，受质子吸引会向质子靠拢或者逃离质子束缚一样。那么协调机制的作用就是要在内生动力——质子吸引力和外生动力——外在压力的作用下，所有负电荷都向质子 A 移动或者维持一种相对稳态。

根据协同学的观点，系统各子系统之间相互协作而形成的协调结果将使整个系统表现出一个微观个体特征"灭失"的新的结构。也就是说，所有子系统重新达成一种平衡，在宏观层次上表现出某种整体效应。而景区利益相关者系统是一个开放的复杂系统，系统内的各利益相关者之间存在非线性关系，故系统经过协调作用后涌现出新的功能。假设 F 为景区利益相关者系统经过协调机制作用后涌现出的整体功能，X_j、X_j、X_i、$\cdots$（$i \neq j \neq k$）为各利益相关者群体所具有的特性，那么这种新功能具有以下特性：

$$F = \sum_{i=1}^{n} r_i X_i + \sum_{i=1}^{n} \sum_{j=1}^{n} r_{ij} X_i X_j + \sum_{i=1}^{n} \sum_{j=1}^{n} \sum_{k=1}^{n} r_{ijk} X_i X_j X_k + \cdots \quad (4-3)$$

其中，$\sum_{i=1}^{n} r_i X_i$ 表示原有利益相关者群体功能的一种线性作用机制，而 $\sum_{i=1}^{n} \sum_{i=1}^{j} r_{ij} X_i X_j$ 和 $\sum_{i=1}^{n} \sum_{j=1}^{n} \sum_{k=1}^{n} r_{ijk} X_i X_j X_k$ $\cdots$表示各子系统之间的协同作用而涌现出的新功能，r_i 表示子系统的协调度。由此可见，要使整体系统涌现出部分不具有的新功能、新特质，就必须使 $\sum_{i=1}^{n} r_i X_i$、$\sum_{i=1}^{n} r_j X_j$、$\sum_{i=1}^{n} r_k X_k$ $\cdots$不同时为零，也就是说，必须进行相关子系统和要素之间的高度协调。

而处于初始有序协同状态的系统，由于某种"涨落"导致协同状态失去平衡，使系统陷入一种临界非平衡态，从而导致系统进入下一个演化过程。如前文所述，景区利益相关者系统是一个自组织系统，该系统在景区投资人投资的刺激下，引起原有系统（为便于称呼，姑且称其为原居民利益相关者）状态的涨落，触发系统的自组织行为。因为景区开发一般在相对封闭的地区，这些地区致富增收途径较少，景区开发带来了"发财"机遇，而这种机遇是建立在景区对大家既有资源的即将占用。而原居民利益相关者所拥有的资源规模大小、质量、可接近性和重要性等特性不一致，他们对景区的收益预期也就不一致。但由于小农思想意识，会出现"利益近视"①，他们往往会对外来投资人进行排挤，自己开发或者自己组织开发，甚至有少数利益集团会持有观望或者破坏的心态。而自己组织的集团（子系统）又都缺乏足够的资源和能力去抓住该机会，而那些观望或者破坏的群体（个体）迫于外界压力，也只能收敛，最后他们只好自愿或者不自愿地选择"投靠"景区投资人，寄希望于提供有用的资源或者能力以获利，于是产生了共同利益目标。在共同目标和利益的驱动下，他们采取一定的方式展开合作。

如图4-5所示利益相关者协调的逻辑模型中，我们可以看到，景区利益相关者系统在涨落（利益分歧）的驱动下，既有平衡被打破，产生一定时间和空间上的扰动，并且这种扰动能够扩散、放大，如果处理不当甚至会激起激烈的冲突或者酿成集体事件，给地方经济社会带来极大的破坏性影响。但是如果能及早预防，采取有效措施，系统又能够在调节机制的作用下，快速形成新的序参量，找到新的共同目标，最后走向新的协同，达到一种更高级别的平衡态。在这个过程中，系统通过协调机制作用机理来甄别并分析景区利益相关者的资源、能力、利益预期、参与方式、管理方式等内容。而系统成员之间通过在一定时间段内特定形式的互动交流与学习，明确共同目标，在整个系统内形成一种大家都能基本接受的认知结果。而在此过程中，系统各成员也会重新评估自己的资源和能力，改变自身的认知，调整自己的思维模式、价值取向、利益预期和诉求方式。同时会对其他利益相关者的相关信息进行评估，最后在权衡利益得失的情况下，在大家的共同努力下，系统在某一新的水平上再次达到协同状态。

结合图4-6和图4-7，推出景区利益相关者系统协调机制的作用机理，逻辑关系如图4-8所示。

---

① "利益近视"指的是一种因为眼前利益或者一己之利益而忽视长远利益或整体利益的行为。

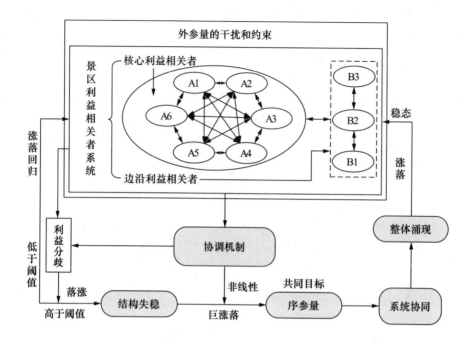

图 4 - 8　景区利益相关者系统协调机制的作用机理

本章小结

　　本章首先分析了景区利益相关者的诉求，其中重点研究了景区核心利益相关者的利益诉求及其行为特征，并指出边缘利益相关者对景区利益相关者系统的协调发展具有可累积的影响作用，管理者应该重视并极力满足边缘利益相关者的利益诉求。然后分析了景区利益相关者利益冲突的种类和成因，为后文研究景区利益相关者系统的协调机理演化提供基础支持。

　　利用协同学原理和自组织理论，构建了基于利益分歧、共同目标和系统协同的景区利益相关者系统协调逻辑模型，分析了景区利益相关者系统协调机制的作用机理，指出景区利益相关者系统在涨落原动力的触发作用下，在系统内部非线性作用下，形成序参量（共同目标下的运行规则），达成景区利益相关者的微观层面的协同状态，并在此基础之上产生景区利益相关者系统宏观层次的涌现。由于景区利益相关者系统的开放性和动态性，如果仅仅依靠系统自组织不足以长期维持系统的稳定性，这时就需要引入外参量的干预和约束。在内外参量的共同作用下，实现景区管理目标。这种景区利益相关者系统协调机制作用机理的逻辑关系就是下文景区利益相关者系统协调机制设计的逻辑基础。

第五章 景区利益相关者系统协调机制的构建

　　旅游是一种复杂的社会经济现象，景区作为旅游地核心载体，涉及不同层面和不同时间的利益相关者。在旅游活动中，并不是所有的景区利益相关者都能从景区经营活动中获得利益，甚至有部分利益相关者利益会受到损失，即其利益被景区或者其他旅游参与者所侵占或者干扰乃至破坏；即使获利，不同利益相关者，在不同的时间、空间获利的能力和所获利益的大小也不一定相同。由于在有限资源分配中的利益驱动性，这必然导致包括景区在内的利益相关者之间的权利失衡和矛盾冲突。而其中最主要的，也是影响最大的矛盾和冲突必然是其他利益相关者和景区的矛盾和冲突。这些矛盾和冲突的存在，必然降低景区的吸引能力和管理效率，影响景区的企业形象，削弱景区的盈利和可持续发展能力。因此，景区投资者必须对这些利益相关者进行"管理"，努力使他们在景区开发和管理过程中实现协调与合作，以减少利益冲突，以确保景区健康、持续发展。这就需要景区建立一种协调机制，构建一种以景区为核心的利益相关者之间和谐的结构关系，建立一个统一的目标体系，一种公平的参与、分配和利益交换机制、预期管理机制、组织机制、信任机制乃至文化协同机制等，使各利益相关者围绕景区开发、经营管理活动寻求利益相关者间更多、更广泛的利益共同点，找到利益平衡点和"心理平衡"点，减少景区利益相关者之间的机会主义行为，降低内部交易成本，避免在景区系统演进过程中出现重大矛盾和冲突，保障景区利益相关者系统的协调与合作，从而形成一个相对稳定的良性共生系统。本章主要就协调机制构建展开研究，以解决上述问题。

第一节　景区利益相关者系统
协调机制的结构模型

景区利益相关者众多，在当前信息化时代，信息传播手段多、传播速度快，各利益相关者之间信息共享渠道多，因此，影响利益相关者关系的因素也在增多。在纷繁复杂的因素中，哪些是关键影响因素？这些因素的作用机理是怎样的？在这些关键因素的作用下，利益相关者系统之间的关系又如何演化？

一　影响景区利益相关者关系的关键因素分析

马克思在论述历史的创造过程时指出："最终的结果总是从许多单个的意志相互冲突中产生出来的，而其中每一个意志，又是由于许多特殊的生活条件，才成为他所成为的那样。这样就有无数相互交错的力量，有无数个力的平行四边形……融合为一个总的平均数，一个总的合力。"对于景区利益相关者系统，其形成和发展也必然受很多因素的影响和制约的结果。

Morgan 和 Hunt（1994）指出承诺、信任是发展和维持合作关系的核心要素。Pick（1999）将影响关系的要素更详细地描述为：承诺、信任、沟通、权力影响、冲突、共同的价值、合作。Crowley、Larry G. 和 Md Ariful Karim 在研究 Partnering 模型时提出影响合作伙伴关系成功的关键因素包括：足够的资源、高级管理层的支持和相互的信任以及长期的协议、协调、创新等因素；关键的管理技能则包括有效的沟通和冲突的解决等，如图 5－1 所示。

而 Eddie、Heng 和 Love（2000）将 Partnering 模式中促进合作伙伴关系的关键成功因素概括为以下两个方面：一是良好的环境，二是管理技能得当。Simpson、Siguaw 和 Baker（2002）认为影响关系的要素涉及诸多方面，包括承诺、沟通、信任、共有的价值观、管理层经常性的接触等。John 和 Erik（2000）在一项关于工程建设项目合作伙伴关系效果的研究中，通过随机抽样调查，得出以下结论：对业主和

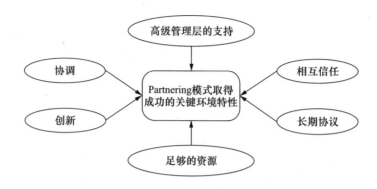

图 5 – 1　合作伙伴关系关键成功因素

承包商之间关系的影响因素包括对合同责任义务以及纠纷处理的不同理解、项目范围或计划的改变、相互信任和主动性、共享目标、沟通的有效性、人员的问题以及履约的表现等。

工卫华（2006）对影响项目利益相关者之间合作关系的关键要素进行了总结，认为主要包括：利益、目标、信任、冲突、文化、投入资源和机会主义等。结合景区利益相关者系统的特殊性，根据以上分析的研究，考虑到部分因素的交叉和重叠，选取以下因素：

（一）共同目标

Das 和 Teng 指出，目标不仅是一种过程控制的手段，还是一种重要的社会控制因素。共同的目标使团队成员相互交融并有助于增进相互理解和信任。从交往中形成集体的准则和价值观也有助于伙伴成员的行为规范化。景区投资人投资的目的是实现预先设定的一系列投资收益，而投资收益的取得离不开景区利益相关者的参与。由于各利益相关者所投入资本的专用性程度不同，他们对于从景区获得的收益目标或者说参与目标也就不同，导致景区系统目标的多层次性。而景区投资人或者管理者必须要考虑不同层次的利益诉求，从系统科学角度出发，各利益相关者的参与目标组成了整个景区利益相关者系统的目标系统，系统内部各个目标子系统之间存在相互关联和相互制约的关系，而各利益相关者的共同目标是合作关系发展和演化的前提。因此必须对景区利益相关者系统目标进行整合，提高目标系统的协调度。

（二）利益

利益是形成景区利益相关者系统的原动力，也是景区利益相关者产生冲突或者合作的基础。同时，利益还是景区利益相关者各方合作所产生的合作价值。在景区中，利益的影响因素主要有以下几个方面：一是旅游专用资产的投资，它是取得利益的最主要筹码。二是管理技能。管理技能不仅包括沟通能力和解决冲突的能力，还包括盈利能力和资源调度能力等。在景区经营过程中，利益相关者的管理能力越强，各利益相关者之间的凝聚力就越强，旅游专用资产投资回报就越大，各方合作的吸引力也就越大，合作进展就越顺利，合作效果就越好。三是市场等外在环境。对旅游景区而言，国家社会稳定，宏观经济形势越好，政策利好，旅游市场机会就越大，合作产生的价值就越大，利益相关者选择合作的概率就越大。当然，合作价值是个相对概念，它的参照物是未选择合作的系统成员或者合作前后的收益比。合作价值要以排除"搭便车"等机会主义风险为前提。

（三）冲突

"利益究其本性来说是盲目的、无止境的、片面的，总之，它具有不法的本能。"利益的不法本能决定了人们追求利益过程中不可避免地会发生冲突。从管理理论的角度来看，冲突是指两个或两个以上的关联主体因为认知看法、利益需要等因素的不同而产生行为不一致而导致的不和谐状态。冲突的作用具有两面性：一方面，冲突会造成系统各要素之间产生摩擦、能量损耗和效率低下，甚至给景区利益相关者合作关系造成破坏性的影响；另一方面，冲突要求管理者采取有效的方式去解决问题，进而促进管理水平提高和相应管理技术的进步。冲突在景区经营过程中普遍存在，既可以降低景区管理效率，也可以推动中景区管理水平的提高。

（四）收益预期

人的满足程度往往是由心理预期和实际所得收益的差值所决定的。预期收益越高，实际所得越低，则失落感或者说不满足感则越强，越容易导致冲突。而在景区利益相关者系统中，预期不仅和所投入资源的专用性、重要性、紧迫性正相关，而且和利益相关者的认知能力、原有状态甚至其素质相关。但其中资源投入是最主要的因素。景区开发导致利益相关者尤其是核心利益相关者主动或者被动地投入相应的资源。这些资源本身能给他们带来收益，而投入景区后，他们将失去原有的收益。于是会根据资源的专用性、重要性、紧迫性做出相应的收益预期，进而确定合作关系和合作方式。

（五）信任

信任是各利益相关者之间形成合作关系的心理保障，成功合作是以各合作方高度信任关系为特征的。然而实践证明，合作方要建立良好的信任关系存在很大的难度系数。由于各方所提供资源的差异性，外界环境的不确定性，以及各方利益诉求的不一致性，使得合作者背离合作承诺获利的机会和大小可能高于合作所得，于是会产生投机行为。外部机会越大，信任受到的扰动就越大。景区利益相关者系统是因为旅游资源开发投资人的进入而产生的，景区投资人的实力或者其代理人的社会影响力也会影响信任的产生和建立。

（六）组织文化

景区利益相关者系统中各利益相关者在思想观念、生产生活方式、文化程度、商业习惯、管理能力、价值观、纪律性等方面存在诸多差异，导致组织文化面临兼容性问题和文化认同的挑战，需要对组织文化进行协调和再造。一般情况下，良好的组织文化能够帮助营造合作上进的系统氛围，提高系统成员参与、协同景区管理的积极性和能动性，约束系统成员的不良心理和行为，抑制机会主义，并对新进入的成员产生良好的示范和警示作用。

（七）权力性和影响力

权力性和影响力是指该利益相关者所具有的影响景区管理决策和经营行为的能力大小和手段以及影响程度和影响范围。比如政府，政府出台的法令法规、政策对于景区资源开发范围、投入大小、经营模式等都有绝对的干预能力或监督权力；另一个利益相关者新闻媒体，在当今信息时代，它对景区的监督能力可能更大，影响范围更广也更"无私"，对"机会主义者"的威胁更大。

综上所述，我们可以建立如下逻辑关系：因为景区投资人的介入，形成了景区利益相关者系统。系统内部各成员因为所拥有的旅游专用性资源而产生不同的利益需求和收益预期，进而形成合作与冲突关系。由于各利益相关者所拥有资源的专用性不同，他们对于景区发展的重要程度和影响力不同，同时由于所处地位不同，投资大小不同，所具有的权利大小不一样，进而影响到组织结构和组织文化；在此过程中，会形成新的信任与不信任关系，在以上因素的多重作用下，产生新的景区利益相关者系统的稳定状态。

二 景区利益相关者系统协调机制结构模型构建

景区利益相关者系统在多重影响因素的作用下，所产生的结果是否符合景区投资人的利益需求或者管理预期？为了深入了解景区利益相关者之间合作与冲突关系发展的过程，需要根据上文对影响合作关系的关键要素的分析，厘清合作与冲突关系的演化过程并建立关系演化模型，建立一个系统描述合作发展的框架模型。

（一）景区利益相关者之间合作关系演化的条件

1. 共同目标

共同目标是景区利益相关者系统能够协同的前提和动力，也是大家为之奋斗的方向。只有建立共同的目标，复杂的利益相关者系统在复杂的环境中才有合作的可能；只有在共同目标的指引下，景区利益相关者在一定程度上才能克服机会主义，表现出"理性"。

2. 利益

利益是合作价值的体现，是景区利益相关者合作的驱动因素。"天下熙熙，皆为利来；天下攘攘，皆为利往"，在利益的驱动下，旅游投资者将资本投向某一区域（开发景区），该区域原始利益相关者看到新的获取利益的途径，于是转变资本投向，向景区开发或者配套服务投入一定的专用投资。从成本会计的角度来看，这些专用投资就构成投入成本和转换成本，相对应的就有获得收益的权利，因此也就产生了利益关系。而这种利益关系是动态的，随着关系的发展，投入专用资产的主体不断增加，专用资产所占比重和影响力也不断改变，于是对于景区利益相关者系统的影响力和期望值也就不断改变。但是景区在建设初期对于这种欲望的满足能力不一定能够与之匹配，于是就可能产生冲突或者是背信。当然，投资的大小和专用程度决定了其转换成本的高低，如果转换成本高，背信的损失就越大，在理性约束下，背信的可能性就越小，系统的稳定性就越强。尽管如此，冲突是不可避免的，因为"利己主义"和"机会主义"在缺乏机制约束的情况下对人的诱惑是巨大的，而这与共同目标又是冲突的。机会主义和冲突形成了景区利益相关者关系合作关系的演化和发展的阻力，因此需要相应的协调机制加以调整。

3. 组织文化和信任

组织文化和信任在景区利益相关者系统合作关系演化过程中扮演独特的角色，起着润滑剂的作用。良好的组织文化和信任能够营造合作的氛围，提高利益相关者合作的积极性，抑制机会主义，消除戒备心理，节约交易成本，约束系统成员的不良心理和行为。

影响景区利益相关者系统成员合作关系的关键因素又可以分为积极因素和消极因素两种类型。其中，积极因素包括共同目标、预期收益和信任、组织文化以及转换成本等，是合作的推动力；消极因素包括机会主义和冲突，是合作关系的反推动力，阻碍合作关系发展。合作关系在二者的共同作用下动态地发展，而发展的方向则由协调机制决定。协调机制的作用就是要增加推动力并削减反推动力以保证合作的良性发展。景区利益相关者之间合作关系的演化机制如图 5 - 2 所示。

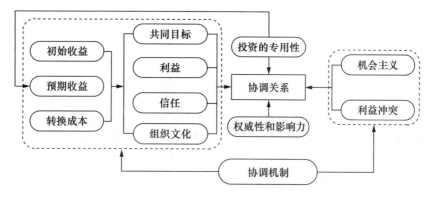

图 5 - 2 景区利益相关者之间协调关系的演化机制模型

（二）景区利益相关者系统协调机制结构模型

景区利益相关者系统本质上是一个复杂的开放性系统，本书拟以协同学理论为主要理论依据，结合前文所研究的协调关系的演化机制，对影响系统关系的关键要素进行协调管理，构建景区利益相关者系统协调机制结构模型，并以此为原型构建景区利益相关者系统协调机制。

1. 协调机制构建的理论依据

景区利益相关者系统协调机制构建的理论依据是协同学理论。协同学是研究协同系统在外参量的驱动下和在子系统之间协同学的相互作用下，以自组织的方式在宏观尺度上形成空间、时间或功能有序结构的条件、特点及其演化规律的科学。本书正是要解决景区利益相关者系统如何实现子系统自组织和他组织的机制，而协同学的一些基本原理正好为本书提供相应的理论和方法的支撑。

2. 协调机制运行的终极目标

本书构建协调机制的目标是要在实现包括景区在内的社区经济社会的可持续发展。而包括景区在内的社区可持续发展也是景区利益相关者系统的共同目标。

3. 协调机制构建的基础

景区利益相关者系统协调机制的建立要以影响景区利益相关者系统协调的关键分析为基础。由于景区利益相关者系统成员之间的关系维度很多且处于动态之中。为了促进这种复杂、多维、动态关系从无序向有序演化，从粗放到精细，需要抓住主要矛盾，重点管理影响协调成功的关键性因素。

4. 协调机制的内容

在景区开发和经营过程中，要想实现将各种自以为是、以自我为中心的利益相关者协同起来，让他们心往一处想、力往一处使，就必须有让他们统一行动的目标和方向，这个行动目标和方向就是共同目标；在共同目标这张"大饼"的诱导下，如果他们可望而不可即，或者他们实际所得利益与他们的预期有较大差异，甚至比他们的初始状态相比较还差，则无法实现协调。因此，必须有适当的利益满足机制；在满足利益的过程中，由于各方所投入资源的专用型的差异性，各自所站立场不同等原因，必然有利益冲突，因此需要这些冲突的解决机制；"大饼"只是未来的预期，要想让大家为了一个虚拟的目标而努力，还需要大家相互信任并遵守承诺；"无为而治"只有在高度自觉或者是极度松散并有已经约定俗成的规定约束下才可以实现，而景区利益相关者系统之间是一种复杂的网络结构，要想实现协同，首先要解决系统内部的交流与信息传递，这就需要合适的组织文化。景区利益相关者需要组建合理的组织结构，以保证所构建的组织结构能适应系统关系协调活动的开展，以避免项目参与者之间可能出现的冲突；如前文所述，利益相关者比较的首先是与预期的收益，以确定满足程度。而人的欲望是无穷的，资源是稀缺的，或者说满足能力是有限的，这就需要对利益相关者的预期进行有效管理；此外，景区利益相关者系统处于各种环境之中，景区投资人处于各种利益相关者组成的环境系统中，因此他们有必要学会并善于使用组织攻关。由以上分析可知，景区利益相关者利益系统关系协调机制应包含以下内容：目标协调机制、利益协调机制、冲突解决机制、预期管理机制、信任机制、组织文化机制和组织攻关机制等。协调机制可以分为自组织机制和他组织机制。自组织是指系统成员在内在机制的驱动下，自行从简单到复杂、从无序到有序的过程；他组织则是系统要素在外力约束作用机制下，被动地从粗放到精细、从无序到有序的过程。景区利益相关者系统是开放性复杂系统，景区利益相关者组织管理既有自我演化也有强力约束，是自组织与他组织的结合体，因此，该系统关系的协调机制也采用自组织与他组织相结合的理念，分为理性自组织协调机制和他组织强力约束机制。前者假定所有的利益相关者都是理性的"人"，他们会自主进行理性设计，不断优化自身行为，做出对共同目标最有利的选择，依靠景区利益相关者系统自身就能解决协调的问题。在这种假设下的协调景区利益相关者系统的机制被称为理性自组织协调机制。相对应的，则是以"经济人"假设为前提的，所有利益相关者都是以自我利益最大化为中心，依靠系统自身无法实现景区经济社会的可持续发展，景区管理效率低下，为了解决这一问题，必须借助于外来强力约束才能实现共同目标，这种协调机制称为他组织强力约束机制。

党的十八届三中全会明确提出了市场在资源配置中的决定性作用，而市场的决定性主要体现在企业和消费者的决定性上。景区开发也属于市场行为，因此也应发挥市场的决定作用，让所有投资人和旅游产品消费者决定自己的需要和资源投向。鉴于此，理性自组织协调机制应至少包括目标协调机制、利益协调机制、冲突协调机制、信任机制、组织文化机制、预期管理机制和组织攻关机制；而他组织强力约束机制包括利益监控机制、制度保障机制、政策激励机制、效用转移机制等。其结构模型如图5－3所示。

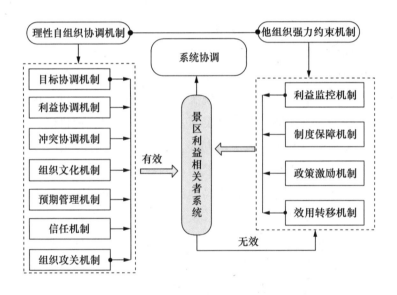

图5－3　景区利益相关者系统协调机制结构模型

在图5－3中，景区利益相关者系统协调机制分别由不同维度的子协调机制构成的两大协调机制构成，从系统的角度看该机制，其也具有系统的复杂性，本身也构成一个复杂系统。在这个复杂系统中，两大系统共同作用于景区利益相关者系统，而每个维度的子协调机制也相互作用、相互影响，共同驱动景区利益相关者系统从无序向有序发展，实现系统的协同状态。

第二节　景区利益相关者系统
公共目标的集成

　　如前文所述，景区利益相关者系统内各种利益相关者都有自己的利益诉求，这些利益诉求有一致的，也有冲突的，但是每一个系统内部元素，其利益都是以景区发展为依托。所有利益相关者在一定的条件或者说服教育下，都能明白只有在景区良性发展的前提下，大家才能实现利益长期最大化，当然这可能需要部分利益相关者牺牲短期利益，或许有部分利益相关者在很长时间内无法理解而不能自觉接受，这就需要作为景区代言人的景区投资者构建一个所有利益相关者的公共目标，并努力使他们理解、接受并自觉为之努力奋斗。

　　景区利益相关者系统属于非完全理性、非完全共同利益合作群体，其主要表现是在系统内，每个利益相关者群体内部成员存在共同利益目标的同时，不同群体利益目标又存在互相冲突，他们知道合作带来的收益，同时又因为小团体的利益而破坏合作。但在一定的协调机制作用下，他们最终会选择妥协，实现合作。由于景区的发展需要多种资源的合作和多方的参与，不可能由某个利益相关者单独完成，因此需要利益相关者有效合作，才能形成"双赢"甚至"多赢"局面，促进景区的又好又快发展。当然景区利益相关者之间合作的动机不一定是基于利他，而更多的是各个利益相关者群体为实现利己的同时需要彼此合作的一种条件式合作。在利己的同时利他或者利他是为利己的合作动机下，各景区利益相关者把其他利益相关群体的活动看作其正外部条件。景区利益相关者之间尤其是景区代言人应该从大家合作的可能性出发识别所有利益相关者的公共利益目标，然后确定协调机制，才能从根本上保证合作过程的顺利，进行实现整个系统的协调发展，最终实现景区的可持续发展。因此，如何找到所有利益相关者的公共目标是景区协调发展的前提。

（一）公共目标分析过程

考虑到所研究景区的营利性企业性质，景区的第一发展目标是经济增长率，但景区要想实现高效的经济收益，就必须充分而又科学地开发和保护旅游资源、努力提高当地社会效益和生态效应，维持长远利益、保障本地居民利益等，而不能以杀鸡取卵式的生态环境剥夺式开发换取暂时的经济繁荣，损害了社区和其他人的利益，进而引发系统冲突。鉴于景区众利益相关者的非完全理性，为了集成景区利益相关者间的公共目标，现引入基于可达矩阵的目标集成方法，集成景区利益相关者系统公共目标：

对于景区系统中的 n（$n=9$）个利益相关主体（围绕景区的 8 个利益相关者群体），令 $G_j = \{g_{is}\}$（$s=1, 2, \cdots, n$）是 i 的目标集（共同目标），g_{is} 是 i 的子目标（利益诉求），目标集成可达矩阵如图 5-4 所示。

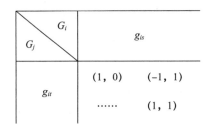

图 5-4 目标集成可达矩阵

矩阵中：（1, 1）表示正影响，即相互促进；（1, 0）表示二者无关，相互不影响；（-1, 1）则表示利益相关者利益相互冲突。对此，可从以下三种情况讨论 g_{is} 的集成：

（1）当 $\bigcap\limits_{i=1}^{9} G_i \neq \emptyset$，即 9 个利益相关者至少有一个公共目标时：

①对于任意两个利益相关者群体，即当 $n=2$ 时，如果 g_{is} 影响，就记作 $g_{is} \rightarrow g_{jt}$，即在目标图上添加一条向量，从 g_{is} 指向 g_{jt}。

②当 $n>2$，设目标链依次经过 G_i（$i=1, 2, \cdots, n$），而由①知，若目标链 $g_{is} \rightarrow g_{jt} \rightarrow g_{ku}$ 呈现：

$$\underbrace{(1, 1), (1, 1), \cdots, (1, 1)}_{n-1} \tag{5-1}$$

或者：

$$\underbrace{(1, 1), (1, 1), \cdots, (1, 1)}_{n-1} \tag{5-2}$$

因为只有能够为所有利益相关者群体都认可并且为之共同努力以实现自身的目标才是公共目标，共同目标有积极目标和消极目标。式（5-1）表示大家有共同的积极目标，式（5-2）则表示大家相互负面影响并最终导致重大破坏。总之，无论是正面效应还是负面积累，都会形成一条目标链，则称该目标链为公共目标链，所有这些目标链构成景区利益相关者系统的公共目标集。本书只考虑（5-1）链。

（2）若 $G_t \cap G_j = \varnothing$，即 n 个利益主体中任两个无公共目标，则推举一个能够领导或者协调所有利益相关者形成一个共同利益目标的利益相关者 $X(1 \leq X \leq 9)$（景区投资人），设 $X(1 \leq X \leq 9)$。由于利益相关者的趋利本性，任何一个利益群体都有自己的最高预期目标，记作集合 G'_x，故 G'_x 可视为公共目标，所以各子系统的目标都应与其保持一致，记作 G'_i—G'_x，如图 5-5 所示。

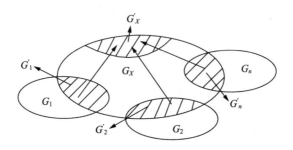

图 5-5　目标集成

（3）若 $G_i \cap G_j \neq \varnothing$，而 $\bigcap_{i=1}^{9} G_i = \varnothing$：即有任意两个利益相关者群体有公共目标，但多个利益相关者群体则没有公共目标。根据上述（A）和（B）则可以借助上述（A）和（B）相结合的方式分解成两种情形去处理，原理如图5-6所示。

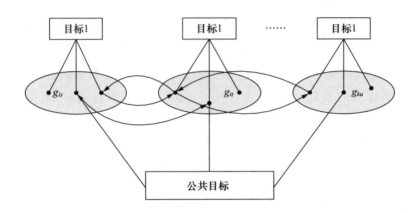

图5-6 复合目标集成

由以上分析可知，通过目标可达矩阵，可以逐步找出非完全理性利益相关者群体的公共目标（图5-6中的g_{is}和g_{it}）。同时也能从冲突或无关目标（对应于元素-1或0）系列中发现共同利益，并发现进一步协调的可能性（如图5-6中的g_{jt}与g_{ku}）。

（二）分析结论

一般而言，营利性企业的目标体系无外乎包括经济效益目标、生态环境效益目标和社会文化效益目标。对于同属性的景区而言，其中，经济效益目标主要通过开发景区资源形成旅游吸引物，吸引游客并借助对景区吃、住、行、游、购、娱等经营活动进行管理实现。由于资本的逐利性，经济效益在很长一段时间内将是景区投资人追求的第一目标。生态环境效益目标包括环境保护、生态建设、自然风景和人文景观资源保护、生物多样性保护、水资源保护等内容，是景区赖以长期发展的保障，也是景区投资人处理好政府、社区和压力团体的关系的重要条件。但是在很大程度上，由于投资人或者经营管理者的短视或者受理念、技术等因素制约，往往会因为过度追求经济效益等主观或客观原因而不能做到合理开发和保护生态环境，损害该目标而给当地带来生态环境的负面影响；社会文化效益目标反映了营利性旅游景区给景区所在地带来的社会效应和文化影响，具体包括社区居民参与、解决居民就地就业机会、促进社区发展、地方治安状况、本土文化与外来文化的融合与冲突、地方传统文化的个性化与完整性的开发与保持等。旅游的发展伴随大量游客的涌入，在促进地方经济发展进而带动社会文化发展的同时，也带来外来文化的冲击、行为方式的变化、物价上涨、社会治安等隐患。其中外来消费、行为等文化要素的侵蚀而引起的原居民文化的消融是很多专家和学者所担心的重点。

第三节　景区利益相关者系统理性自组织协调机制

根据德国理论物理学家 H. Haken 的观点，如果一个系统不依赖外部指令，系统自主地按照某种规则，相互默契地各尽其责而又协调地形成一定的有序结构，就是自组织过程。景区利益相关者系统是一个复杂的开放系统，具备自组织条件，在自组织作用下，系统会以一定的机制形成一种相对稳态。

一　目标协调机制

著名管理学家巴纳德的"效率—效力"理论认为任何一个成员加入组织后都将受到组织这个协作系统行为规范的约束，并为实现系统的目标努力，甚至做出牺牲，即使这种努力和牺牲不是自愿的，但为了最终有利于个人目标的实现，必须通过个人努力和牺牲换取组织目标实现。他同时强调个人目标要与组织目标相互协调。他将组织的共同目标称为总目标，总目标和各个组织部门的目标左右关联，上下呼应。景区利益相关者系统是因为旅游资源投资人的介入形成的一个新的利益相关者群体。由于各利益相关者所投入的资源专用性和数量的差异性，景区利益相关者的利益目标也不相同，由此形成一个多目标系统。而从景区投资人的立场看，他是要实现经济利益最大化的同时实现社会效益和谐化和生态效益的可持续化，而其他利益相关者的利益目标则可能干扰该目标的实现，于是景区投资人就要进行目标协调优化。优化的目标就是要将分散的最优目标进行集成，在景区利益相关者系统目标最优化的前提下实现系统成员的目标优化，即要实现如图5-7所示的协调过程。

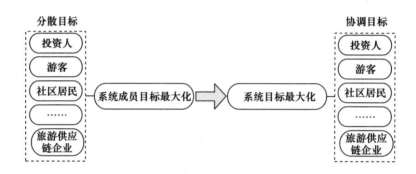

图5-7 景区利益相关者系统目标协调过程

从图5-7可以看出，分散目标体系中，系统成员各自追求自身利益最大化的过程中，必然损害其他利益相关者的利益，最终降低景区管理效益的同时也降低各自的利益；而在协调目标体系下，通过目标协调，实现系统目标最大化，各自利益得到协调，并优于协调前的利益目标。

（一）目标协调机制的设计原则

目标协调机制的设定要满足如下几个基本原则：

1. 利益相关者满意度提高

景区投资的目的是盈利，利益相关者的加入是为了增加收入或者提高体验价值，抑或提高其他收益。如果景区系统的目标实现不能使利益相关者满意度提高，那么就得不到其他利益相关者的支持。

2. 可持续发展原则

景区系统目标要有助于景区的可持续发展，而不能为了获取短期的利益而带来较大的机会成本。因此，在涉及目标协调机制时，要保障系统目标设定符合可持续发展的要求。

3. 动态性原则

系统目标的协调必须是动态的，必须与环境相适应，一是要与地方、区域和国家的政策环境相适应。旅游业作为带动地区经济发展的绿色产业，地方、区域乃至国家对其发展都存在不同的期望及政策，只有适应环境才能稳定协调的发展。二是要与景区的发展相适应。景区是不断发展壮大的，景区发展了，目标要相应提高。三是要与市场环境、经济环境、自然环境、法律环境等方面相适应。

（二）目标协调机制设计流程

系统目标优化方法可以通过多种途径，既可以采取定性的方法也可以采用定量的方法。对于一般景区而言，定性方法更具有可操作性。其流程如下：

第一步，由各利益相关者群体推举成立一个"群委会"，并从中产生代表组成"系统目标协调委员会"（简称调委会）并签订协议，以保证其执行力。

第二步，规定在一定的时间间隔内，以一定的方法或者途径收集景区利益相关者自己认为的最大目标，并由"群委会"进行筛选完善，然后提交"调委会"。

第三步，调委会讨论表决形成共同目标并制订执行计划。

景区利益相关者系统目标协调的程序如图 5-8 所示。

二　利益协调机制

利益相关者理论奉行的核心思想是企业的经营管理活动要综合平衡各利益相关者利益要求（Reynolds et al.，2006）。根据综合性社会契约理论，景区作为社会系统中不可分割的一部分，是由一系列目标不同且可能相互冲突的利益相关者个体或群体所构成的复杂契约系统；而景区行为实际上就是一组复杂契约系统的均衡行为，景区必须要履行其综合性社会契约，对利益相关者利益要求做出慎重回应并尽量满足，否则企业难以长期生存发展。

景区利益相关者系统利益协调是指在景区中，协调利益相关者的利益观念、利益需求和追求利益的行为，以及调整各种利益相关者之间的利益关系，是围绕景区开发和经营目标对系统各成员的相互联系加以调节以减少矛盾和冲突的行为过程。

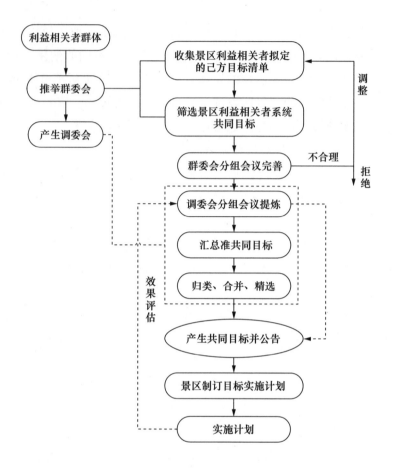

图 5 - 8 景区利益相关者系统目标协调机制

当参与旅游资源开发和景区经营活动的利益相关者的收益得以提高，至少其收益要不少于因此而造成的直接收益损失（不低于之前的收益，也就是转移投资而带来的风险），他们才有动力参与。利益相关者是否参与，采取哪种方式参与，参与程度如何，取决于参与前后收益增加量的比较。景区投资人进行利益相关者关系协调的目的是实现各自利益相关者的利益以增强凝聚力进而提升景区竞争力并最终获得可持续的盈利。因此，必须设计合理的利益协调机制进行有效的利益协调。利益协调机制就是实现系统的利益在各成员之间分配，实现旅游资源开发的优势，保障系统成员的收益大于开发前的利益，同时促进系统成员的积极性和主动性。

基于以上分析，景区利益相关者系统利益协调机制至少应包含以下四个方面的内容：

一是通畅的利益表达机制。必须建立通畅的利益表达机制，使不同利益主张均可以得到充分有效的表达，以适应由于景区利益主体的多元化，以及因投入资源的专用性和重要性程度不同而导致的各利益相关者利益需求分化以及利益差异化。

二是效率与公平兼顾的利益分配机制。利益分配机制作为利益协调的核心，也是景区利益相关者协调中矛盾最突出的一个方面，景区开发和经营过程中，应本着"投资与收入挂钩，注重效率、兼顾公平，经济效益、社会责任和环境效益并重"的原则，保证利益分配公平有效的同时，促进效率的提高。

三是有效的利益约束与激励机制。一方面，人的欲望是自私的，只有加强对不合理利益追求的约束，才能保证利益分配的公平性；另一方面，人又是"懒惰"的、人的欲望是需要激励的，合理的激励方式和内容能激发利益相关各方的工作积极性和主动性，更好地促进他们为实现系统目标而努力。

四是高效的利益实现机制。高效的利益实现机制是利益协调的保障。景区在经营过程中，经营方式和收入一般由景区代理人管理，利益实现程度一方面取决于景区代理人的决策成败，另一方面取决于监督能力。

（一）景区利益相关者系统利益表达机制

利益表达机制就是利益相关者以一定的方法或者途径向一定的组织机构或其成员表达自己的利益诉求。主要包括两个方面的内容：一是利益表达渠道，二是表达方式。因此，首先，要拓宽利益表达渠道，建立和完善社情反映制度、信息披露制度以及听证制度，以保证能及时收集和处理景区利益相关者合理的利益诉求，并及时披露相关的信息；其次，要建立健全景区利益相关者系统管理组织机构，保证组织结构的科学性、灵敏性和信息化，保证利益表达的制度化；最后，要健全以非政府组织为载体的社会协商对话制度，以减少、缓解乃至解决利益冲突。

（二）景区利益相关者系统利益分配机制

合理的利益分配机制的根本原则是"投资与收入挂钩，注重效率、兼顾公平，经济效益、社会责任和环境效益并重"的原则，基于以上思想，可以设计景区利益相关者系统利益分配机制。

假设在景区经营过程中，有 n 个利益相关者参与景区经营活动，景区经营的综合收益为 V，各参与主体的投资额为 I_i，其中，I_i 包括资金、土地资源、人力成本及融资成本等折算成资金形式的数额，成员由此而承担的风险的风险系数为 R_i，则成员 i 的收益 V_i 为：

$$V_i = \left[(I_i \times R_i) / \sum_{i=1}^{n} (I_i \times R_i) \right] V \quad i = 1, 2, \cdots, n, n \leqslant 9 \quad (5-3)$$

则系统中成员的收益分配比 λ_i 为：

$$\lambda_i = (I_i \times R_i) / \sum_{i=1}^{n} (I_i \times R_i) \quad i = 1, 2, \cdots, n, n \leqslant 9 \quad (5-4)$$

对于风险系数 R_i，可以采用模糊综合评判方法进行测算。需要注意的是，对于不同的利益相关者，他们所投入资源不同，所面临的风险也不相同，所以，在计算时要区别对待。

（三）景区利益相关者系统利益约束与激励机制

由于每个利益相关者群体的利益诉求不一致，因而在景区发展过程中存在着利益冲突。同时，部分利益相关者为了满足私利，可能采取投机甚至不法手段损害景区整体利益。因此，要建立有效的利益约束机制：一是要健全法制，完善管理制度；二是要建立健全景区监督和信息披露制度；三是要建立责任追究和惩罚制度。

高效的管理离不开有效的激励机制。景区利益相关者系统利益激励机制不仅要有"一票否决制""末位淘汰制"和"投诉公示制"等惩罚性的激励，也要有"文明示范标兵"、月度和年度优秀利益相关者评比和奖励等物质和精神层面的激励。

（四）景区利益相关者系统利益实现机制

景区要尽量保证决策的民主性，尽可能听取利益相关者系统每一方的意见和建议，并建立专家库，保证决策的科学性，减少决策失误带来的损失；成立利益相关者代表委员会，尽可能保证每一类利益相关者群体公平的利益分配；建立健全社会保障制度、弱势群体利益补偿制度等。

综上所述，景区利益相关者系统利益协调机制可以用图 5 - 9 表示。

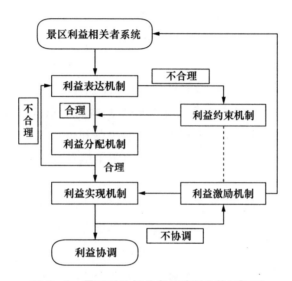

图 5 - 9　景区利益相关者系统利益协调机制

三　冲突解决机制

景区利益相关者冲突指在景区利益相关者系统中，由于各利益相关者利益诉求存在差异，他们在景区经营过程中所产生的相互影响、相互制约的行为。利益相关者之间发生冲突主要是因为以下几方面的原因：资源的稀缺性、组织的差异性、私人特性、利益目标差异、信息不对称，如表 5 - 1 所示。

表 5 - 1　　　　　　　　利益相关者冲突产生的主要原因

原因	原因描述
资源的依赖性	旅游开发和景区经营具有区域性，涉及不同的资源所有者，资源使用和报酬产生冲突

续表

原因	原因描述
组织的差异性	来自不同组织的利益相关者对事物认知的差异性导致矛盾
私人特性	个人的价值观、兴趣以及行为方式的差异导致冲突
利益目标差异	利益相关者对利益目标的差异导致冲突，利益目标差异是冲突产生的主要原因
信息不对称	不同利益相关者处于不同的组织层面，信息不对称导致对事物的认识不同，信息不对称是冲突爆发的根源

　　冲突是系统内产生正熵的根源，它是使系统从有序转向无序，冲突的产生和持续导致系统紊乱程度增加，增加了系统内部交易成本，降低了系统的管理效率，不利于系统的协调和可持续发展。因此，应建立相关的协调机制，一方面要建立预防争端和冲突的机制和协议体系［狄·波娃和许天戟（2002）针对建筑行业项目的碎片性质和较其他行业更易出现争端的特点，在分析现行 Partnering 模式的基础上，引入"防护屏罩"的概念，提出了一种预防争端和冲突的机制和协议体系］，主张积极预测可能发生的冲突，识别并且进行有效的预防控制；另一方面，要及时妥善处理已经出现的矛盾，防止矛盾激化。

　　冲突处理是个系统工程，包括冲突的预测、识别、分析、处理以及学习与反馈等过程。虽然冲突的原因很多，但其积累与爆发的根源在于信息交流的不足，鉴于此，可以构建一个冲突处理系统，进行景区利益相关者系统利益冲突处理。该系统至少包括三个子系统：景区利益相关者系统运行监控系统、行为系统和服务系统。三个子系统的工作原理如图 5 - 10 所示。

　　在图 5 - 10 中，监测系统识别并预测景区利益相关者系统可能发生的冲突，并将信息传递到信息系统进行储存、学习、分析，判断冲突种类及其原因，制订处理计划，为行为系统提供支持，行为系统执行计划对冲突进行处理，并将处理情况反馈到信息系统，进行学习，为下次判断积累信息。

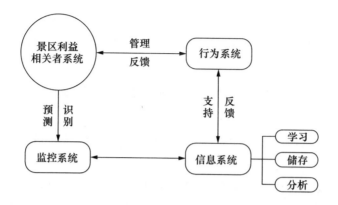

图 5 – 10　冲突处理系统工作原理

冲突是一个不断积累发展的动态过程。冲突最开始的产生可能只是不同利益相关者对某一事物认识的差异，因为时间的推移，发展为问题；如果问题得不到解决，达不成协议，就会升级为争端；而争端进一步扩大就会发生冲突；问题也可能因为某种刺激直接恶化到冲突；冲突在一定的机制作用下化解为争端、问题或者认识差异水平直至被消除……其演变过程如图 5 – 11 所示。

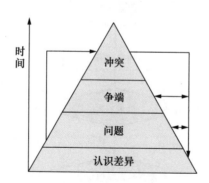

图 5 – 11　冲突的发展演化

通过对冲突演变的分析，在设计冲突协调机制的时候必须满足以下原则：

（1）及时性原则。由冲突的演化发展可知，冲突并不是一开始就很激烈，而是逐渐强化的过程，因此，要及时发现并采取适当的措施，及时地协调能够把冲突在第一层面上得以解决，保证联盟的损失最小。

（2）公平性原则。在冲突处理的过程中要保证处理的公平性，防止矛盾激化。

（3）持续性原则。冲突的处理不能急于求成，要持续跟踪，直到彻底解决。

（4）灵活性原则。从图 5-11 可知，冲突的处理并不一定要追求一次性到位，只要冲突降低到可以接受的层次并维持稳定，就不影响系统目标的实现。因此在处理冲突时，应该灵活处理，及时反馈调整处理行为。

通过以上分析，可以借鉴工程纠纷 ADR 解决方式构建景区利益相关者系统冲突处理机制，如图 5-12 所示。

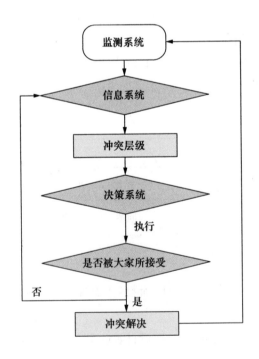

图 5-12　冲突处理机制

四　信任机制

信任是指对个人或事件的诚实、长处、能力和担保等有意愿的信赖，是一种与人合作需求情况中的一个基本特征（Deutch，1962）。信任是一种心理契约，这种心理契约有助于形成良好的经济社会规则和秩序。信任是经济交往的润滑剂，信任可以降低交易费用，也能降低相应的风险。信任属于一种系统简化机制，它可以降低环境和系统复杂性。在经济行为中，信任和权力、市场一起成为促成和维系合作的机制，组织中利益相关者之间的信任能够有效促进合作关系的建立，而且有益于合作关系的延续。弗兰西斯·福山指出社会信任水平的差异在一定程度上决定了企业的发展速度和类型。信任不会凭空产生，它是在对对象进行风险评估做出的判断。只有建立起一个值得信任的景区利益相关者系统，才有可能在系统中确立起普遍的相互承诺以及持续可靠的信任关系。从这个意义层面分析，网络信任以时空分离为特点，与网络环境中制度体系相关联，是抽象体系中的一种信任机制。有关信任的基础，Mayer、Davis 与 Schoorman（1995）认为信任来自于能力、善意与正直三大因素，见图 5 - 13。

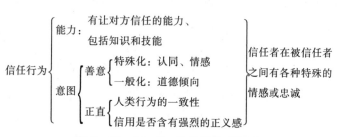

图 5 - 13　M、D、S 信任构成基础

对于影响信任的因素，Sako 和 Susan（1998）认为长期承诺、信息交换、技术援助和声誉等因素是促进网络企业间信任建立和持续的主要条件；Nielsen（2001）认为影响信任机制的决定性因素是合作经历、合作者的声誉、透明度、保障性措施等 8 个因素；Robbins（2003）提出了正直、能力、言行一致、忠诚和公开 5 个维度；此外，还要考虑风险因素，只有在存在风险的情形中信任才是相关因素[1]，在一个没有风险的情形中，信任和控制都是不必要的。国内徐学军和谢卓军（2007）在对供应链伙伴信任问题的研究中，认为信任可用能力、可靠和友善3个维度来概括。其中可靠维度包含忠诚、可依赖、正直、言行的一致即履行承诺等方面；友善则包括关切（关注）、公正、公开。不确定与风险是信任产生的必要条件。要建立信任机制，除要弄清楚影响信任的因素之外，还要建立能够促进信任的产生机制。信任不是凭空产生的，信任关系成员要根据自己的经验或者过去的历史信息对新人对象进行判断，并形成信任决策。根据以上影响因素，可以构建信任形成过程心理模型，如图5-14所示。图5-14中，根据所获得的信息，研究对方同自己的相似性，结合对方的实力（实力的大小影响信任的感受）和态度，在综合评价收益与风险的条件下进行决策，可能信任也可能不信任。如果不信任，考虑为什么？如果有理由，则可能产生利益冲突，如果没理由，也就是无端不信任，仅仅会不响应或者说不积极，采取观望态度；如果是信任，则要进一步评估是不是满足预期收益，如果是的，则会进一步提升信任度；相反，则会后退一步审视信任理由，如果没有理由，则属于盲目信任，这种信任一般不会改变；而如果有理由，能够说服自己，会在未来一段时间内维持信任度。

鉴于此，建立景区代理人 A 和任一利益相关者 B 的博弈模型：假设 B 能融入 A 并与 A 积极合作，则能使 A 和 B 分别得到收益 R_1 和 R_2。如果 A、B 相互信任，有 Pareto 改进 (R_1, R_2)。而如果 A 信任 B，B 背信，并且得到背信的好处 X_2，且 $X_2 > R_2$，从而使得 A 仅得到 $X_1 (R_1 > X_1)$。于是可能导致 A 决定不信任 B，从而导致 Pareto 劣解 (P_1, P_2)，有 $P_1 > X_1 (X_2 > R_2 > P_2, R_1 > P_1 > X_1)$，见图5-15。

图5-14描述了景区利益相关者系统中各利益相关者的信任与不信任的概念，同时强调信任将带来的收益以及风险，其信任源于对收益的理性计算。对上述过程可用博弈矩阵描述，见图5-16。

---

① 徐虹、林钟高：《信任水平、组织结构与企业内部控制制度设计研究》，《会计研究》2011 年第 10 期。

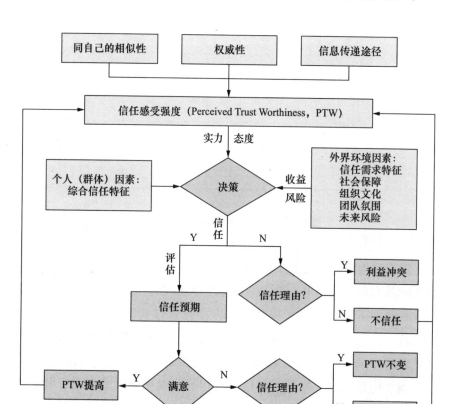

图 5 – 14　信任形成过程的心理活动模型

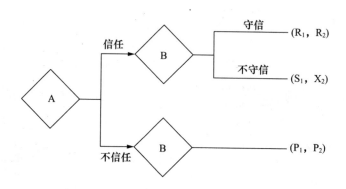

图 5 – 15　景区投资人与任一利益相关者的利益博弈

	不守信 B	守信
不信任	(P₁,P₂)	(P₁,P₂)
A 信任	(X₁,X₂)	(R₁,R₂)

图 5 - 16　信任博弈收益—风险矩阵

根据理性经济人假设，结合图 5 - 16 描述，A、B 双方都会守信，双方收益有最优解（R₁，R₂），但这种状态却不是纳什均衡，也就是说这种状态不稳定，很大程度上有人会投机以获取自身利益最大化，即失信，而这却是景区投资人不愿看到的或者说不符合景区可持续发展要求的。于是作为景区利益代言人的投资者就会想办法约束失信者，建立信任机制。根据人的信任心理形成模型和博弈模型，我们构建一个风险管理模型，见图 5 - 17，并在此基础上给定信任约束，以杜绝失信行为。

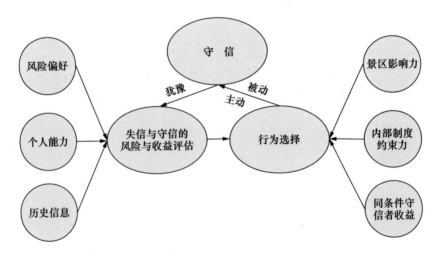

图 5 - 17　守信形成机制

图 5 - 17 中，利益相关者在失信和守信的风险和收益评估后会面临两种选择，第一种是主动选择守信；第二种可能会投机，于是在右侧三种力量的作用下，被动地选择守信。但选择守信的人也可能受外界的诱惑，出现"围城"现象，这时会进入下一个循环。为此，可以采取以下保障措施：

（1）提高景区影响力。通过科学规划和合理建设，智慧管理，提高景区服务能力，提升景区吸引力，以此带动地方经济社会的发展，提高景区利益相关者综合收益，增强景区凝聚力，进而增加其他利益相关者守信的保证。

（2）建立制度约束。建立利益相关者管理制度，完善激励机制，要求信用抵押或者给予背信者处罚，以此增加其背信投机的风险和成本，因为惩罚机会主义行为的自实施协议来获取额外的保护。

（3）允许有条件的重复博弈。在重复博弈中，当事人为了谋求长期最大利益，以信任为手段，逐步形成自身的声誉，声誉的形成将为当事人带来新的商业机遇。在一定条件下，允许重复博弈，当可能采取背信行为的博弈方预期守信可能获得长期的收益时，会自觉采取守信行为，也就是发挥标杆的正能量。

根据图 5 -17，还应建立科学合理的利益分配机制，因为利益相关者系统协调的基础或者根本动因是利益，利益分配的公平性直接影响信任与合作关系；建立良好的沟通渠道，及时有效的沟通是建立信任关系的有效途径，也是消除疑虑、解决认识差异和问题的有效手段，通畅的沟通渠道有助于营造一种产生信任的氛围；建立高效的信誉激励机制和信用评价体系，信誉激励机制是产生信任的外在刺激物，可以激励或者约束利益相关者守信或者减少背信，防止机会主义，完善的信用评价体系有助于激励利益相关者主动改善信用级别、提高被信任的能力。此外，有效的冲突处理机制和诸如法律、监督体系、信息共享平台等良好的外部环境对于构建信任关系也具有良好的促进作用。

五　组织结构协调机制

（一）景区管理组织结构相关文献

组织结构从组织诞生的那一刻起就是一个不断讨论的理论话题。组织并没有确切的定义，按照不同词性定义，从名词性质来看，一般认为组织是一种具有一定结构和功能的系统；从动词性质来看，一般认为组织是指一种在某种指挥或权威控制下的多人的（或多单元的）协同活动。巴纳德认为组织是"两个或两个以上的人有意识的协调的活动与效力的系统"。按照巴纳德的观点，组织是一个具有环境适应能力的协作系统。从其演化发展的动力学特征来看，任何组织的发展都是由于组织效率提高和竞争的要求而促进的。理论界认为，无数组织可以拥有无数种组织结构，而且各种组织结构并没有非常清晰明确的好坏之分，在环境不同、组织规模不同、管理者不同的情况下，最适合本企业发展的组织结构就是最适宜的组织结构。组织结构影响成员活动行为。罗德里克·赛登伯格（Seidenberg，1951）在谈到组织对多种人类活动普遍深入的影响力时说："现代人已经学会了适应一个日益组织化的世界。这个越来越明确自觉的关系的发展趋势是意义深远、规模宏大的，它以其深度而非广度为标志。"

在我国，景区性质决定了其管理组织的特殊性，阎友兵、肖瑶（2007）总结了我国旅游景区利益相关者关系（如图 5 - 18 所示），并在此基础上提炼了利益相关者共同治理的经济型治理模式结构（如图 5 - 19 所示）。

但一个组织要想保持竞争力并取得成功，组织结构不能一成不变，而是要适应环境的变化，不断融入新的科学技术。正如查尔斯·汉迪（Charles Handy）所说："你不能认为未来是过去的延续，因为未来将会不同。我们确实有必要抛开我们在过去所用的方式，以适应未来。"四川大学任佩瑜教授（2013）在其主持的国家高科技研究发展计划（"863"计划）重大项目"基于时空分流管理模式的 RFID 技术在自然生态保护区和地震遗址的应用研究"（项目编号：2008AA04A107）的研究报告——《基于信息技术的时空分流导航管理理论及其应用模式》中提出了基于信息协同并行的直—矩组织结构

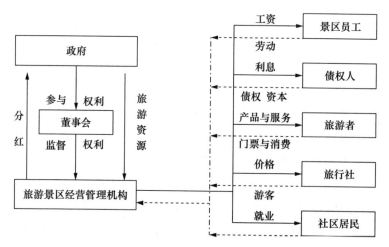

图 5 - 18 旅游景区利益相关者关系

理论①，将信息技术引入组织管理理论，将传统的直线职能制和矩阵制组织结构综合集成起来，创造性地形成了一种全新的、在信息的协同和并行处理的条件下，可以解决组织纵横向沟通协作困难即法约尔桥问题的新型的企业组织结构，简称直—矩结构。

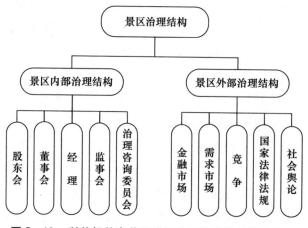

图 5 - 19 利益相关者共同治理的经济型治理模式结构

---

① 参见任佩瑜（2013）在其主持的"863"重大项目"基于时空分流管理模式的 RFID 技术在自然生态保护区和地震遗址的应用研究"（项目编号：2008AA04A107）的研究报告——《基于信息技术的时空分流导航管理理论及其应用模式》及其主讲的"管理学理论前沿"讲义。

直—矩组织结构有以下特点：

1. 在组织目标上，将工作效率目标和低碳管理目标相结合

由于直—矩结构改变了以往的低效高耗的组织现状，将组织内部的运行成本、协同成本、管理效率以及碳排放量等均纳入组织的设计、绩效考评体系之中，将组织放在整个资源环境刚性约束和社会经济发展大系统中进行考虑，不仅使企业组织效率和盈利能力提高，而且使内部能耗和碳排放量得到了降低。

2. 在组织结构上，通过信息技术将纵向管理和横向协同相结合

组织理论中的法约尔桥（跳板）就是为了解决纵横向权利和信息沟通问题，但由于信息化技术在管理中应用不太成熟，组织设计没有将管理沟通信息技术有机结合起来，因而未能真正实现法约尔桥的本意。为使组织实现纵向的高效率和横向协作的低耗费，信息技术是关键，因为管理实质上就是对信息运动的管理，现代管理信息技术已经达到较高的水平，在一定程度上能够支持管理组织的纵横向复杂关系的协调。

"组织就是信息处理的网络，组织过程就是为实现组织目标而降低与组织结构相关的不确定性过程，组织行为就是具体的信息处理过程"。新型直—矩结构借助信息技术，集成了直线职能制和矩阵制的优点，而克服了各自的缺点。该组织结构以直线职能制为基础，确保组织从纵向上进行直接管理，实现组织的高效率；同时，在横向设置不同的信息化协同平台，以矩阵结构形式来满足横向维度上的团队协作需求，实现横向协作的高效率和低成本。

3. 在组织运行上将相对固定的组织结构形式和灵活的工作分类运行相结合

如前所述，组织的低效高耗的原因之一是组织相对固化，而组织所面临的任务却越来越复杂。因此，为提高组织运行效率，除了优化组织结构的设计，还必然需要构建合理组织的运行机制，将相对固定的组织形式与灵活的工作分类运行相结合。因此，低碳管理模式下的直—矩结构一方面通过业务流程梳理，根据市场和资源环境的需求重新对工作进行定义和分类；另一方面则通过管理和制度规范来界定不同工作的任务主体，从而实现组织与工作任务的弹性匹配。通过工作

分类运行机制和制度规范机制，以有效支撑低碳管理模式的直—矩结构的运行。

4. 在信息运动过程中，突破了传统的信息层级顺序处理路径

直—矩结构在信息技术支持下，改变了传统的信息由一个节点流向另一个节点直至第 N 个节点而后又逐点反馈的顺序传递方式，而代之以信息按权限在各处理节点之间同时传递和处理的层状和网状并行处理路径，减少了信息的传递路径长度，并在时间和空间上并行处理，极大地提高了信息处理的效率，使横向协作变得容易。由于信息技术在管理组织运用上的突破，使管理效率大大提高，而由内耗带来的消耗大大减少，因而形成了低碳的管理方式。

企业基于信息协同平台的直—矩组织结构，如图 5 - 20 和图 5 - 21所示。

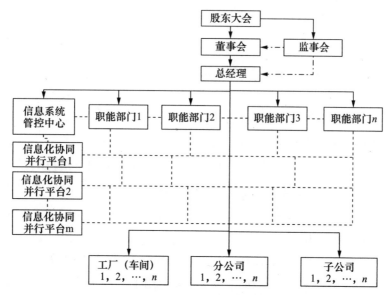

图 5 - 20　基于信息技术的直线职能矩阵制组织结构

说明：（1）箭头表示直线职能路径，虚线表示横向协同并行关系和路径，虚线箭头表示监督关系。（2）信息化协同并行平台在信息系统支持下将管理组织的横向关系有机结合起来，实现信息沟通和管理的高效低耗运行。（3）通过直线职能将企业最高决策与下属生产经营单位具体工作联系起来，工作落地。（4）运行方式是以信息流程和工作流程相结合为路径。

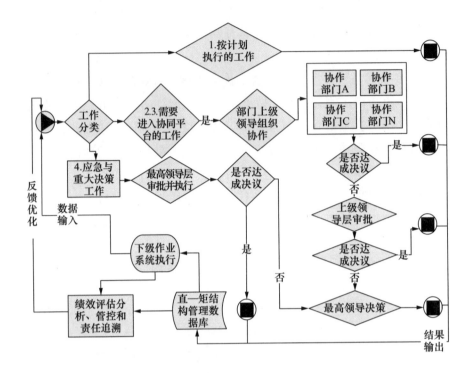

图5－21　基于信息协同并行的直—矩结构的工作流程

直—矩结构管理工作流程：

如前所述，直—矩结构在现代信息技术和协同平台的支持下，信息按照一定的信息流程并行运动，上一级管理者借助于信息技术，对信息预处理或者处理中，与下级并行处理，既保证了信息的快速传递，又保留了必要的管理权限对信息的控制，这极大地提高了管理效率、降低成本，见图5－21。

可见，基于信息协同的直—矩制组织结构实质上是现代信息技术、工作分类等管理技术在组织设计和运用上的综合集成，通过这一组织结构的变革和工作流程的再造，实现高效低耗的管理目标。

（二）景区利益相关者系统协调组织结构构建

鉴于信息协同的直—矩制组织结构的先进性，我们可以将该组织理论应用到景区利益相关者系统，构建基于信息技术的景区管理直—矩组织结构，如图5－22所示。

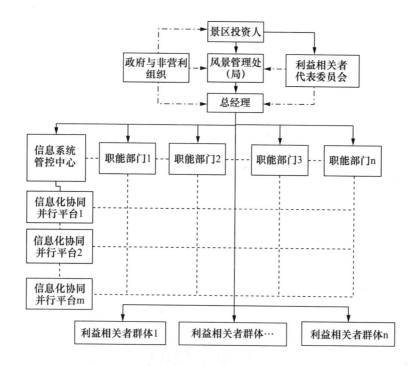

图5－22　基于信息技术的景区利益相关者系统直线职能矩阵制组织结构

说明：（1）箭头表示直线职能路径，虚线表示横向协同并行关系和路径，虚线箭头表示监督关系。（2）信息化协同并行平台在信息系统支持下将管理组织的横向关系有机结合起来，实现信息沟通和管理的高效低耗运行。（3）通过直线职能将企业最高决策与下属生产经营单位具体工作联系起来，工作落地。（4）运行方式是以信息流程和工作流程相结合为路径。

六　预期管理机制

人们的投资决策和行为选择在很大程度上是由对未来的预期决定的，而对行为结果的满意程度则是由预期与现实收益（游客为旅游体验）的差值决定的。所谓预期实质就是对未来不确定经济变量或行为结果的预测，预期是一种主观性判断。预期的产生建立在两个基础条件之上：一是未来的不确定性；二是个体对周边经济环境信息的获取。预期具有可协同性，个体的预期观点可以逐渐融合起来形成群体的共同预期，预期也可以受"参照群体"的影响。预期具有适应性、从众性，容易产生"羊群行为"。因此，对利益相关者系统预期进行管理对于提高景区管理效率具有重要意义。

正如摩托罗拉第三代掌门人克里斯多夫·高尔文（Christopher Calvin）先生所说："学会管理预期也是一门很大的学问，包括董事会预期、股东预期甚至是分析师的预期，应该强调长期利益，而不是华尔街的季度报告。"景区投资者也要建立预期管理机制，管理好包括自己在内的所有利益相关者的预期，在强调短期的同时，要注重和宣传中长期利益；在强调经济利益的同时，要注重社会利益和环境生态利益。

对于本书而言，预期可以分为投资预期和消费预期以及公益预期。投资预期主要是针对在景区有专用性资源投入的利益相关者；消费预期主要是指在景区有消费行为的群体；而公益预期主要是边缘利益相关者。

影响利益相关者预期的因素很多，主要有景区发育程度、利益相关者获取信息的渠道和能力、利益相关者对景区投资人的信任程度等。景区发育程度越高，则其他利益相关者对于从景区获利的预期就越高，则越容易形成共同目标；获取信息的渠道越通畅，获取信息的能力越强则预期越准确；信任度越高，则对其预期值越高，越容易接受景区的管理。因此，利益相关者系统设想的管理机制要实现以下目标：一是要构建全方位的信息管理平台，加强信息传播和沟通；二是要树立景区投资人负责任和有领导能力的形象，增强可信任度；三是要重视景区开发和建设的科学规划，加强景区的市场宣传，努力培育景区市场，提高景区市场发育成熟度。

七　公共关系

公共关系简称公关，是组织的一项重要的管理功能，是指组织为了某一目标，如促进其他组织或者公众对组织的认识、寻求理解或支持而采取的一系列改善与他们关系的活动。公共关系的主要职能是促进双方或者多方的信息沟通。美国营销专家莱克斯·哈洛博士认为公共关系是一种特殊的管理职能，它对组织建立并保持与公众之间的交流与合作、参与处理各种问题与事件、了解民意、监视社会趋势以及帮助企业保持与社会同步等有很大帮助。景区利益相关者系统公关是指景区利益代言人——景区投资人及经营者和员工作为公关主体，为实现景区管理目标，建立并保持与其他利益相关者之间的交流、理解、认可与合作，了解其他利益相关者的诉求、不满并做出反应，帮助处理在经营管理过程中出现的问题和冲突，监测利益相关者系统动态并制定预案，降低冲突的可能性、提高管理效率。

景区利益相关者系统公关的核心是信息沟通，建立畅通的信息传递和反馈机制是关键。而信息的传递与反馈必须依赖于以现代信息技术为支撑的信息系统，此外还要保证有充分的信息来源，因此还要建立多层次的信息采集渠道，既要建立完整的情报系统，以监督各利益相关者需求的变化及其反应；在当前大数据时代，景区管理者面对海量的信息数据，如果仅靠人工分析处理是不可以想象的，因此要建立数据处理中心和检测平台。有了这些硬件和软件的支持，公共关系还要遵循以下原则：

（1）及时性原则，即公共关系要及时，针对信息系统提供的信息，及时展开公共关系，将冲突消灭在问题的认识差异阶段。

（2）针对性原则，即哪个利益相关者群体出现问题则针对该群体展开公关，一方面可以提高反应速度，另一方面可以降低影响面，有针对性地公关可以节约公关成本，提高公关效果。

（3）全员公关原则，公关主体内部成员要有公关意识，随时、随地展开公关活动，及时发现问题并第一时间展开公关。

第四节　景区利益相关者系统
他组织约束机制

所谓他组织是相对于自组织而言的，根据德国理论物理学家 H. Haken 的组织划分，可以分为自组织和他组织。所谓他组织，是指一个系统依靠外部指令和制度而形成稳态组织的过程。他组织的过程实质就是外在规则的约束过程，他组织协调机制就是外在规则和制度。由于景区利益相关者系统是一种开放性松散系统，完全靠系统成员的自觉性和自组织还不足以实现景区利益相关者系统的协调和稳态的维持。对此，必须借助于他组织约束机制，对自组织机制无法解决的问题进行外力约束。他组织约束机制主要有制度保障机制、政策激励机制和效用转移机制。

一　利益监控机制

由于每个利益群体的利益诉求的差异性，因而景区在开发、经营过程中，不可避免地存在着利益冲突，与此同时，不排除有的利益相关者为了实现（或扩大）自身利益而损害其他利益相关者的利益，从而导致景区利益相关者系统的熵增，增加系统的不协调程度，如景区投资人为了吸引游客而过度开发景区或者为了降低开发成本而随意更改规划，进而造成生态环境的破坏，又如社区居民为了获取更多的收入，而向景区投资者索取更高的报酬（补偿），导致不能达成协议耽误景区开发进度等。因此，必须建立行之有效的利益相关者行为监控机制，监控利益相关者为实现利益所采取的行为是否与系统目标方向一致，并采取适当的行为加以控制，以降低景区系统的运行风险。

二　制度保障机制

对于在景区开发和经营管理过程而言，利益相关者的冲突主要来自于产权制度的不明晰和资源补偿制度的不健全，因此制度保障机制可以从以下三个方面进行规范。

（一）建立健全旅游产权制度

目前，我国各种类型的旅游发展模式中都或多或少地存在产权界定不清的问题。在景区开发初期，原本属于村集体的山体、水体、湿地等自然旅游资源和古街道等历史文化旅游资源被旅游投资人无偿占有和使用。因为对资源认识的差异性，当地社区居民起初可能无法意识到开发可能带来的收益。但随着旅游活动的深入开展，这些资源所带来的收益逐渐体现，于是社区居民或者政府就会对产权产生异议进而引发纠纷和利益冲突，削弱双方合作的基础。

为了避免类似冲突的产生，需要创新和完善现有自然和历史文化资源产权制度。要对相关资源的产权主体进行明确，特别是那些由于历史原因导致的共有资源，要对可用于旅游开发的资源归属以及价值计算的问题做出明确的界定，为平衡各方利益的公平分配提供基础和保障。

（二）完善土地补偿制度

解决社区居民和景区投资人之间面临的诸多问题，需要对现有土地制度进行创新和完善。通过建立乡村旅游土地产权制度和土地评估标准，进行合理的土地流转，来保护农民权益。按照"小分散、大集中"的原则，科学规划空间布局，既保护乡村聚落的原真性，又保证旅游体验功能的完善性；建立专门的用地评估标准，实现农民土地资产化；加快探索农村土地流转创新模式，加强旅游用地的流转管理，在保障农民的土地权益的同时，提高土地资源利用效率。

（三）建立多层次的生态补偿机制

生态补偿机制是指根据生态系统服务价值、生态保护成本、发展机会成本以及生态环境收益，运用政府和市场手段，调节生态保护利益相关者之间利益关系，以保护生态环境，促进人与自然和谐发展的原理和措施。其原理主要是运用经济杠杆原理，通过一定的经济诱导和影响措施鼓励利益相关者在利用环境时主动采取有利于环境的行为，减少对环境产生不良影响。在景区利益相关者系统中，生态环境处于弱势地位，要加强其他利益相关者的环保意识，也要建立健全具有可操作性的环境收费制度、排污权交易制度和环境信息公开制度。由于生态建设和环境保护具有"公共产品属性"，具有明显的外部经济性，因此要建立多层次的生态补偿机制，采取直接补偿和间接补偿相结合的模式，对生态环境受益方收费，对付出成本方进行补偿和激励。

三　政策激励机制

协调发展机制的实施，需要相应的政策来激励。曼昆在其《经济学基本原理》中指出，人们会对激励做出反应。由于资源的稀缺性与人的欲望无限性，人们总是试图通过对有限资源的优化配置实现收益的最优化。所有景区利益相关者围绕景区旅游资源开发寻求自己的目标，为了激励大家为实现系统公共目标而努力，需要政府提供政策激励机制动员各方力量，使资本、劳动力乃至土地、生态环境等资源都能发挥各自的积极性。

首先，要合理设计景区投资的政策激励机制。从整个区域经济发展和地方产业结构调整的角度着手，激活从事每个投资主体的积极性，以景区投资促进旅游发展，带动其他产业的良性促进，而不是相互制约。其次，要合理设计、践行可持续发展理念和经济利益分配和补偿的政策激励机制。必须利用好政府"有形"和市场"无形"两只手的作用，发挥成本—收益分析的激励作用，让投资者为协调发展所付出的成本能够获得合理的回报。同时，为了实现开发经营的持续有序，避免对旅游资源和生态环境的破坏，还必须加强对旅游的直接参与者的监督约束。

四　效用转移机制

由于景区利益相关者各方拥有资源、产品、经济实力和信息获取能力等方面的差异，他们对参与合作的收益预期就会各不相同，收益预期较少的利益相关者如果得不到合理的利益补偿，则会产生消极情绪，进而引发问题。因此，需要设计合理的效用转移机制，将合作中预期获得较多收益的利益相关者的一部分利益，转移给预期获得利益较少的利益相关者，以求平衡各方利益。效应转移协调机制对于景区利益相关者系统这种非完全共同利益的群体具有约束与激励作用。因为通过效应转移机制可以使参加合作各利益相关者均能获得合理的收益，他们收益的均衡有助于改善双方为了获取利益而损害共同利益目标的行为。

效用转移机制要力求做到让在合作中获益较少的利益相关者从在合作中获益较多的利益相关者那里得到利益补偿，且获益多的利益相关者在补偿受损成员后的获益应该比不参加合作而单独行动所获收益有所提高。效用转移机制要注意防止"打土豪"式转移而损害投资人的积极性及助长"懒人效应"，要遵循"收入与投入相适应，风险与回报相匹配，注重效率，兼顾公平"的原则。

本章小结

　　景区利益相关者系统属于非完全理性、非完全共同利益合作群体，在系统内，每个利益相关者群体内部成员存在共同利益目标的同时，不同群体利益目标又存在互相冲突。因此制定一套景区利益相关者系统协调机制，对于协调景区利益相关者系统的关系具有重要意义。本章首先集成了景区利益相关者系统的公共目标，然后在分析影响利益相关者关系关键因素的基础上，构建了景区利益相关者系统协调机制的结构模型。根据结构模型，从自组织和他组织两个层面构建了景区利益相关者系统协调机制。景区利益相关者系统自组织协调机制包括目标协调机制、利益协调机制、冲突协调机制、信任协调机制、组织结构协调机制、预期管理机制和公共关系；而他组织约束机制则包括利益监控机制、制度保障机制、政策激励机制和效用转移机制等。

第六章　景区利益相关者系统协调度测评

　　景区利益相关者构成一个景区组织网络系统。在这个网络系统中，每个景区利益相关者对景区发展都有各自的作用力，只有他们的作用力形成综合的协同力，才能使景区系统功能得到最大限度的发挥，否则景区利益相关者之间协调程度不好，虽然他们可能实现各自的目标，但整个景区系统仍然可能陷入混乱无序的状态。因此，准确理解景区利益相关者系统协调度的内涵，并构建合理的协调度评价指标体系，设计出有效的评价方法对于构建协调机制具有重要作用。

　　本章首先界定景区系统利益相关者协调度的概念，其次基于协同学理论与和谐理论中相应的协同度及和谐度测量方法和原理，构建协调度测评矩阵，并在此基础上，运用矢量计算模型计算各景区利益相关者在经济、社会、环境和综合协调度。最后通过该方法评价设计协调机制方案的作用效果。本章所提出的协调度测评体系，能够有效地优化景区系统利益相关者间的合作关系，使之更好地从无序向有序转化，达到新的协同状态，从而实现景区的高效管理。

第一节　景区利益相关者系统
协调度指标体系构建

　　联邦德国著名物理学家哈肯（Hermann Haken）于 20 世纪 70 年代在多学科研究基础上提出和建立了协同论（Synergetics）（也被称为"协同学"或"协和学"，是系统科学的重要理论分支）。在此基础上，1971 年哈肯提出和定义了协同概念，后又相继发表了《协同学导论》《高等协同学》等论著，系统地阐述了协同理论。协同学着重探讨各种系统怎样从无序变为有序。赫尔曼·哈肯说过："我们可以把协同学看成是一门在普遍规律支配下的有序的、自组织的集体行为的科学。"协同学指出：无论是平衡态的有序相变过程，还是远离平衡态时所发生的从无序到有序的演变过程，都遵循着相同的演化规律，都是大量子系统相互作用又协调一致的结果。一个系统从无序转向有序取决于系统内部各子系统之间的相互作用及其强度。协调度正是这种系统作用的量度。当一个系统内部各要素之间的作用达到一定阈值（临界点）时，系统是由有序转为无序还是从无序转化为有序，就取决于系统的协调度。也就是说，系统的协调程度是系统在临界点走向有序或无序状态的关键点。协同学同时也提出，系统走向有序的关键在于系统内各主体相互作用与相互制约的关系，而与系统状态的是否平衡和系统离平衡状态的距离不存在直接关系。系统的这种相互作用与相互制约的关系影响着系统相变及相量的特征与规律，而协调度正是衡量系统这种相互作用与相互制约关系。系统各主体的作用力只有形成综合的协调作用，才能使得系统功能得到最大限度的施展。相反，若系统各主体的作用力没有协调作用，会使得各力朝反方向作用，反而使得整个系统陷入混乱无序的状态，这样系统各主体的作用力具有破坏性。系统只有形成有效的协调体，才能充分调动各子系统的积极性，使整个系统充满活力，才能最大限度地发挥系统功能，促进系统目标的实现。因此，研究系统协调的特性，把握系统协调的程度，以促使系统向更加有序的方向发展，应该成为有效管理景区这种复杂性系统研究内容的重点。

协调度的测量是为了反映系统的状态，因此对协调度的研究应当从系统观的思想进行研究。常宏建在其博士论文中指出，协调度是指各子系统之间在发展过程中实现和谐一致的程度，描述的是系统由无序走向有序的运动趋势，总而言之，协调度就是反映系统协调程度的一个变量。

本书定义景区利益相关者系统协调度为景区利益相关者之间的关系和谐一致的程度。即对景区利益相关者系统各子系统之间合作状态的度量。之所以使用"协调"度而不是"协同"度，是因为本书认为协调包括达到协同的管理过程，而协同则只能表达景区利益相关者间关系发展的一种状态。也就是说，协调度更能全面地涵盖对景区利益相关者传统管理的全过程和管理结果。

要对景区利益相关者系统协调度进行评价，首先要构建相应的评价指标体系，并根据指标体系进行调查，然后才能根据调查数据进行评价。因此，指标体系的建立和量表开发对于景区利益相关者系统协调度评价具有不可替代的作用。

一　系统协调度指标体系构建原则

指标体系即指标集，又称指标集合，其构建是集成评价的基础，指标选取与指标集确定的科学性、客观性、公正性对评价的目标性、实用性等体现至关重要。为使所构造的评价指标集能够全面系统、客观准确地评价景区利益相关者系统协调度状况，有助于及时发现景区利益相关者协调机制设计中存在的问题，为景区管理、发展规划等顺利实施提供参考，评价指标集构建、评估等环节必须遵循以下一些原则。

（一）科学性原则

在反映景区利益相关者协调度的众多因素中，抽取最重要、最本质及最具代表性的因素，对其定义要明确，描述要清晰，既要符合客观实际，又要便于数理统计。

（二）全面性原则

景区利益相关者系统包括九个子系统，系统关系复杂，要尽可能全面、完整地反映景区利益相关者协调度中各层次指标，从多个角度体现景区利益相关者协调度的强弱程度。

（三）系统性原则

系统性原则也叫整体性原则，要求把景区系统视为一个完整系统，其评价指标集中各指标间存在相互关联，能够从整体上体现景区利益相关者协调度的强弱程度。

（四）结构性原则

指标集层次结构要分明，简明扼要。整个评价指标集的构成必须紧紧围绕景区利益相关者协调度的评价目的层层展开，评价结论确实反映评价目标。

（五）相对独立性原则

处于同一景区系统中各个指标间存在相互关联，在考虑指标的典型性、代表性的基础上，每个指标要保持相对独立，同一层次的各指标间应尽量不存在明显相关关系、因果关系，力求保留尽可能少但信息量尽可能大的指标，这样就可以减少指标数量，将全面性、系统性、相对独立性等原则有机结合起来。

（六）代表性原则

代表性原则也叫可比性原则，在将评价目标与评价指标有机联系的基础上，指标应具有代表性，很好地反映景区系统的普遍性，即不同景区系统的共同属性，选取的指标要在行业内通用，所使用的统计口径和范围要前后保持一致，便于可比和参照，也要表现研究对象的差异性，保证评价结果真实、合理。

（七）可操作性原则

设置指标要求指标含义表达明确，数据获取便利，在评价过程中易于操作，在对景区系统数据有效利用的基础上，进行量化分析和集成评价。

（八）定性和定量指标相结合原则

仅仅通过定量指标，表现出的是统计意义上的数据结果，难以综合、全面地考虑景区利益相关者协调度的状况，因此需要选取一些定性指标，将定性指标与定量指标相结合，要求定量指标数据保持真实、可靠与有效，定性指标进行量化处理，尽量通过专家间接赋值或测算予以反映。

二　指标体系构建

评价指标体系根据前文利益相关者优先度评价结果，应包括核心利益相关者评价指标和边缘利益相关者评价指标。他们的协调度如何体现？根据前文的研究，景区利益相关者系统协调度机制包括利益机制、目标机制、冲突机制、信任机制、社会文化和组织机制以及外部保障机制等，而这些机制协调的最终结果体现在景区利益相关者系统在经济、社会和生态环境三个方面的协调度或者满意程度。也就是大家对经济利益、社会利益和生态环境利益的目标满足程度。

　　对于景区利益相关者而言，他们是景区运行的参与者或者受影响者。就区域经济而言，景区投资人关注投资收益，政府关注税收，管理者和员工、社区居民和旅游供应链企业关注他们的收入增长率和投资回报率，游客关注旅游性价比；就社会关注而言，大家关注的是表现为基础设施建设投入带来的基础设施改善，教育投入，文化资源开发和保护，公共卫生条件改善以及其他社会保障措施等；而生态环境虽然是软指标，但是在可持续发展大背景下，生态环境意识空前普及和提高。空气质量水平、地表水质量水平、植被覆盖率、生物多样性水平等环境信息是人尽皆知，连以前不关注不重视自己居住环境的社区居民也有了相应要求。生态环境的诉求涉及所有利益相关者，并且高度一致，要求有足够的生态建设和环境保护投入、科学规划、合理的资源开发与保护等。本书参考德威利斯（2004）的量表设计方法设计景区利益相关者协调度评价标准和直接不协调矩阵调查分析表，以进行景区利益相关者之间合作关系即协调度进行测量，利益相关者评价指标体系如表 6 – 1 所示。

表 6 – 1　　　　　　　　　　利益相关者评价指标体系

一级指标	二级指标	三级指标
协调度	经济	投资收益率
		税收完成率
		旅游性价比
		收入稳定程度和增加率
	社会	基础设施建设投入
		教育投入
		旅游资源开发
		公共卫生条件改善
		其他社会保障
	环境	生态建设和环保投入
		生态和环保宣传、教育投入
		植被覆盖率
		生物多样性水平

第二节　景区利益相关者系统协调度评价

一　景区利益相关者系统协调度评价方法

景区系统协调度反映的是景区各利益相关者之间关系协调程度，本书提出基于矢量模型的多维度协调度评价方法。该方法包含两个部分，分别是矢量模型和协调矩阵。通过矢量模型衡量任意两个景区利益相关者在不同维度上的不协调程度，然后构建协调矩阵，运用协调矩阵计算不同维度及总体的景区利益相关者系统协调程度。具体方法如下所述。

（一）矢量模型

根据景区系统协调度的内涵，可知景区系统的若干利益相关者，形成若干不同方向和大小的作用力，这些作用力形成最大的合力去有效实现景区目标，设 $\vec{A}_i$、$\vec{B}_i$、$\vec{C}_i (i=1, 2, 3, \cdots, n)$ 分别表示第 i 个利益相关者在经济、社会、环境三个方面对景区发展的作用力。可根据矢量计算公式分别计算一个和多个利益相关者情形下这些作用力的合力，其计算过程如下所述。

1. 对于同一个利益相关者，对景区发展综合作用力的计算

第 i 个利益相关者经济、社会、环境三个方面对景区发展的综合作用力可通过矢量计算模型计算，其计算公式为：

$$\vec{A}_i + \vec{B}_i + \vec{C}_i = \vec{D}_i \tag{6-1}$$

式中：$\vec{A}$、$\vec{B}$、$\vec{C}$ 分别代表景区系统中各子系统（不同利益相关者）的经济、社会和环境三个维度对景区的作用力；$\vec{D}$ 代表各个子系统中协同后的合力。

其计算过程可以通过矢量计算平行四边形法则表示，如图 6-1 所示。

从图 6-1 中我们可以发现，计算过程可分解为两步。首先作用力 $\vec{B}_i$ 与作用力 $\vec{C}_i$ 通过矢量平行四边形计算法则得到一个合力 $\vec{E}_i$（如图6-2所示）；然后，这个合力 $\vec{E}_i$ 再与作用力 $\vec{A}_i$ 形成最综合力 $\vec{D}_i$

（如图 6 - 3 所示）。

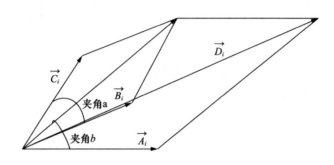

图 6 - 1　矢量计算平行四边形法则

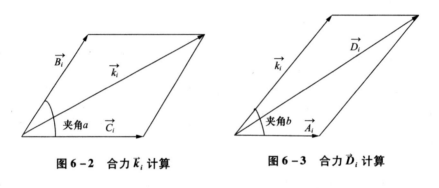

图 6 - 2　合力 $\vec{k}_i$ 计算　　　　图 6 - 3　合力 $\vec{D}_i$ 计算

2. 对于多个利益相关者，对景区发展综合作用力的计算

对于多个利益相关者，其对景区发展综合作用力的计算要先分别计算在经济、社会和环境三个方面作用力的合力，其计算矢量公式为：

$$\vec{A} = \sum_{i=1}^{n} \vec{A}_i \tag{6-2}$$

$$\vec{B} = \sum_{i=1}^{n} \vec{B}_i \tag{6-3}$$

$$\vec{C} = \sum_{i=1}^{n} \vec{C}_i \tag{6-4}$$

式中：$\vec{A}$、$\vec{B}$、$\vec{C}$ 分别代表景区系统中各子系统（不同利益相关者）的经济、社会和环境三个维度对景区的作用力。

与一人利益相关者相同，它也具有矢量计算平行四边形表示方式，以三个景区利益相关的经济维度为例，其矢量计算平行四边形法则表示如图6-4所示。

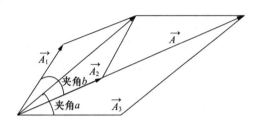

图6-4　经济维度矢量计算平行四边形法则

从图6-4中我们同样可以发现，计算过程可分解为两步。首先第一个利益相关者在经济方面的作用力$\vec{A}$、与第二个利益相关者在经济方面的作用力$\vec{A}_2$通过矢量平行四边形计算法则得到一个在经济方面他们的合力$\vec{A}_r$（如图6-5所示）；然后，这个合力$\vec{A}_r$再与作用力$\vec{A}_3$形成最综合力$\vec{A}$（如图6-6所示）。

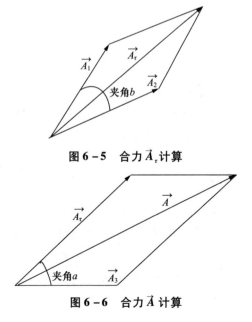

图6-5　合力$\vec{A}_r$计算

图6-6　合力$\vec{A}$计算

再计算得到经济、社会和环境方面的合力 $\vec{A}$、$\vec{B}$、$\vec{C}$ 后，再根据一个利益相关者的最终合力计算公式，得到各利益相关者对景区系统发展的合力 $\vec{D}_i$。

以图 6-1 为例，$\vec{A}_i$，$\vec{B}_i$，$\vec{C}_i (i = 1,2,3,\cdots,n)$ 分别为第 i 个利益相关者在经济、社会和环境方向的作用力；$\angle a$，$\angle b$ 等为作用力的夹角，显然，景区的协同力决定于不同力的大小和不同力的夹角的共同作用。在不同的力已确定且不变的条件下，夹角越小，则协同率就越大，即不协调度越低。不协调度越低则景区管理合力就越大，即管理效率就越大，反映了景区协调机制效果好。在这里，矢量的夹角 $\angle a$，$\angle b$ 就是景区系统的不协调度，显然在景区系统各力的协同中，夹角 $\angle a$，$\angle b$ 越小则不协调度就越低，因此，景区系统的协同力度就越大。当 $\angle a$，$\angle b$ 为 0 时，景区系统不协调度最小；当 $\angle a$，$\angle b$ 达到 180 度时，景区系统的各种力都可能成为对立状态了，当然相互抵消后余力的正负，或大小，还取决于两个对立力的大小。因此，系统的不协调度（力的夹角）大小如以下公式所示：

$$\cos a = \frac{\vec{C}\vec{B}}{|\vec{C}| \cdot |\vec{B}|} \qquad (6-5)$$

$$\cos a = \frac{\vec{A}k}{|\vec{A}| \cdot |\vec{k}|} \qquad (6-6)$$

从图 6-6 还可知，无论多少管理的作用力相加，在其分力不变的条件下，其合力的大小决定于景区系统不协调度的大小。可见景区系统的协调程度决定着系统合力的形成，进而又决定着系统的效率，最终也就决定了系统的发展。由此可见，系统的协调对于景区发展具有重大意义。

（二）构建协调矩阵

设景区利益相关者系统为 $S(n) = \{L(n), R\}$，其中 $L(n) = \{l_1, l_2, \cdots, l_n\}$ 为景区利益相关者系统 $S(n)$ 中的 n 个利益相关者，$R = \{R_{l_i, l_j}\}$，$i, j = 1,2,3,\cdots,n$ 表示景区利益相关者系统 $S(n)$ 的 n 个利益相关者中的任意两个利益相关者之间的关系。

根据上述项目系统要素结构分析，可建立如表 6-2、表 6-3 所示的景区利益相关者系统协调度分析矩阵。

表 6 - 2　　　　　　　　　　系统协调度分析矩阵

协调度 利益相关者		利益相关者 L（n）				
利益相关者		l_1	l_2	l_3	…	l_n
利益相关者 L（n）	l_1	H_{11}	H_{12}	H_{13}	…	H_{1n}
	l_2	H_{21}	H_{22}	H_{23}	…	H_{2n}
	l_3	H_{31}	H_{32}	H_{33}	…	H_{33}
	…	…	…	…	…	…
	l_n	H_{n1}	H_{n2}	H_{n3}	…	H_{nn}

表 6 - 3　　　　　　　　　　子系统协调度分析矩阵

协调度 利益相关者 j	经济	社会	环境
利益相关者 j			
经济	h_{ij}^1	—	—
社会	—	h_{ij}^2	—
环境	—	—	h_{ij}^3

根据系统协调度分析矩阵，得到 $H = H_{ij}$，i，$j = 1$，2，$\cdots$，n 为系统的协调度，当 $i = j$ 时，$H = H_{ij}$，$i = 1$，2，$\cdots$，n 表示子系统 i 自身的协调度，即利益相关者 i 实际值与期望值的距离。当 $i \neq j$ 时，$H = H_{ij}$，i，$j = 1$，2，$\cdots$，n 表示经组织系统各因素多级相互作用后子系统 i 对子系统 j 的协调度，即利益相关者 i 要求利益相关者 j 的期望值与利益相关者 j 实际值的距离。根据上述分析，可以发现各部分的作用效果不同，相互之间的协调程度也不同，即 $H_{ji} = H_{ij}$，i，$j = 1$，2，$\cdots$，n。

二　景区利益相关者系统协调度评价步骤

（一）设计问卷，收集数据

根据上节提出的景区系统利益相关者协调度评价指标体系，设计数据调研问卷，并通过这种形式收集相关数据，为后续做准备。同时，还需要对数据的信度和效度做检验，以确保收集的数据是可靠可信的。这是景区利益相关者系统协调度评价的第一阶段。

（二）设计评价方法

根据收集的数据特征及景区利益相关者系统协调度评价的特点，提出了基于矢量模型的多维度协调度评价方法，该方法首先运用矢量模型衡量各利益相关者在不同维度的不协调程度，然后根据所构建的协调与不协调矩阵测量景区利益相关者系统的整体协调度，以实现对景区利益相关者系统协调度评价的科学性和合理性。这是景区利益相关者系统协调度评价的第二阶段，也是最重要的一个阶段。

（三）计算协调度

结合收集的数据和设计的评价方法，对景区利益相关者系统协调度进行评价，评价有两种，分别为：（1）对景区利益相关者系统协调前的状态评价，是协调机制设计的基础；（2）对景区利益相关者系统协调后的状态评价，是协调机制作用效果的检验。

三 景区利益相关者系统协调度计算与评价

如前所述，直接计算利益相关者之间的协调程度是非常困难的，然而测量利益相关者之间的不协调度则相对比较容易。因此，本书首先计算利益相关者的不协调度。设利益相关者不协调矩阵 $D = D_{ij}$，$i = 1, 2, \cdots, n$ 为系统的不协调度，当 $i = j$ 时，$D = D_{ii}$，$i = 1, 2, \cdots, n$ 表示子系统 i 自身的不协调，即利益相关者 i 实际值与期望值的偏差。当 $i \neq j$ 时，$D = D_{ij}$，$i, j = 1, 2, \cdots, n$ 表示经组织系统各因素多级相互作用后子系统 i 对子系统 j 的不协调，即利益相关者 i 要求利益相关者 j 的期望值与利益相关者 j 实际值的偏差。

设系统不协调度 $D = D_{ij}$，$i, j = 1, 2, \cdots, n$ 取值在 $[0, 1]$ 之间，则系统协调度可由下式计算得到：

$$H_{ij} = 1 - D_{ij}, \quad i, j = 1, 2, \cdots, n \tag{6-7}$$

由此可得系统协调度 $H = H_{ij}$，$i, j = 1, 2, \cdots, n$ 的 3 种可能值，

$$H_{ij} = \begin{cases} 0 \\ \lambda, \ 0 < \lambda < 1 \\ 1 \end{cases} \tag{6-8}$$

其中，$H_{ij}=0$，i，$j=1$，2，…，n 表示系统处于极不协调状态（无序状态），$H_{ij}=1$，i，$j=1$，2，…，n 表示系统处于协调度最高状态（即协同状态），$H_{ij}=\lambda$，i，$j=1$，2，…，n 表示系统处于中间状态无序和有序的中间状态。

根据系统协调度矩阵分析，可知系统的协调度具有多层次、多维度的特性，即系统整体协调度是各子系统之间的协调度 $H=H_{ij}$，i，$j=1$，2，…，n 的综合效应，各子系统之间的协调度 $H=H_{ij}$，i，$j=1$，2，…，n 又是各子系统在经济、社会和环境 3 个维度的协调度 h_{ij}^1，h_{ij}^2，h_{ij}^3，i，$j=1$，2，…，n 的综合效应，各子系统在经济、社会和环境 3 个维度的协调度 h_{ij}^1，h_{ij}^2，h_{ij}^3，i，$j=1$，2，…，n 分别又是在经济、社会和环境 3 个维度所包含各指标的协调度的综合效应。因此要计算系统整体协调度 H 必须先计算各子系统之间的协调度 $H=H_{ij}$，i，$j=1$，2，…，n，而要得到各子系统之间的协调度 $H=H_{ij}$，i，$j=1$，2，…，n 就必须先计算各子系统在经济、社会和环境 3 个维度的协调度 h_{ij}^1，h_{ij}^2，h_{ij}^3，i，$j=1$，2，…，n。

（一）计算各子系统在经济、社会和环境 3 个维度的协调度

基于前文的分析，在经济维度任意两个利益相关者 i，j 的不协调度夹角如图 6-7 所示。

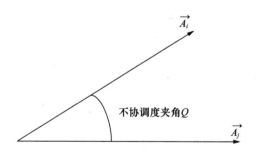

图 6-7　利益相关者 i、j 的不协调度夹角

当 $\angle Q=0$ 时，表示不协调度最小；当 $\angle Q=\pi$ 时，表示不协调度最大，因此不协调度可由下式计算：

$$\hat{h}_{ij}^1 = \frac{\angle Q}{\pi} \tag{6-9}$$

由式（6-5）的夹角计算公式，可得：

$$\hat{h}_{ij}^1 = \frac{arcos \dfrac{\sum\limits_{k=1}^{n_1} a_k^j a_k^i}{\sqrt{\sum\limits_{k=1}^{n_1}(a_k^j)^2}\sqrt{\sum\limits_{k=1}^{n_1}(a_k^i)^2}}}{\pi} \tag{6-10}$$

式中，a_k^j、a_k^i 分别表示利益相关者 j、i 在经济维度上的第 k 个指标值，n_1 表示经济维度所包含指标的个数。

同理可得，在社会和环境两个维度不协调度计算公式分别为：

$$\hat{h}_{ij}^2 = \frac{arcos \dfrac{\sum\limits_{k=1}^{n_2} b_k^j b_k^i}{\sqrt{\sum\limits_{k=1}^{n_2}(b_k^j)^2}\sqrt{\sum\limits_{k=1}^{n_2}(b_k^i)^2}}}{\pi} \tag{6-11}$$

式中，b_k^j、b_k^i 分别表示利益相关者 j、i 在社会维度上的第 k 个指标值，n_2 表示社会维度所包含指标的个数。

$$\hat{h}_{ij}^3 = \frac{arcos \dfrac{\sum\limits_{k=1}^{n_3} c_k^j c_k^i}{\sqrt{\sum\limits_{k=1}^{n_3}(c_k^j)^2}\sqrt{\sum\limits_{k=1}^{n_3}(c_k^i)^2}}}{\pi} \tag{6-12}$$

式中，c_k^j、c_k^i 分别表示利益相关者 j、i 在环境维度上的第 k 个指标值，n_3 表示环境维度所包含指标的个数。

因此，可以得到各子系统在经济、社会和环境 3 个维度的协调度计算公式分别为：

$$h_{ij}^1 = 1 - \hat{h}_{ij}^1 = 1 - \frac{arcos \dfrac{\sum\limits_{k=1}^{n_1} a_k^j a_k^i}{\sqrt{\sum\limits_{k=1}^{n_1}(a_k^j)^2}\sqrt{\sum\limits_{k=1}^{n_1}(a_k^i)^2}}}{\pi} \tag{6-13}$$

式中，a_k^j、a_k^i 分别表示利益相关者 j、i 在经济维度上的第 k 个指标值，n_1 表示经济维度所包含指标的个数。

$$h_{ij}^2 = 1 - \hat{h}_{ij}^2 = 1 - \frac{arcos \dfrac{\sum\limits_{k=1}^{n_2} b_k^j b_k^i}{\sqrt{\sum\limits_{k=1}^{n_2} (b_k^j)^2}\sqrt{\sum\limits_{k=1}^{n_2} (b_k^i)^2}}}{\pi} \qquad (6-14)$$

式中，b_k^j、b_k^i 分别表示利益相关者 j、i 在社会维度上的第 k 个指标值，n_2 表示社会维度所包含指标的个数。

$$h_{ij}^3 = 1 - \hat{h}_{ij}^3 = 1 - \frac{arcos \dfrac{\sum\limits_{k=1}^{n_3} c_k^j c_k^i}{\sqrt{\sum\limits_{k=1}^{n_3} (c_k^j)^2}\sqrt{\sum\limits_{k=1}^{n_3} (c_k^i)^2}}}{\pi} \qquad (6-15)$$

式中，c_k^j、c_k^i 分别表示利益相关者 j、i 在环境维度上的第 k 个指标值，n_3 表示环境维度所包含指标的个数。

（二）各子系统之间的协调度计算

各子系统之间的协调度计算公式如下所示：

$$H_{ij} = \frac{1}{3}(h_{ij}^1 + h_{ij}^2 + h_{ij}^3),\ i,\ j = 1,\ 2,\ \cdots,\ n \qquad (6-16)$$

把式（6-13）、式（6-14）和式（6-15）代入式（6-16）可得：

$$H_{ij} = \frac{1}{3}\left[\left(1 - \frac{arcos \dfrac{\sum\limits_{k=1}^{n_1} a_k^j a_k^i}{\sqrt{\sum\limits_{k=1}^{n_1} (a_k^j)^2}\sqrt{\sum\limits_{k=1}^{n_1} (a_k^i)^2}}}{\pi}\right) + \right.$$

$$\left(1 - \frac{arcos \dfrac{\sum\limits_{k=1}^{n_2} b_k^j b_k^i}{\sqrt{\sum\limits_{k=1}^{n_2} (b_k^j)^2}\sqrt{\sum\limits_{k=1}^{n_2} (b_k^i)^2}}}{\pi}\right) +$$

$$\left[1 - \dfrac{arcos\dfrac{\sum\limits_{k=1}^{n_3} c_k^j c_k^i}{\sqrt{\sum\limits_{k=1}^{n_3}(c_k^j)^2}\sqrt{\sum\limits_{k=1}^{n_3}(c_k^i)^2}}}{\pi} \right] \tag{6-17}$$

把式（6-17）化简得到：

$$H_{ij} = 1 - \dfrac{arcos\dfrac{\sum\limits_{k=1}^{n_1} a_k^j a_k^i}{\sqrt{\sum\limits_{k=1}^{n_1}(a_k^j)^2}\sqrt{\sum\limits_{k=1}^{n_1}(a_k^i)^2}} - arcos\dfrac{\sum\limits_{k=1}^{n_2} b_k^j b_k^i}{\sqrt{\sum\limits_{k=1}^{n_2}(b_k^j)^2}\sqrt{\sum\limits_{k=1}^{n_2}(b_k^i)^2}} - arcos\dfrac{\sum\limits_{k=1}^{n_3} c_k^j c_k^i}{\sqrt{\sum\limits_{k=1}^{n_3}(c_k^j)^2}\sqrt{\sum\limits_{k=1}^{n_3}(c_k^i)^2}}}{3\pi} \tag{6-18}$$

因此，可以分别计算各利益相关者的整体协调度，其计算公式为：

$$H_i = \frac{1}{n} \sum_{j=1}^{n} H_{ij} \tag{6-19}$$

式中，H_i 表示第 i 个利益相关者的整体协调度。

把式（6-18）代入式（6-19）得到第 i 个利益相关者的整体协调度为：

$$H_{ij} = \frac{1}{n} \sum_{j=1}^{n} 1 - \dfrac{arcos\dfrac{\sum\limits_{k=1}^{n_1} a_k^j a_k^i}{\sqrt{\sum\limits_{k=1}^{n_1}(a_k^j)^2}\sqrt{\sum\limits_{k=1}^{n_1}(a_k^i)^2}} - arcos\dfrac{\sum\limits_{k=1}^{n_2} b_k^j b_k^i}{\sqrt{\sum\limits_{k=1}^{n_2}(b_k^j)^2}\sqrt{\sum\limits_{k=1}^{n_2}(b_k^i)^2}} - arcos\dfrac{\sum\limits_{k=1}^{n_3} c_k^j c_k^i}{\sqrt{\sum\limits_{k=1}^{n_3}(c_k^j)^2}\sqrt{\sum\limits_{k=1}^{n_3}(c_k^i)^2}}}{3\pi} \tag{6-20}$$

H_i 越趋近 1，则说明第 i 个利益相关者的协调度越高，对第 i 个利益相关者的运行情况也就越好。

（三）系统整体的协调度计算

系统整体协调度由核心利益相关者的协调度决定，考虑到边缘利益相关者的影响较小，故系统协调度可取各子系统协调度的均值，因此其计算公式为：

$$H = \frac{1}{2n} \sum_{j=1}^{n} \sum_{i=1}^{n} H_{ij} \tag{6-21}$$

式中，n 表示系统中利益相关者的个数。

把式（6-18）代入式（6-21），得：

$$H_{ij} = \frac{1}{n}\sum_{j=1}^{n}\sum_{i=1}^{n}1 - \frac{arcos\dfrac{\sum\limits_{k=1}^{n_1}a_k^j a_k^i}{\sqrt{\sum\limits_{k=1}^{n_1}(a_k^j)^2}\sqrt{\sum\limits_{k=1}^{n_1}(a_k^i)^2}} - arcos\dfrac{\sum\limits_{k=1}^{n_2}b_k^j b_k^i}{\sqrt{\sum\limits_{k=1}^{n_2}(b_k^j)^2}\sqrt{\sum\limits_{k=1}^{n_2}(b_k^i)^2}} - arcos\dfrac{\sum\limits_{k=1}^{n_3}c_k^j c_k^i}{\sqrt{\sum\limits_{k=1}^{n_3}(c_k^j)^2}\sqrt{\sum\limits_{k=1}^{n_3}(c_k^i)^2}}}{3\pi}$$

$$(6-22)$$

H 越趋近 1，则说明系统的协调度越高，系统的运行情况也就越好。

本章小结

本章首先剖析了景区利益相关者协调度的内涵，然后结合第三章和第四章的研究结论，在文献研究的基础上，参考德威利斯（2004）的量表设计方法设计景区利益相关者协调度评价标准和直接不协调矩阵调查分析表，构建了基于矢量模型的多维度协调度评价模型，并介绍了景区利益相关者系统协调度评价步骤和计算方法。通过计算子系统不协调度和系统协调度，最后得到系统协调度：

$$H = \frac{1}{2n}\sum_{j=1}^{n}\sum_{i=1}^{n}1 - \frac{arcos\dfrac{\sum\limits_{k=1}^{n_1}a_k^j a_k^i}{\sqrt{\sum\limits_{k=1}^{n_1}(a_k^j)^2}\sqrt{\sum\limits_{k=1}^{n_1}(a_k^i)^2}} - arcos\dfrac{\sum\limits_{k=1}^{n_2}b_k^j b_k^i}{\sqrt{\sum\limits_{k=1}^{n_2}(b_k^j)^2}\sqrt{\sum\limits_{k=1}^{n_2}(b_k^i)^2}} - arcos\dfrac{\sum\limits_{k=1}^{n_3}c_k^j c_k^i}{\sqrt{\sum\limits_{k=1}^{n_3}(c_k^j)^2}\sqrt{\sum\limits_{k=1}^{n_3}(c_k^i)^2}}}{3\pi}$$

考察 H 的大小，如果 H 逼近 1，则说明系统协调度高；反之则需要调整。

第七章　景区利益相关者系统协调机制案例研究

——以恩施大峡谷为例

本章选取了湖北省恩施州恩施大峡谷（又称沐抚大峡谷）景区（以下简称恩施大峡谷）作为案例景区，研究景区利益相关者系统协调机制，以验证前文的研究结果并为提升恩施大峡谷景区管理效率，促进景区的可持续发展略尽微薄之力。

本书选取恩施大峡谷作为研究对象，主要基于以下几个方面的考虑：

第一，恩施大峡谷旅游开发具有一定的成熟度。恩施大峡谷是全国最年轻的恩施土家族和苗族自治州旅游业的四大名片之一（其他三张名片分别是土家女儿会、恩施玉露茶和利川腾龙洞），是恩施州旅游的代表，恩施大峡谷旅游产业相对完善而且在景区开发和管理方面积累了一定的经验，是恩施州引资开发旅游业的成功典范。

目前恩施大峡谷旅游业处于二期开发阶段，要取得更好的效益和打造成湖北乃至全国旅游的优秀品牌景区，还需要构建景区利益相关者系统协调机制，协调景区各利益相关者之间的关系，建成和谐、互惠、稳定的、共生的多主体协同系统。

第二，恩施大峡谷在山区旅游开发和经营管理中具有一定程度的代表性。恩施大峡谷所在地恩施地处武陵山区，旅游资源具有武陵山区旅游业发展共性，该景区在一定程度上代表了整个武陵山区乃至全国山区旅游开发和经营的特征。它的经验和教训对其他地区如何进行利益相关者管理，提高景区管理效率，实现旅游业良性发展和可持续发展具有较强的参考价值。

第三，对研究对象的熟悉程度和研究数据获取的方便性。笔者生长在恩施，对大峡谷自然、文化环境非常熟悉；工作在恩施城区，距离景区仅30千米，因为工作需要，多次到景区调研和旅游，对于当地旅游业发展历程非常了解，并且因为专业关系，对大峡谷景区管理具有较好的前期研究基础。

第一节　恩施大峡谷概况

一　地理区位

恩施土家族苗族自治州（以下简称恩施州）前称为鄂西自治州，位于鄂西南武陵山脉腹地，地处神秘的北纬30度，东连荆楚，南接潇湘，西临渝黔，是湖南、湖北、重庆和贵州四省交界之地，素有中国硒都、祖国西南后花园之称，旅游资源丰富。恩施大峡谷位于恩施州恩施市屯堡乡和板桥镇境内，是恩施州新近开发并重点打造的景区之一，也是目前恩施州最有影响的景区之一，有恩施名片之美誉。恩施大峡谷距离恩施城区60千米，距利川市城区38千米，地理区位位于长江三峡南岸的支流清江上游，就全国旅游圈而言，位于两个世界级的旅游区长江三峡和张家界走道之间，是中国西南民族风情旅游带与长江三峡旅游带的黄金结合部；就湖北省而言，该区域处于湖北省鄂西生态文化旅游圈，是湖北省清江民俗风情旅游线的重要组成部分；从微观来看，恩施大峡谷位于湖北省恩施土家族苗族自治州恩施市屯堡乡、板桥镇境内，东至屯堡花石板，西至前山林场，南至屯堡乡朝东岩与腾龙洞相连，北至板桥让水坝与重庆天坑地缝相接。景区相邻景区有中国最大溶洞、世界特级洞穴腾龙洞和八百里清江画廊。恩施市是恩施州的交通枢纽，水、路、空立体交通网已经建成，国道209和318在恩施城区交汇，沪蓉西高速宜（昌）万（州）铁路穿恩施和利川而过，利川至成都和重庆的动车已经开通，恩施机场已完成二期改造，可供波音747起降，水路依托长江及其支流黄金水道，进出景区交通便利。恩施大峡谷有广义的大峡谷和狭义的大峡谷。广义

的恩施大峡谷是指恩施市沐抚办事处、屯堡乡和板桥镇境内，主要景
观表现为由雄山险峰、绝壁奇石、深谷秀水等特色构成的喀斯特地
貌，古称沐抚大峡谷，属于清江大峡谷中上段。大峡谷全长108千
米，控制面积242平方千米，核心景区32.8平方千米。其间神秘的
原始森林、丛蔓的百里绝壁、傲啸的独峰奇柱（石柱）、千丈瀑布、
暗河溶洞远古村寨美不胜收。狭义的恩施大峡谷是指已经开发并向游
人开放的部分，包括"七星寨景区"和"云龙河地缝景区"。① 本书
选取狭义的恩施大峡谷作为案例。

二 旅游资源状况

（一）自然环境优越

大峡谷所在地恩施地处武陵山脉，属云贵高原东延部分和四川盆
地边缘，西北部有巫山山脉环绕边境，南部有武陵山脉余脉。境内崇
山峻岭，河谷幽深。该地区属亚热带季风气候，夏无酷暑，冬少严
寒，气候宜人，物种丰富，故被誉为中华药库、祖国南方的后花园、
中国硒都。

大峡谷属典型的喀斯特地貌，神奇的地壳运动力量在恩施大峡谷
留下了许多美不胜收的景点。景区规划首席专家、华中科技大学著名
的旅游与建筑专家张良皋教授在恩施大峡谷实地考察后感叹："恩施
大峡谷壮观堪比美国的科罗拉多大峡谷，而若论风景之秀美、景观之
丰富、层次之多样，恩施大峡谷则远胜于科罗拉多大峡谷。"主要景
区有大河扁、大小龙门、云龙河瀑布、马寨绝壁、朝东岩隧道、车坝
水库、高山农庄、天楼地枕电站、铜盆水森林公园、屯堡至大龙潭清
江漂流共11个景区，极具开发价值的达300平方千米。② 大峡谷主要
景观有：雨龙山绝壁、朝东岩绝壁、大河碥绝壁、后山绝壁、前山绝

---

① 《恩施大峡谷风景区简介》，恩施市沐抚办事处官网，http：//www.esdaxiagu.com/
plus/list.php? tid=10。
② 桔燕教育，恩施大峡谷·新浪微博，http：//blog.sina.com，2011-11-15 19：50：
41。

壁、龙门峰林、板桥洞群、板桥暗河、云龙河地缝、后山独峰等,[①]
数不胜数，一步一景，层次丰富，变化多端。图7-1为部分精品
景点。

图7-1　恩施大峡谷部分景点[②]

---

① 五环计划空间，中南二线　湖北恩施　大峡谷·新浪微博，http：//blog. sina. com，2011 - 06 - 21 11：08：28。

② 百度百科，http：//baike. baidu. com/link？url = KbKv541sZJkzhFjFrpQf YK - HNJAl -ZpsiNw22fXL0iFP2JnqgUuGN0c_ EwGBCxVH8bdD28hY25YjEC4e2xVC9K，2014 - 01 - 16。

（二）人文景观多彩

大峡谷所在恩施州是土家族苗族自治州，这里75%以上的居民属于土家族和苗族。这里还是巴文化发源地，长期的历史积淀留下了丰富而神秘的土苗风情和巴人文化痕迹、建筑和生活、生产方式和历史文化；而恩施西面与重庆、贵州两省多县市接壤，南接湘西，属于四省交界地带，各地自古商贾往来，贸易频繁，这种民族交往与融合在恩施境内留下了大量人文景观。

三 景区开发经营情况

恩施大峡谷由湖北省鄂西生态文化旅游圈投资有限公司投资开发，景区自2004年开始投资开发，2008年开始试营运，至今已经累计投资近7亿元，现对外开放的有七星寨景区、云龙地缝景区。景区内建设主要有游客接待中心、大型生态停车场、度假酒店（女儿寨、峡谷轩、峡谷春）、山水实景剧场、客运索道、户外扶手电梯、行政办公大楼、职工宿舍楼、各管理用房、星级旅游公厕、游览步道、绝壁栈道、全石料观景亭、观景台、风格统一的工商棚等，景区还配备了20台旅游观光大巴等配套设施。景区自营业以来，营业收入和所创利税不断增长，近五年来的游客接待量及收入和利税情况如表7－1所示。

表7－1　恩施大峡谷近五年来接待游客人数、营业收入及所创利税情况

年份	接待人数（人次）	营业收入（万元）	利税总额（万元）
2009	46800	430	91
2010	1939944	1973	1201
2011	275063	2976	1954
2012	389727	3599	2163
2013	332830	6254	2175

从表7－1可以看到，虽然游客接待量和收入总量并不大，但是增长幅度较大，尤其是旅游收入，在2013年游客人次下降的情况下，收入增长73.8%，可见旅游综合效益增长明显。这种现象也正是广大

山区或者落后地区发展旅游业的规律。

第二节　恩施大峡谷利益相关者系统分析

一　恩施大峡谷的利益相关者系统构成

根据第三章的研究结论，主要考虑九大利益相关者。对于恩施大峡谷而言，其利益相关者系统的九大要素分别是：

（一）景区投资人

景区投资人为湖北省鄂西生态文化旅游圈投资有限公司，该公司为开发恩施大峡谷，于 2004 年注册成立"恩施大峡谷风景区管理处"，公司属国有企业，现注册资本为 6173.25 万元，截至目前，已累计投资近 7 亿元，主要用于景区征地、景区基础设施及相关配套设施建设。

（二）景区管理者和员工

景区管理由公司聘用专业管理团队管理，景区现有员工总人数为 320 人，其中吸收当地就业人数为 240 人；景区目前开发建设涉及营上村、前山村和木贡村三个自然村，12 个村民小组，共计村民 5500 余人，景区开发导致搬迁数量 40 余户，近 200 人。

（三）景区供应链企业

景区内目前入驻及相关供应链企业有酒店 6 家、餐饮业 9 家、零售业为 99 家，合作旅行社 86 家，农家乐 27 家。

（四）相关政府机构

为改革和理顺恩施大峡谷风景区的管理体制，协调景区开发，恩施市于 2008 年 10 月成立了恩施市沐抚办事处（与恩施大峡谷风景区管理处合署办公，"两块牌子、一套班子"运行），2009 年恩施大峡谷风景区管理处由正科级升格为恩施大峡谷风景区管理局（副县级），相关政府管理机构有恩施州委、州政府，恩施市委、市政府，恩施州、市旅游局，湖北省鄂西生态文化旅游圈圈办，州、市两级文体局、民宗委、宣传部、税务局、工商局、规划局、国土资源局、交通局、安监局等机构。

（五）游客

游客主要来自于重庆、武汉及周边省市，以城市居民观光游为主，近年来自韩国、日本和欧美等国的入境游逐渐增多。

（六）社区居民

大峡谷景区涉及木贡、营上、前山 3 个村，主要景点位于营上村。共涉及 12 个村民小组，5500 余人，景区一期开发导致搬迁数量 40 余户，近 200 人。景区居民可以土地和山林等资源折合入股，按照股份参与年终分红；也可以将土地等资源出租给景区，一次性收取租金（出让金，出让期为承包期内）。

（七）生态环境

生态环境主要由景区管理处和环保局、规划局、旅游局等部门进行管理，由景区管理局进行投资，每年用于环境保护的资金约 50 万元，生态建设及绿化投入约 100 万元。

（八）压力组织

其他压力组织主要由楚天都市报、恩施日报和晚报、恩施新闻网等宣传机构以及环境保护组织野生动植物保护组织等非营利性公益组织、湖北民族学院等学术研究团体构成。

（九）竞争者

由于恩施和周边地区同属于喀斯特地貌，故景区开发多以石林、溶洞、天坑地缝和山水自然景观为主，具有同质性，故竞争激烈。目前主要竞争者有州内的腾龙洞、平坝营原始森林、建始石门河风景区等，州外主要是重庆的黄水、湖南的张家界、贵州黔江的小南海等。但由于这些景区距离较远，交通基础设施不足等限制，目前影响较小。

二　恩施大峡谷利益相关者的利益诉求分析

（一）数据来源

本部分旨在了解恩施大峡谷景区利益相关者的利益诉求。其研究方法主要采用问卷调查法收集资料，然后利用 SPSS17.0 软件对有效调查问卷进行描述性统计、均值比较和配对样本 T 检验。

1. 问卷的设计

问卷的设计经过了初始问卷设计、预调查和问卷修订两个阶段。初始问卷的设计是在深入研究利益相关者理论的基础上，参照兰克福德和霍华德（Lankford & Howard，1994）、阿普和康普顿（AP & Crompton，1995）等的调查问卷以及张伟和吴必虎（2002）等的研究成果，结合恩施大峡谷的实际情况，笔者通过归纳总结，并大范围地列出各类利益相关者可能存在的利益诉求然后咨询该领域有关专家意见（主要是湖北民族学院有关老师和旅游局有关专家及景区核心管理人员和各村村组长），请他们对这些利益诉求进行评价和选择，在其结果中选择认可率在50%以上的选项列入问卷之中；并以同样的方式确定了利益相关者系统关系协调度指标体系。问卷分为两个部分，第一部分是利益相关者利益诉求；第二部分是景区利益相关者系统协调度调查内容。为保证问卷的科学性和可行性，初始问卷形成后，我们进行了预调查，在研究对象中分层各抽取10名受试者进行问卷预试。并对回收的预试问卷进行了信度和效度检验，剔除初始问卷中的不合格题项，并形成最终的正式调查问卷。问卷采用李克特量表的方式进行设计，用5级计分的方式来测量同意的程度：非常重要（5分）、比较重要（4分）、一般（3分）、较不重要（2分）和不重要（1分）。

2. 问卷发放及回收

由于景区利益相关者分散，景区内社区人口数量较多，居住比较分散，且受时间和资金的限制，所以本次调研选择对清江旅游开发公司、景区管理层和员工、恩施州委州政府和恩施市政府、旅游局、鄂西生态文化旅游圈圈办、税务局、民宗委、农业发展银行等在内的相关单位、游客、村民九大类群体进行了分层抽样。共投放调查问卷200份，并在有效时间内回收172份，回收率为86%，剔除其中的无效问卷44份，问卷的有效回收率74.4%。

3. 信度和效度检验

所谓的信度（Reliability）检验就是判断问卷测量结果准确性的分析，即数据结果的可靠性检验。常用的方法有：折半信度和

Cronbach's Alpha；效度检验就是对问卷收集的数据有效性的分析，即收集的数据反映客观现实程度的检验，本书分别采用 Cronbach's Alpha、结构效度检验，将问卷收集的数据导入 SPSS 进行信度、效度检验，结果如表 7 - 2 所示。

表 7 - 2　　　　　　　　　信度与效度结果分析

Reliability Statistics		KMO and Bartlett's Test		
Cronbach's Alpha	N of Items	Kaiser-Meyer-Olkin Measure of Sampling Adequacy	0. 901	
0. 913	50	Bartlett's Test of Sphericity	Approx Chi-Square	4. 99E + 03
			df	734
			Sig.	0

表 7 - 2 中 Cronbach's Alpha 值为 0. 913 > 0. 65，表示问卷收集的数据准确性较高，通过了信度检验；KMO = 0. 901 > 0. 8，说明问卷收集的数据通过了结构效度检验。

（二）数据分析

根据问卷调查收集的数据计算出各类景区利益相关者各种利益诉求的得分均值，并以配对样本 T 检验判断这些利益诉求的统计顺序和意义。

1. 投资人的利益诉求

从表 7 - 3 和表 7 - 4 可以看出，景区投资人的利益诉求顺序是景区能够长期生存与发展，良好的景区品牌和吸引力，独具特色的旅游资源并列第一；良好的政策环境和社会环境第二，管理者、员工忠诚第三，高额利润回报或资本回报第四。

表 7 - 3　　　　景区投资人的利益诉求描述性统计分析

	N	Minimum	Maximum	Mean	Variance
独具特色的旅游资源	128	1. 00	5. 00	4. 5078	0. 520

续表

	N	Minimum	Maximum	Mean	Variance
景区能够长期生存与发展	128	1.00	5.00	4.6016	0.541
高额利润回报或资本回报	128	1.00	5.00	3.9531	0.769
管理者员工忠诚	128	1.00	5.00	4.2891	0.554
良好的景区品牌和吸引力	128	1.00	5.00	4.5156	0.425
良好的政策环境和社会环境	128	1.00	5.00	4.3594	0.626

表7-4　　　景区投资人的利益诉求的配对样本 T 检验结果

	1	2	3	4	5
独具特色的旅游资源					
景区能够长期生存与发展	0.0938 (-1.507)				
高额利润回报或资本回报	-0.5547* (-6.260)	-0.6485* (-6.796)			
管理者、员工忠诚	-0.2187* (-2.737)	-0.3125* (-4.212)	0.336* (4.111)		
良好的景区品牌和吸引力	0.0078 (0.102)	-0.086 (-1.181)	0.5625* (6.917)	0.2265* (3.492)	
良好的政策环境和社会环境	-0.1484* (-2.197)	-0.2422* (-3.704)	0.4063* (4.189)	0.0703 (0.943)	-0.1562* (2.302)

注：* 为显著相关，* 前数值表示相关系数，（　　）内为配对 T 检验结果。

2. 管理人员、员工的利益诉求

表7-5　　　管理人员、员工利益诉求描述性统计分析

	N	Minimum	Maximum	Mean	Variance
合理的薪酬福利	128	1.00	5.00	4.2734	0.531
景区长期良性发展并有较高的知名度	128	1.00	5.00	4.2422	0.626

续表

	N	Minimum	Maximum	Mean	Variance
融洽的组织气氛与人际关系	128	1.00	5.00	4.2344	0.590
经营管理决策权的大小	128	1.00	5.00	3.9609	0.668
良好的工作环境与工作条件	128	1.00	5.00	4.1641	0.500
管理政策和决策程序公正	128	1.00	5.00	4.2656	0.575
提升自己的人力资本	128	1.00	5.00	4.0156	0.598
升值的空间	128	1.00	5.00	4.0391	0.605

表 7-6　　　　管理人员、员工利益诉求的配对样本 T 检验结果

	1	2	3	4	5	6	7
合理的薪酬福利							
景区长期生存与发展并有较高的知名度	-0.0312 (-0.446)						
融洽的组织气氛与人际关系	-0.039 (-0.609)	-0.0078 (-0.115)					
经营管理决策权的大小	-0.3125* (-3.994)	-0.2813* (-3.625)	-0.2735* (-4.068)				
良好的工作环境与工作条件	-0.1093 (-1.616)	-0.0781 (-1.119)	-0.0703 (-1.194)	0.2032* (3.080)			
管理政策和决策程序公正	-0.0078 (-0.115)	0.0234 (0.403)	0.0312 (0.515)	0.3047* (4.026)	0.1015 (1.649)		
提升自己的人力资本	-0.2578* (-3.710)	-0.2266* (-3.107)	-0.2188* (-3.161)	0.0547 (0.758)	-0.1485* (-2.326)	-0.25* (-3.705)	
升值的空间	-0.2343* (-3.547)	-0.2031* (-2.607)	-0.1953* (-2.187)	0.0782 (1.092)	-0.125* (-2.024)	-0.2265* (-3.394)	0.0235 (0.411)

注：括号内为配对 T 检验结果，* 表示显著相关性。

合理的薪酬福利、管理政策和决策程序公正、景区长期生存与发展并有较高的知名度、融洽的组织气氛与人际关系、良好的工作环境与工作条件并列第一，提升自己的人力资本，升值的空间，经营管理决策权的大小并列第二。

3. 游客的利益诉求

表 7 - 7　　　　　游客对景区的利益要求描述性统计分析

	N	Minimum	Maximum	Mean	Variance
合理的门票价格	128	1.00	5.00	4.3750	0.535
便捷的交通条件	128	1.00	5.00	4.4922	0.504
优越的旅游吸引物	128	1.00	5.00	4.4687	0.487
优秀的景区管理	128	1.00	5.00	4.2656	0.732
景区知名度和美誉度	128	1.00	5.00	4.3125	0.500
景区差异性特色	128	1.00	5.00	4.1953	0.631
安全保障	128	1.00	5.00	4.6406	0.421

表 7 - 8　　　　　游客对景区的利益要求配对样本 T 检验结果

	1	2	3	4	5	6
合理的门票价格						
便捷的交通条件	0.1172 * (1.941)					
优越的旅游吸引物	0.0937 (1.381)	- 0.0235 (- 0.403)				
优秀的景区管理	- 0.1094 (- 1.230)	- 0.2266 * (- 2.973)	- 0.2031 * (- 3.303)			
景区知名度和美誉度	- 0.0625 (- 0.842)	- 0.1797 * (- 2.580)	- 0.1562 * (- 2.272)	0.0469 (0.587)		
景区差异性特色	- 0.1797 * (- 2.580)	- 0.2969 * (- 4.213)	- 0.2734 * (- 4.184)	- 0.0703 (- 0.933)	- 0.1172 * (- 1.796)	
安全保障	0.2656 * (4.138)	0.1484 * (2.114)	0.1719 * (2.824)	0.375 * (4.781)	0.3281 * (4.671)	0.4453 * (6.445)

注: * 表示显著相关，（　）内代表配对 T 检验结果（下同）。

安全保障第一，便捷的交通条件第二，优越的旅游吸引物第三，合理的门票价格第四，景区知名度和美誉度第五，优秀的景区管理第六，景区差异性特色第七。

4. 供应链的利益诉求

表7-9　　　　　　　供应链的利益诉求描述性统计分析

	N	Minimum	Maximum	Mean	Variance
景区能够长期生存和发展	128	1.00	5.00	4.4531	0.454
景区知名度和美誉度	128	1.00	5.00	4.2500	0.394
良好的合作信誉	128	1.00	5.00	4.3984	0.446
足够的游客吸引力	128	1.00	5.00	4.3047	0.497
有机会参与该企业的管理决策	128	1.00	5.00	3.8438	0.763
透明的信息分享	128	1.00	5.00	4.0312	0.629
及时的结款	128	1.00	5.00	4.2891	0.664

表7-10　　　　　　供应链的利益诉求配对样本 T 检验结果

	1	2	3	4	5	6
景区能够长期生存和发展						
景区知名度和美誉度	-0.2031 * (-3.710)					
良好的合作信誉	-0.0547 (-1.044)	0.1484 * (2.672)				
足够的游客吸引力	-0.1484 * (-2.259)	0.0547 (0.961)	-0.0937 (-1.614)			
有机会参与该企业的管理决策	-0.6093 * (-7675)	-0.4062 * (-5.263)	-0.5546 * (-6.817)	-0.4609 * (-5.509)		
透明的信息分享	-0.4219 * (-5.827)	-0.2188 * (-3.436)	-0.3672 * (-4.998)	-0.2735 * (-4.377)	0.1874 * (2.616)	
及时的结款	-0.164 * (-2.036)	0.0391 (0.512)	-0.1093 (-1.500)	-0.0156 (-0.235)	0.4453 * (4.705)	0.2579 * (3.861)

企业的长期生存与发展第一，良好的合作信誉第二，足够的游客吸引力第三，及时的结款第四，景区知名度和美誉度第五，透明的信息分享第六，有机会参与该企业的管理决策第七。

5. 政府的利益诉求

表 7 – 11 政府的利益诉求描述性统计分析

	N	Minimum	Maximum	Mean	Variance
企业交纳稳定的税收	128	1.00	5.00	4.2344	0.606
企业守法经营维持稳定的社会秩序	128	1.00	5.00	4.3828	0.522
企业提供稳定的就业	128	1.00	5.00	4.2031	0.510
企业的长期生存与发展	128	1.00	5.00	4.3047	0.591
企业诚信经营提升社会道德水平	128	1.00	5.00	4.4297	0.656

表 7 – 12 政府对景区的利益要求配对样本 T 检验结果

	1	2	3	4
企业交纳稳定的税收				
企业守法经营维持稳定的社会秩序	0.1484 * (2.440)			
企业提供稳定的就业	− 0.0313 (− 0.507)	− 0.1797 * (− 2.761)		
企业的长期生存与发展	0.0703 (1.013)	− 0.0781 (− 1.215)	0.1016 (1.735)	
企业诚信经营提升社会道德水平	0.1953 * (2.595)	0.0469 (0.749)	0.2266 * (3.394)	0.125 * (2.169)

企业诚信经营提升社会道德水平第一，企业守法经营维持稳定的社会秩序第二，企业的长期生存与发展第三，企业交纳稳定的税收、企业提供稳定的就业并列第四。

6. 社区的利益诉求

表7-13　　　　　社区对本企业的利益诉求描述性统计分析

	N	Minimum	Maximum	Mean	Variance
为当地社区提供就业	128	1.00	5.00	4.1250	0.551
改善当地的经济状况	128	1.00	5.00	4.2500	0.614
提升社区档次与品位促进社区发展	128	1.00	5.00	4.0937	0.574
加强生态环境保护工作	128	1.00	5.00	4.2891	0.617

表7-14　　　　　社区的利益诉求配对样本 T 检验结果

	1	2	3
为当地社区提供就业			
改善当地的经济状况	0.125 * (2.130)		
提升社区档次与品位促进社区发展	−0.0313 (−0.524)	−0.1563 * (−2.400)	
加强生态环境保护工作	0.1641 * (2.288)	0.0391 (0.541)	0.1954 * (3.324)

改善当地的经济状况、加强生态环境保护工作并列第一，为当地社区提供就业、提升社区档次与品位促进社区发展次之。

7. 压力组织的利益诉求

表7-15　　　　　压力组织的利益诉求描述性统计分析

	N	Minimum	Maximum	Mean	Variance
景区的社会效益	128	1.00	5.00	4.2812	0.566
生态环境保护	128	1.00	5.00	4.4375	0.437
旅游服务质量	128	1.00	5.00	4.3516	0.466
承担社会责任	128	1.00	5.00	4.3359	0.571

表 7 – 16 压力组织的利益要求配对样本 T 检验结果

	1	2	3
景区的社会效益			
生态环境保护	0. 1563 * (2. 910)		
旅游服务质量	0. 0704 (1. 216)	– 0. 0859 (– 1. 731)	
承担社会责任	0. 0547 (0. 867)	– 0. 1016 (– 1. 649)	– 0. 0157 (– 0. 288)

生态环境保护、旅游服务质量、承担社会责任并列第一，景区的社会效益第二。

8. 竞争者的利益诉求

表 7 – 17 竞争者的利益诉求描述性统计分析

	N	Minimum	Maximum	Mean	Variance
公平的竞争机制	128	1. 00	5. 00	4. 3906	0. 618
透明的信息	128	1. 00	5. 00	4. 1719	0. 632
良好的合作氛围	128	1. 00	5. 00	4. 3750	0. 661

表 7 – 18 竞争者的利益要求配对样本 T 检验结果

	1	2
公平的竞争机制		
透明的信息	– 0. 2187 * (– 4. 211)	
良好的合作氛围	– 0. 0156 (– 0. 271)	0. 2031 * (3. 324)

公平的竞争机制和良好的合作氛围排第一，透明的信息排第二。

9. 生态环境的利益诉求

表 7 – 19　　　　　生态环境的利益诉求描述性统计分析

	N	Minimum	Maximum	Mean	Variance
充足生态环境保护投入	128	1.00	5.00	4.5078	0.472
透明的信息	128	1.00	5.00	4.1406	0.531
合理的资源开发和利用	128	1.00	5.00	4.5234	0.535
环保新技术的采用	128	1.00	5.00	4.4219	0.498

表 7 – 20　　　　　生态环境的利益要求配对样本 T 检验结果

	1	2	3
充足生态环境保护投入			
透明的信息	-0.3672^* (-5.864)		
合理的资源开发和利用	0.0156 (0.288)	0.3828^* (6.090)	
环保新技术的采用	-0.0859 (-1.463)	0.2813^* (5.078)	-0.1015 (-1.767)

合理的资源开发和利用及环保新技术的采用并列排第一，透明的信息排第二。

第三节　恩施大峡谷利益相关者系统关系协调度评价

根据本书所提出的基于矢量模型的多维度协调度评价方法对当前恩施大峡谷利益相关者系统关系协调度进行评价，了解该景区利益相关者系统的协调度，为其协调机制方案的设计提供依据。所得数据采用问卷调查的方法收集，问卷设计原理利益相关者诉求识别问卷（附录）一样，只是为了突出不协调度的精确性，本问卷采用 7 分制，从 7（极度重视）向 1（毫不关心）过渡。共投放调查问卷 234 份，并在有效时间内回收 208 份，回收率超过 89%，剔除其中的无效问卷 41 份，问卷的有效回收率 80.2%。

将问卷收集的数据导入 SPSS 进行信度、效度检验，结果如表 7 - 21 所示。

表 7 - 21　　　　　　　信度与效度结果分析

Reliability Statistics		KMO and Bartlett's Test			
Cronbach's Alpha	N of Items	Kaiser-Meyer-Olkin Measure of Sampling Adequacy.		0.817	
0.835	13	Bartlett's Test of Sphericity	Approx. Chi-Square	2.44E + 03	
			df	452	
			Sig.	0.01	

表 7 - 22 中 Cronbach's Alpha 值为 0.835 > 0.65，表示问卷收集的数据准确性较高，通过了信度检验；KMO = 0.817 > 0.8，说明问卷收集的数据通过了结构效度检验。

一　子系统在经济、社会和环境 3 个维度的协调度计算

（1）根据式（6 - 10）可得到各子系统在经济维度的不协调度，并构建不协调矩阵如表 7 - 22 所示。

表 7 - 22　　　　　　子系统在经济维度的不协调矩阵

	景区投资人	景区管理者及员工	旅游服务企业	社区居民	政府机构人员	游客	环保组织成员	新闻媒体等压力组织
景区投资人	0.000							
景区管理者	0.135	0.000						
旅游服务企业	0.453	0.435	0.000					

	景区投资人	景区管理者及员工	旅游服务企业	社区居民	政府机构人员	游客	环保组织成员	新闻媒体等压力组织
社区居民	0.725	0.795	0.730	0.000				
相关政府机构人员	0.193	0.185	0.290	0.830	0.000			
游客	0.331	0.343	0.751	0.696	0.507	0.000		
环保组织成员	0.386	0.424	0.739	0.396	0.460	0.464	0.000	
新闻媒介等压力组织	0.201	0.263	0.650	0.629	0.389	0.160	0.360	0.000

由表 7-22 可知，主要矛盾集中于社区居民与景区管理者、旅游供应链企业，游客与旅游供应链企业和社区居民等利益相关者之间。

根据不协调矩阵，可以得到各子系统在经济维度的协调矩阵如表 7-23 所示。

表 7-23　　　　　　子系统在经济维度的协调矩阵

	景区投资人	景区管理者	旅游服务企业	社区居民	相关政府机构人员	游客	环保组织成员	新闻媒体等压力组织
景区投资人	1.000							
景区管理者	0.865	1.000						
旅游服务企业	0.547	0.565	1.000					
社区居民	0.275	0.205	0.270	1.000				
相关政府机构人员	0.807	0.815	0.710	0.170	1.000			
游客	0.669	0.657	0.249	0.304	0.493	1.000		
环保组织成员	0.614	0.576	0.261	0.604	0.540	0.536	1.000	
新闻媒体等压力组织	0.799	0.737	0.350	0.371	0.611	0.840	0.640	1.000

（2）根据式（6-11）可得到各子系统在社会维度的不协调度，并构建不协调矩阵如表7-24所示。

表7-24　　　　　　子系统在社会维度的不协调矩阵

	景区投资人	景区管理者	旅游服务企业	社区居民	相关政府机构人员	游客	环保组织成员	新闻媒体等压力组织
景区投资人	0.000							
景区管理者	0.286	0.000						
旅游服务企业	企业	0.471	0.281	0.000				
社区居民	0.289	0.121	0.281	0.000				
相关政府机构人员	0.268	0.190	0.243	0.118	0.000			
游客	0.419	0.166	0.208	0.146	0.207	0.000		
环保组织成员	0.429	0.316	0.557	0.323	0.427	0.364	0.000	
新闻媒体等压力组织	0.345	0.067	0.272	0.151	0.227	0.135	0.153	0.000

根据不协调矩阵，可以得到各子系统在社会维度的协调矩阵如表7-25所示。

表7-25　　　　　　子系统在社会维度的协调矩阵

	景区投资人	景区管理者	旅游服务企业	社区居民	相关政府机构人员	游客	环保组织成员	新闻媒体等压力组织
景区投资人	1.000							
景区管理者	0.714	1.000						
旅游服务企业	0.529	0.719	1.000					
社区居民	0.711	0.879	0.719	1.000				
相关政府机构人员	0.732	0.810	0.757	0.882	1.000			
游客	0.581	0.834	0.792	0.854	0.793	1.000		

	景区投资人	景区管理者	旅游服务企业	社区居民	相关政府机构人员	游客	环保组织成员	新闻媒体等压力组织
环保组织成员	0.571	0.684	0.443	0.677	0.573	0.636	1.000	
新闻媒体等压力组织	0.655	0.933	0.728	0.849	0.773	0.865	0.847	1.000

数据显示，在社会维度，利益相关者系统协调度较高。

（3）根据式（6－12）可得到各子系统在环境维度的不协调度，并构建不协调矩阵如表7－26所示。

表7－26　　　　　　　子系统在环境维度的不协调矩阵

	景区投资人	景区管理者	旅游服务企业	社区居民	相关政府机构人员	游客	环保组织成员	新闻媒体等压力组织
景区投资人	0.000							
景区管理者	0.285	0.000						
旅游服务企业	0.180	0.367	0.000					
社区居民	0.185	0.310	0.225	0.000				
相关政府机构人员	0.158	0.396	0.251	0.334	0.000			
游客	0.104	0.219	0.169	0.144	0.252	0.000		
环保组织成员	0.119	0.219	0.186	0.118	0.273	0.031	0.000	
新闻媒体等压力组织	0.153	0.267	0.113	0.155	0.282	0.078	0.089	0.000

（4）根据不协调矩阵，可以得到各子系统在环境维度的协调矩阵如表7－27所示。

表 7 – 27　　　　　　　　　　子系统在环境维度的协调矩阵

	景区投资人	景区管理者	旅游服务企业	社区居民	相关政府机构人员	游客	环保组织成员	新闻媒介等压力组织
景区投资人	1.000							
景区管理者	0.715	1.000						
旅游服务企业	0.820	0.633	1.000					
社区居民	0.815	0.690	0.775	1.000				
相关政府机构人员	0.842	0.604	0.749	0.666	1.000			
游客	0.896	0.781	0.831	0.856	0.748	1.000		
环保组织成员	0.881	0.781	0.814	0.882	0.727	0.969	1.000	
新闻媒体等压力组织	0.847	0.733	0.887	0.845	0.718	0.922	0.911	1.000

二　子系统之间的协调度计算

根据式（6 – 16）及表 7 – 23、表 7 – 25 及表 7 – 27 可以计算各子系统之间的协调度，因此得到各子系统协调度矩阵如表 7 – 28 所示。

表 7 – 28　　　　　　　　　　子系统之间协调度

	景区投资人	景区管理者	旅游服务企业	社区居民	相关政府机构人员	游客	环保组织成员	新闻媒体等压力组织
景区投资人	1.00							
景区管理者	0.76	1.00						
旅游服务企业	0.63	0.64	1.00					
社区居民	0.60	0.59	0.59	1.00				
相关政府机构人员	0.79	0.74	0.74	0.57	1.00			
游客	0.72	0.76	0.62	0.67	0.68	1.00		

续表

	景区投资人	景区管理者	旅游服务企业	社区居民	相关政府机构人员	游客	环保组织成员	新闻媒体等压力组织
环保组织成员	0.69	0.68	0.51	0.72	0.61	0.71	1.00	
新闻媒介等压力组织	0.77	0.80	0.65	0.69	0.70	0.88	0.80	1.00

三　系统整体的协调度计算

根据式（6－20）及表7－28可以计算每个利益相关者的整体协调度，如表7－29所示。

表7－29　　　　　　　　每个利益相关者的整体协调度

	协调度 H_i
景区投资人	0.709
景区管理者	0.690
旅游服务企业	0.626
社区居民	0.633
相关政府机构人员	0.691
游客	0.719
环保组织成员	0.675
新闻媒体等压力组织	0.755

由表7－29可见，所有评价成员都在0.7附近，可知评价的每一个利益相关者的协调度都有改进空间。

再根据式（6－21）可以得到系统整体的协调度 $H = \dfrac{1}{2n} \sum_{j=1}^{n} \sum_{i=1}^{n} H_{ij} = 0.687353$。计算结果显示，不仅系统成员的协调度有待提高，而且系统整体协调度低于个体协调度，个体行为降低了整体协调度，说明完全靠系统成员自组织协调还不够，必须制定一定的他组织约束机制。

第四节　恩施大峡谷利益相关者系统
关系协调机制方案设计

根据前文对景区利益相关者系统协调机制模型和恩施大峡谷利益相关者系统关系协调度的测量结果，本节拟从自组织和他组织两个角度构建恩施大峡谷利益相关者协调关系协调机制。具体而言，自组织包括两个方面的内容：一是构建景区利益相关者关系利益协调机制（主要功能包括目标协调、利益协调、冲突解决以及公共关系），二是组织文化协调机制（用以建立信任机制和预期管理）；他组织也包括两个方面的内容：一是制度保证机制，二是监控机制。

一　自组织协调机制

自组织协调机制是系统依靠系统要素的相互制约、相互妥协而后各尽其责从而形成有序结构的作用机制。对恩施大峡谷利益相关者系统而言，其自组织协调机制可以从以下几个方面来构建：

（一）建立大峡谷利益相关者系统利益协调组织机制

景区利益相关者系统协调的重点是利益关系，因为利益需求是一切关系产生的根源。因此，恩施大峡谷利益相关者系统关系协调机制的首要任务是建立利益协调机制。广义的利益协调机制包括协调机构的构建、公共目标协调、利益协调、冲突解决以及公共关系等。

1. 完善景区管理组织结构

恩施大峡谷的所有利益相关者如果分开来看，就是不同的独立主体，不同的主体有不同的需求和行为模式，如果没有一套行之有效的组织机制，让他们各行其是、各取所需，势必导致分歧加剧，最后管理熵不断增加，系统混乱程度不断增加，导致景区管理效率降低，甚至导致景区经营中断。因此，要协调景区利益相关者系统，必须首先构建景区利益相关者系统协调组织机制。建立景区利益相关各方共同参与协调管理的动态机制，用以及时和有效地解决运行过程中的一些问题、矛盾和冲突。结合大峡谷景区实际，可以根据"基于信息技术的景区利益相关者系统直线职能矩阵制组织结构"（见图 5 - 22）构建恩施大峡谷管理组织结构，承担大峡谷景区利益相关者目标、利益和冲突协调的职能。

虽然直—矩结构能够解决景区管理中信息沟通的问题，提高信息处理效率进而提高管理能效，但是再先进的管理技术和完善的组织结构，也需要人去执行。因此，组织协调还必须做好以下几个方面：

（1）必须"以人为本"。随着科技发展和信息爆炸，人的主观能动性和智力因素在信息和知识经济时代越来越重要，而对于高度信息化的景区利益相关者系统直—矩结构组织结构，更需要高素质人的执行和控制。

（2）合理的分权。直—矩结构对信息的透明度更高，组织成员相对透明，因此要求快速决策以保证信息的时效性、准确性，以此响应市场要求，使组织在竞争中获胜。要求建立责、权、利分明的管理机制，合理分权以减少高层决策时间，加速信息和命令的传递速度，使各个职能协同得更好。

（3）加强信息约束。快速的双向或多向信息沟通必须以信息约束管理为基础，避免混乱信息的传播，引起管理的混乱。

（4）科学的绩效评估。为了激发组织成员的潜力，引导其持续不断地学习，更好地实现自组织能力，必须建立科学的绩效评估管理体系，为建立和完善科学的激励约束机制提供科学的依据。

2. 公共目标协调机制

所有利益相关者认可的公共目标都是利益协调的依据。利益协调机制要为实现公共目标服务。恩施大峡谷可以依据图 5 - 7 所示景区利益相关者系统公共目标协调程序流程，构建恩施大峡谷景区公共目标协调机制。因为大峡谷景区属于国有企业投资，风景区管理局兼具行政管理职能，因此，应以风景区管理局牵头，组织各利益相关者群体推选群委会并组建调委会，按照图 5 - 8 所示流程构建公共目标体系。

3. 利益协调和冲突解决机制

恩施大峡谷因为是鄂西生态文化旅游圈投资有限公司投资开发

的，是国有性质，景区又是恩施州的四大名片之一，因此，受到恩施自治州州委州政府的大力支持，其管理机构恩施大峡谷风景区管理局又是副处级单位，故其与政府机构的利益冲突相对较小，也易于协调，故可以忽略。由于景区管理局高度重视生态环境保护与建设，每年用于环境保护和生态建设的资金预算分别达 50 万元和 100 万元，基本能满足需要，加上景区本身所在生态环境状态良好，且景区经营时间较短、规模还不大，生态环境压力较小；故主要利益协调机制和冲突解决机制的作用对象就是游客、社区居民和供应链与景区投资人之间的关系。如前所述，游客当前主要表现为对基础设施和交通的不满，景区也在不断加强基础设施建设投入，同时政府也在进行进出景区交通规划和建设，不久的将来该问题将得到极大的改善；社区居民的利益冲突主要表现为景区开发对农民农业资源的占用，村民在景区内开山炸石、取土、建房、葬坟、乱倒垃圾等行为影响景区整体规划等。景区采取用工本地化的方式，解决当地就业人数达到 240 人，占景区总员工人数的 3/4，并且景区的开发经营带动了地方经济的发展，提高了当地农民收入的增加，当地居民与景区的关系正在由最初的摩擦转向和谐共处。供应链企业主要涉及酒店、餐饮、零售和旅行社，景区在景区入口修建了游客中心，在游客中心修建了 100 余个商铺，目前合作状况良好。虽然如此，随着景区的发展，不可避免地会出现各种利益分歧和矛盾冲突，因此，景区还要建立完善的利益协调机制和冲突解决机制。根据前文的研究结论，必须构建畅通的利益表达机制、合理的利益分配机制、有效的利益约束和激励机制以及保障可靠的利益实现机制；同时必须建立及时、公平、灵活、持续的冲突监测和处理机制，防止利益分歧和冲突的升级放大。

4. 公共关系

景区经营管理涉及众多的利益相关者，不仅各种利益诉求分歧和矛盾冲突随时、随地都可能发生，分歧的消除和矛盾的解决都需要建立良好的公共关系；而且旅游业尤其是山区旅游开发作为一种同质性高、竞争激烈的产业，在各种不利条件下要想培育景区品牌，提高景区知名度和美誉度，实现可持续发展，也需要景区投资人和管理者与其他利益相关者建立良好的公共关系。恩施大峡谷一方面要努力处理好与各方利益相关者之间的关系，围绕共同目标在保证自身利益的同时尽量提高其他利益相关者的福利；同时要处理好与政府其他机构、新闻媒体、压力组织和生态环境以及竞争者的关系，尤其是处理好与媒体的关系并充分利用媒体，特别是如网络博客、微信等新兴媒体，提高正面信息的传播效率。

（二）构建大峡谷利益相关者系统良好的组织文化协调机制

组织文化是一个组织的软实力，良好的组织文化能够营造合作的氛围，能提高组织成员参与组织目标的积极性，能约束组织成员的不良心理和行为。组织文化协调机制是利益相关者系统自组织形成的内在动力。组织文化协调机制包括企业文化、信任机制和预期管理机制。

1. 培育协作共赢的景区文化

每个利益相关者群体都有自己的组织文化，这些文化相对景区公共目标而言，有积极的因素也有消极的因素，因此需要构建一种超越利益相关者群体的景区文化，能够融合各利益相关者的文化。因此要求这种组织文化重视成员文化的差异性、互补性，本着求同存异、尊重和理解的原则，加强沟通，通过宣传、教育、引导和示范，倡导服从管理、遵守礼仪和行为规范、道德标准，构建以合作共赢为核心的价值观，规范、指导、激励和约束景区利益相关者的行为。

2. 信任机制和预期管理机制

信任虽然是一个抽象的概念，不同学者从认识和行为等不同的角度出发给出的定义也不同。信任对认识和行为的影响是深远的，我们知道任何行为主体的任何有目的的行为都是以对事物一定的认识和对结果的某种预期为前提的，而信任既是相应的认知和预期指导下发生的必然结果，反过来也影响事物认知和对结果的预期，信任在某种程度上对个体的行为具有干预和控制作用，因为信任能减少不确定性和复杂性，降低风险。

恩施大峡谷应签订长期合同、严格履行承诺，加强信息交换、提高信息透明、提高景区管理能力和盈利能力以及提高利益相关者福利能力，建立利益相关者利益保障机制，此外，景区作为强势一方，应主动做一些社会公益事业，强化景区投资人信誉等。相应的，其他利益相关者应从长远利益和整体利益出发，相互理解、及时沟通，顾全大局，根据客观实际适时调整预期，减少不适感，以获得景区的关怀和信任。

二　他组织协调机制

他组织主要包括两个方面的内容：一是制度保证机制，二是利益监控机制。

（一）制度保障机制

（1）健全法制。充分发挥恩施州的自治州的特性，制定和完善旅游开发和环境保护及相关法律法规，用法律和规范规定各方的权利与义务，为景区开发和合法经营保驾护航，同时也保护其他利益相关者的权益不受侵犯。

（2）健全旅游资源产权制度。一方面，因为对资源认识的差异性，当地社区居民起初可能无法意识到开发可能带来的收益；另一方面也可能是景区投资人为了节约成本或者减少麻烦，故意侵占，导致我国各种类型的旅游发展模式中都或多或少地存在产权界定不清的问题。恩施大峡谷也一样，对于村集体的山体、水体和荒山有无偿使用现象。为了减少经营中的摩擦和意想不到的冲突，有必要明确有关旅游资源的产权，对集体和村民进行适当补偿，也有助于对资源的管理和对生态环境的保护。如对景区内原有集体所有和分田到户的荒山、荒坡和沟壑峡谷等土地资源，要明确产权，然后可以采取出租、作价入股及承包经营等形式，用于旅游业的开发与经营并从中获得租金或者投资收益。

（3）完善土地补偿制度。大峡谷景区开发涉及三个村，12 个组，5000 多人，开发导致 40 余户，近 200 人搬迁。要建立合理的评价机制和补偿机制，让双方都满意。此外，农村居民建房、烧柴、丧葬等活动涉及用地、开山、取土炸石、伐木等，这些都直接影响到景区自然地貌和整体形象，这些要村民合作，就必须给予适当的补偿，以获得他们的合作与支持。

（二）利益监控机制

监控机制包括监督机制和控制机制。其中，监督机制主要是建立健全利益主体需求和行为的监督以及环境变化的监测机制，这需要借助于现代信息技术和遥感遥测技术，及时收集并分析利益相关者的需求信息、预测行为趋势以及环境变化信息并做出迅速反应；控制机制包括激励机制和效用转移机制。"天下熙熙，皆为利来；天下攘攘，皆为利往。"人们行为的目的都是实现某种"利"，虽然此"利"不一定是物质利益，但总是追求一定的收获。故恩施大峡谷风景区管理局必须代表鄂西生态文化旅游圈投资有限公司协调其他利益相关者建立有效的转移机制和激励机制，充分调动利益相关者的积极性、主动性和能动性，为实现共同目标而努力。如实施多元投资政策。推行投资主体多元化和投资形式多样化，鼓励各类利益相关者以不同资源投资开发经营大峡谷旅游景区（点），并根据投资资源的价值获取相应的报酬。对于大峡谷景区开发涉及的村民，实施资源配置政策。引导景区农民实施产业转移，从第一产业逐步退出转移到第三产业，对景区内符合退耕还林政策土地的全部退耕，在还林时可优先选择既满足景区生态旅游发展方向，又可以促进农民增收的茶叶、干鲜果等特色产业，统筹兼顾退耕还林、旅游观光、产业结构调整和农民收入提高，提高农户和景区的协调度。

本章小结

本章以恩施大峡谷为例，在简单介绍景区基本情况的基础上，对大峡谷景区利益相关者系统的构成、系统成员的利益诉求进行了调查统计分析，然后从经济、社会和环境三个维度对各子系统的协调度进行了评价，并以评价结果为依据，结合恩施大峡谷的实际情况从自组织和他组织角度构建了恩施大峡谷利益相关者系统的协调机制，为恩施大峡谷景区促进利益相关者之间的协调，提高利益相关者管理水平提供了参考依据和指导价值，同时对整个武陵山区乃至其他山区景区开发和管理也具有参考价值。

第八章　结论与展望

景区是旅游业和旅游经济发展的主要吸引物和核心载体，一个地方旅游业发展的速度和质量在很大程度上取决于景区开发程度和经营能力，而景区开发和经营活动必然涉及众多机构和个人等景区利益相关者，这些利益相关者直接或间接参与、影响景区经营活动或受景区活动所影响。这些利益相关者之间尤其是与景区关系的协调程度直接影响到景区开发和经营水平，良好的景区利益相关者关系协调度是景区可持续发展的重要保障。

本书在全面梳理文献的基础上，借鉴系统论、利益相关者理论、冲突管理理论、协同学和管理耗散结构理论以及社会网络理论的原理和研究方法，结合山区旅游开发的实际，通过文献研究法和问卷调查法、专家意见法、定性与定量相结合的方法对景区利益相关者系统进行了深入的研究，界定了景区及景区利益相关者系统的概念，分析了景区利益相关者系统及其属性，评价了景区利益相关者优先度，在剖析景区利益相关者系统协调机制作用机理的基础上构建了景区利益相关者系统协调机制；开发了景区利益相关者利益诉求识别和系统关系协调度指标体系，在此基础上构建基于矢量模型的多维度协调度测评方法，并在问卷调查数据的支持下，对恩施大峡谷景区利益相关者系统协调度进行评价，然后提出了具有针对性的协调机制。研究结论对于丰富利益相关者理论和指导景区进行利益相关者管理，提高管理效率，实现可持续发展具有重要意义。综上所述，本书的结论主要有如下几个方面：

第一，景区利益相关者系统是一个开放性、动态性复杂系统。前人从不同的角度研究了利益相关者理论及其在旅游中的应用，但几乎没有从系统的角度进行研究。本书在文献梳理的基础上，通过实地调研，提出了景区利益相关者系统的概念，分析了景区利益相关者系统的演进过程，即"景区"在景区投资人介入前，只是具有特色优质旅游资源的社区和农村村组单元（统称社区），其利益关系成员的利益关系属于简单的行政管辖关系、乡邻关系或者"原始"的旅游接待地关系，该关系网络构成的系统被称为社区系统；景区投资人进入后，随着更多的利益主体进入该地区，景区所在地社区原有相对稳定的利益关系被打破，社区系统转变为"景区利益相关者系统"。在此基础上分析了该系统的属性，构建一个开放的、复杂的社会关系网络系统，系统成员与景区投资人所代表的景区关系具有差异性并对景区利益相关者系统成员优先度进行了评价。

第二，景区利益相关者系统的高效管理需要信息技术支持下的动态化，要实现自组织和他组织相结合。景区是个开放性的复杂系统，景区利益相关者系统成员及其关系都具有动态性特征，因此，对该系统的管理要提高效率，就必须有现代信息技术作支撑，在掌握各利益相关者群体的利益诉求的基础上实行动态性化管理。

第三，研究了景区利益相关者系统协调机制的作用机理，构建了景区利益相关者系统协调机制作用机理逻辑模型。本书在分析景区利益相关者诉求、研究景区利益相关者系统演化原理的基础上构建了景区利益相关者系统协调的逻辑模型和协调机制作用机理逻辑模型。

第四，构建了景区利益相关者系统协调的一般机制。本书从景区利益相关者系统的公共目标集成、景区利益相关者系统演化和影响景区利益相关者系统协调的关键因素分析入手，构建了景区利益相关者系统协调机制结构模型，然后构建了包括目标协调机制、利益协调机制、冲突解决机制、信任机制、组织结构协调机制和预期管理机制等在内的理性自组织协调机制和包括利益监控机制、政策保障机制以及政策激励机制和效用转移机制在内的他组织约束机制。

第五，构建了基于矢量模型的多维度利益相关者系统关系协调度测评模型，并以恩施大峡谷为例进行了验证。在定义景区利益相关者系统协调度的内涵基础上，结合上文研究结果，采用文献分析法、专家意见法构建了景区利益相关者系统的测量指标体系，并设计了问卷调查表，并在恩施大峡谷展开调查，在对问卷结果进行统计分析的基础上，构建利益相关者协调与不协调矩阵，评价系统的协调度，结果显示大峡谷景区利益相关者系统协调度还不到 0.7，有较大的改进空间，并在此基础上构建了大峡谷景区利益相关者系统协调机制，对于提高大峡谷景区管理效率的科学性和合理性具有重要指导价值，对广大武陵山区乃至其他地区景区管理具有极大的借鉴意义。

由于时间、资金等多个因素的限制，本书可能还存在以下几个方面的不足：

第一，样本量及样本的代表性还显得不足。恩施大峡谷涉及的每一个利益相关者群体都很庞大，各群体的利益诉求也是多样化的，由于调研的限制，笔者仅仅通过文献梳理和专家意见法选择了评价指标，并采取分层随机调研的方法进行调研，调研样本的代表性存在不足。同时，由于时间和资金的局限，仅仅对大峡谷目前已经开发的核心景区的社区居民进行了调研，而忽略了规划范围内及范围外其他社区村民的调查，这样可能导致分析时结果异质性对比度偏低。

第二，从相关的研究方法和指标设计及计算结果来看，本书还有待进一步丰富和细化。例如对景区利益相关者优先度评价指标的选取和调研数据的获取范围等，都存在不同程度的考虑不周之处。

第三，由于受时间的限制，景区利益相关者系统协调机制还未在目标景区实施，因此，还不能进行景区利益相关者系统协调机制效果评价，与笔者构思的初衷存在一定的差距，略有遗憾。但这也为笔者留下了今后工作的空间和后续研究的方向。

结合本书的研究过程，通过对研究结论与不足等的分析，笔者认为，未来关于景区利益相关者系统管理的研究应该进一步从以下各方面强化：

第一，加强山区和落后地区旅游开发中景区利益相关者管理，尤其是要加强景区利益相关者系统中生态环境的利益诉求方面的研究。2014 年"中央一号文件"提出要进一步统筹城乡，促进城乡一体化和加快新型城镇化建设，而旅游开发则被很多地方政府作为响应号召、促进地方经济社会发展的有效路径。但各地在旅游开发和经营过程中因为征地补偿、基础设施不完善服务质量差等原因导致游客不满等利益相关者关系协调不好而导致的各种问题都不同程度地存在，甚至演化为集体事件，对政府和景区开发方造成极坏的影响，同时也严重损害利益相关者的利益。广大山区或者落后地区情况更加严重。因此，应该更加注重对广大山区或者落后地区的景区开发和经营管理过程中利益相关者管理的研究。而在景区利益相关者管理中，由于生态环境的主张权利能力较弱，渠道有限，往往容易被忽视，这与宏观层面对低碳经济和可持续发展的意识和要求极不相称，因此，景区利益相关者系统中其他利益相关者和生态环境的协调机制是今后研究的重点。

第二，如何平衡景区利益相关者系统的动态性问题导致的利益冲突问题。在研究过程中，我们发现，由于景区利益相关者系统的开放性和动态性，部分利益相关者在景区中的优先度会发生变化，从而使景区利益相关者系统更为复杂，导致更多的矛盾和冲突，如何破解这种动态性导致的矛盾是一个重要命题。同时，由于景区投资人具有逐利性，而景区开发是一个持续的过程，如何处理短时效应和长远发展的矛盾也是一个重要命题。

第三，景区开发既是一个经济问题，也是社会问题和民生问题，对景区利益相关者管理的研究需要经济学、社会学、心理学、人类学、管理学等多学科的理论指导，因此，在未来的研究中强化这些学科知识之间交叉和融合有待加强。

第四，景区利益相关者的利益诉求行为是心理活动的表征和结果，而心理活动具有隐蔽性和"虚伪性"（想的和做的不一致，但是心理行为选择并不满意，进而导致矛盾积累），因此，社会心理对利益相关者利益诉求、对利益相关者系统关系协调机制影响的相关研究也是今后努力的方向。

附　　录

附录1：专家咨询调研量表
——景区利益相关者优先度评价指标

尊敬的专家学者：

您好！为了筛选用于评价景区开发、经营管理过程中利益相关者的相对重要程度以及影响力和被影响强度的指标体系，开展本次调查。为保证指标体系的系统性、全面性和科学性，请在您认为可以用来作为评价景区利益相关者优先度的因素后标记"√"，如若必要，请您提出需要添加、删除、合并或修改因素的建议。

本次调研以匿名方式展开，仅作学术研究之用。非常感谢您的支持！

序号	拟参考指标	指标的含义	标记
1	契约的可交易性	利益相关者之间进行资源进行交易的可能性程度	
2	风险承担的自愿性	利益相关者之间对待组织风险的态度，是否拥有自主性	
3	联系的紧密性	利益相关者之间联系的紧密性程度及交往的频率	
4	权力性	干预景区开发经营活动的才干或能力	

续表

序号	拟参考指标	指标的含义	标记
5	紧急性	景区开发或经营活动对利益相关者所有资源需求的迫切程度或者利益相关者需要景区对他们的要求给予急切关注或回应的程度	
6	群体的社会性	利益相关者间作为社会组成部分的一些属性	
7	可接近性	利益相关者需求对企业决策者来说能够实现的可能性程度	
8	重要性	利益相关者对组织活动的影响程度	
9	相互依赖性	利益相关者间是否存在一种共生现象而相互依赖	
10	潜在的协作性	利益相关者间是否存在一种相互合作的可能性	
11	潜在的威胁	利益相关者间是否存在一种竞争与对抗,而不是相互依赖的可能性	

您认为需要添加的因素有:

您认为需要删除的因素有:

您认为需要合并的因素有:

您认为表述不清晰,需要修改的因素有:

再次感谢您对学术研究工作的支持与配合!

附录 2: 利益相关者及其诉求识别调查问卷

尊敬的受访者:

您好!为了识别并判定景区利益相关者及其利益要求,进行此次问卷调查,本问卷大概会花费您十五分钟时间。根据景区相关者各项利益要求对于景区而言的重要程度,采用 5 级打分,5—1 依次表示从"非常重要"向"不重要"过渡。请您根据您的经验和知识进行判断并在相应数字上打"√",或将对应的数字填入每条项目后面的空格中。本问卷为匿名填写,所得数据仅用于学术性研究,我们将会对您的一切信息严格保密。您的填答对本研究将有非常大的帮助，将是本研究成败的关键。

对于您的大力支持和热情帮助，我万分感谢！

	非常重要 5	比较重要 4	一般 3	较不重要 2	不重要 1
1. 投资人的利益要求					
Aa1. 景区可持续发展发展					
Aa2. 高额利润回报或资本回报					
Aa3. 管理者、员工忠诚					
Aa4. 良好的景区品牌和吸引力					
Aa5. 良好的政策环境和社会环境					
2. 管理人员、员工对景区的利益要求					
Ab1. 合理的薪酬、福利					
Ab2. 景区可持续发展形成较高的知名度					
Ab3. 融洽的组织人际关系					
Ab4. 经营管理决策权的大小					
Ab5. 良好的工作环境与工作条件					
Ab6. 管理政策、决策程序公正					
Ab7. 提升自己的人力资本					

续表

	非常重要5	比较重要4	一般3	较不重要2	不重要1
2. 管理人员、员工对景区的利益要求					
Ab8. 升值的空间					
3. 游客对景区的利益要求					
Ac1. 合理的门票价格					
Ac2. 便捷的交通条件					
Ac3. 优越的旅游吸引物（自然、历史、民俗文化等）					
Ac4. 优秀的景区管理（景区内吃、住、行、购等服务）					
Ac5. 景区知名度和美誉度					
Ac6. 景区差异性特色					
Ac7 安全保障					
4. 供应链对景区的利益要求					
Ad1. 景区可持续发展					
Ad2. 景区知名度和美誉度					
Ad3. 良好的合作信誉					
Ad4. 足够的游客吸引力（流量）					
Ad5. 有机会参与该企业的管理决策					
Ad6. 透明的信息分享					
Ad7. 及时的结款					
5. 政府对景区的利益要求					
Ae1. 企业交纳稳定的税收					

续表

	非常重要 5	比较重要 4	一般 3	较不重要 2	不重要 1
5. 政府对景区的利益要求					
Ae2. 企业守法经营，维持稳定的社会秩序					
Ae3. 企业提供稳定的就业					
Ae4. 企业可持续发展					
Ae5. 企业诚信经营					
6. 社区对本企业的利益要求					
Af1. 提供就业机会					
Af2. 改善当地的经济状况					
Af3. 提升社区档次与品位，促进社区发展					
Af4. 加强生态环境保护工作					
7. 压力组织的利益要求					
Ag1. 景区的社会效益（就业、治安、民俗文化保护等）					
Ag2. 生态环境保护					
Ag3. 旅游服务质量					
Ag4. 合理的利益分配					
8. 竞争者的利益要求					
Ah1. 公平的竞争机制					
Ah2. 透明的信息					
Ah3. 良好的合作氛围					
9. 生态环境的利益要求					
Aj1. 充足生态环境保护投入					
Aj2. 适当的游客量					
Aj3. 合理的资源开发和利用					

再次衷心感谢您对本次调研的支持与帮助！如果您希望了解本研究的相关成果，可与我联系，E - mail：gaohuaf@ 126. com。

附录 3：利益相关者关系协调度调查问卷

尊敬的受访者：

您好！为了识别并判定景区利益相关者对景区系统在经济、社会和环境三个方面的重视程度及其利益要求，进行此次问卷调查。请您根据您对各表中所列经济、社会和环境三个方面指标的重视程度，采用 7 级打分，7—1 依次表示从"非常重要"向"毫不关心"过渡。请您根据您的实际情况进行判断并在相应数字上打"√"，或将对应的数字填入每条项目后面的空格中。本次调查仅用于纯粹学术性研究，一切信息将严格保密。

对您的大力支持和热情帮助，我万分感谢！

填表者身份：

您的身份是：

A 景区投资人（　　　）　　　　　B 景区管理者（　　　　）

C 旅游服务企业（　　　）　　　　D 社区居民（　　　　）

E 相关政府机构人员（　　　　）　F 游客（　　　　）

G 环保组织成员（　　　　）　　　H 新闻媒体等压力组织（　　　　）

填表者信息	景区投资人，景区管理者、员工，社区居民，游客……						
重视程度	7 极度重视	6 很重视	5 比较重视	4 重视	3 比较不重视	2 很不重视	1 极不重视
1. 经济							
Aa1. 投资收益率							
Aa2. 税收完成率							
Aa3. 旅游性价比							
Aa4. 收入稳定程度和增加率							

续表

填表者信息	景区投资人，景区管理者、员工，社区居民，游客……						
重视程度	7 极度重视	6 很重视	5 比较重视	4 重视	3 比较不重视	2 很不重视	1 极不重视
2. 社会							
Ab1. 基础设施建设投入							
Ab2. 教育投入							
Ab3. 旅游资源开发							
Ab4. 公共卫生条件改善							
Ab5. 其他社会保障							
3. 环境							
Ac1. 生态建设和环保							
Ac2. 生态和环保宣传、教育投入							
Ac3. 植被覆盖率							
Ac4. 生物多样性水平							

再次衷心感谢您对本次调研的支持与帮助！

参考文献

［1］ 文彤：《旅游景区规模化经营初探》，《暨南学报》（哲学社会科学版）2006 年第 6 期。

［2］ 陈宏辉：《利益相关者的利益要求：理论与实证研究》，经济管理出版社 2004 年版。

［3］ 沈一峰、林志扬：《相关利益者理论评析》，《经济管理·新管理》2001 年第 8 期。

［4］ 林曦：《企业利益相关者管理——从个体、关系到网络》，东北财经大学出版社 2010 年版。

［5］ 孙国强：《关系、互动与协同——网络组织的治理逻辑》，《中国工业经济》2003 年第 11 期。

［6］ 杜漪、杨晶晶：《供应链网络组织的界面管理研究》，《软科学》2008 年第 6 期。

［7］ 约翰·斯沃布鲁克斯：《景区管理》，张文译，中国旅游出版社 2001 年版。

［8］ 张凌云：《旅游景区概论》，北京师范大学出版社 2004 年版。

［9］ 马耀峰、宋保平、赵振斌：《旅游资源开发》，科学出版社 2005 年版。

［10］ 张维、郭鲁芳：《旅游景区门票价格调整的经济学分析——利益相关者理论视角》，《桂林旅游高等专科学校学报》2006 年第 1 卷第 17 期。

［11］ 樊勇明、杜莉：《公共经济学》，复旦大学出版社 2001 年版。

［12］ 黄昆：《利益相关者共同参与的景区环境管理模式研究》，《湖北社会科学》2004 年第 9 期。

[13] 王兆峰、腾飞：《西部民族地区旅游利益相关者冲突及协调机制研究》，《江西社会科学》2012年第1期。

[14] 陈爱宣：《研究古村落旅游公司利益相关者共同治理模式研究——以浙江为例》，博士学位论文，浙江大学，2008年。

[15] 张进福、黄福才：《景区管理》，北京大学出版社2009年版。

[16] 安应民等：《旅游产业生态管理系统构建研究》，人民出版社2011年版。

[17] 刘美玉：《企业利益相关者共同治理与相互制衡研究》，北京师范大学出版社2010年版。

[18] 李洋、王辉：《利益相关者理论的动态发展与启示》，《现代财经》2004年第7期。

[19] 王辉：《从"企业依存"到"动态演化"——一个利益相关者理论文献的回顾与评述》，《经济管理》2003年第2期。

[20] 李心合：《面向可持续发展的利益相关者管理》，《当代财经》2001年第1期。

[21] 史蒂文·F.沃克、杰弗里·E.马尔：《利益相关者权力——21世纪企业战略新理念》，赵宝华译，经济管理出版社2003年版。

[22] ［美］托马斯·唐纳森、托马斯·邓菲：《有约束力的关系——对企业伦理学的一种社会契约论的研究》，赵越瑟译，上海社会科学院出版社2001年版。

[23] 陈宏辉：《利益相关者管理：企业伦理管理的时代要求》，《经济问题探索》2003年第2期。

[24] 陈宏辉、贾生华：《企业利益相关者三维分类的实证分析》，《经济研究》2004年第4期。

[25] 钱晨：《公司治理情境影响下的经营者决策机制优化研究》，博士学位论文，浙江大学，2010年。

[26] 吴玲、陈维政：《企业对利益相关者实施分类管理的定量模式研究》，《中国工业经济》2003年第6期。

[27] 夏赞才：《旅游伦理概念及理论架构引论》，《旅游学刊》2003年第18卷第2期。

[28] 郭华:《国外旅游利益相关者研究综述与启示》,《人文地理》2008 年第 2 期。

[29] 张祖群、方巧、杨新军:《基于文化景观的利益主体经济互动——荆州的旅游人类学实证研究》,《桂林旅游高等专科学校学报》2004 年第 15 卷第 1 期。

[30] 李正欢、郑向敏:《国外旅游研究领域利益相关者的研究综述》,《旅游学刊》2006 年第 21 卷第 10 期。

[31] 张伟、吴必虎:《利益主体(Stakeholders)理论在区域旅游规划中的运用——以四川省乐山市为例》,《旅游学刊》2002 年第 4 期。

[32] 刘雪梅、保继刚:《从利益相关者角度剖析国内外生态旅游实践的变形》,《生态学杂志》2005 年第 24 卷第 3 期。

[33] 夏赞才:《利益相关者理论及旅行社利益相关者基本图谱》,《湖南师范大学社会科学学报》2003 年第 3 期。

[34] 孙九霞、保继刚:《社区参与的旅游人类学研究——以西双版纳傣族为例》,《广西民族学学报》(哲学社会科学版)2004 年第 26 卷第 6 期。

[35] 黄洁:《旅游目的地居民——与相关利益主体间的冲突和解决》,硕士学位论文,复旦大学,2004 年。

[36] 林壁属等:《武夷山封闭式管理对利益相关者的影响研究》,《旅游学刊》2006 年第 7 期。

[37] 李凡、蔡祯燕:《古村落旅游开发中的利益主体研究——以大旗头古村为例》,《旅游学刊》2007 年第 22 卷第 1 期。

[38] 宋瑞:《我国生态旅游利益相关者分析》,《中国人口·资源与环境》2005 年第 15 卷第 1 期。

[39] 程励:《生态旅游脆弱区利益相关者和谐发展研究》,博士学位论文,电子科技大学,2006 年。

[40] 陈宏辉、贾生华:《企业利益相关者的利益协调与公司治理的平衡原理》,《中国工业经济》2005 年第 8 卷第 9 期。

[41] 朱菁菁:《旅游地利益冲突及协调机制研究》,硕士学位论文,

广西大学，2006 年。

[42] 刘静艳：《从系统学角度透视生态旅游利益相关者结构关系》，《旅游学刊》2006 年第 5 期。

[43] 常宏建：《项目利益相关者协调机制研究》，博士学位论文，山东大学，2009 年。

[44] 庄品、王宁生：《供应链协调机制研究》，《工业技术经济》2004 年第 23 卷第 3 期。

[45] 邱灿华、蔡三发、沈荣芳：《分布式决策供应链的协调机制实施研究》，《同济大学学报》2005 年第 16 卷第 5 期。

[46] 晚春东、毕建广、谭旭红：《供应链系统协调机制研究》，《商业研究》2006 年第 5 期。

[47] 卢少华：《虚拟企业的协调机制与效益优化问题研究》，博士学位论文，东南大学，2004 年。

[48] 龚英、张旭梅：《虚拟供应链合作伙伴的协调机制研究》，《经济问题探索》2005 年第 3 卷。

[49] 王冰：《虚拟企业的协调机制研究》，《科技进步与对策》2000 年第 10 期。

[50] 张青山、游明忠：《企业动态联盟的协调机制》，《中国管理科学》2003 年第 11 卷第 2 期。

[51] 李宁：《企业集群内部协调机制研究》，博士学位论文，山东大学，2006 年。

[52] 赵艳萍：《虚拟企业协调机制研究》，博士学位论文，南京理工大学，2007 年。

[53] 王能民、汪应洛、杨彤：《供应链协调机制选择与绩效关系研究综述》，《管理科学》2007 年第 2 期。

[54] 徐雨森：《企业研发联盟三维协同机制研究》，博士学位论文，大连理工大学，2006 年。

[55] 郑刚：《基于 TIM 视角的企业技术创新过程中各要素全面协同机制研究》，博士学位论文，浙江大学，2004 年。

[56] 许学国、邱一祥、彭正龙：《组织学习协同性评价模型设计与

应用》,《系统工程》2005 年第 23 期。

[57] 吴跃明:《新型环境经济协调度预测模型及应用》,《南京大学学报》(自然科学版) 1996 年第 3 期。

[58] 孟庆松、韩文秀:《复合系统协调度模型研究》,《天津大学学报》2000 年第 4 期。

[59] 曾宇星:《基于小世界网络模型的动态联盟合作关系建模研究》,硕士学位论文,中南大学,2005 年。

[60] 张体勒:《知识团队的绩效管理》,科学出版社 2002 年版。

[61] 樊华、陶学禹:《复合系统协调度模型及其应用》,《中国矿业大学学报》2006 年第 35 卷第 4 期。

[62] 席酉民:《和谐理论与战略》,贵州出版社 1989 年版。

[63] 陈骏:《复杂系统与网络问题研究》,博士后出站论文,上海交通大学,2006 年。

[64] 任竞斐:《基于信息协同并行的直—矩组织结构研究》,博士学位论文,四川大学,2013 年。

[65] 薄茜:《博弈视角下的乡村旅游利益相关者研究》,硕士学位论文,沈阳师范大学,2012 年。

[66] 张秋来:《利益相关者管理对企业财务绩效的影响研究》,博士学位论文,华中科技大学,2011 年。

[67] 杜栋:《AHP 判断矩阵一致性问题的数学变换解决方法》,中国系统工程学会决策科学专业委员会学术年会,1996 年版。

[68] 张晓慧:《基于利益相关者的一体化乡村旅游研究》,博士学位论文,西北农林科技大学,2011 年。

[69] 吴淑琨、席酉民:《公司治理与中国企业改革》,机械工业出版社 2001 年版。

[70] 褚宏伟:《营利性旅游景区利益相关者利益协调研究》,硕士学位论文,湖南师范大学,2012 年。

[71] 宋瑞:《我国生态旅游发展:利益相关者视角分析》,《杭州师范学院学报》(社会科学版) 2004 年第 5 期。

[72] 王德刚、贾衍菊:《成本共担与利益共享——旅游开发的利益相

关者及其价值取向研究》,《旅游科学》2008 年第 19 期。

[73] 高科:《我国宗教旅游利益相关者及其协调机制初探》,《广西民族研究》2010 年第 3 期。

[74] 马克思、恩格斯:《马克思恩格斯全集》第一卷,人民出版社1956 年版。

[75] 林晓镍:《股东利益的冲突与平衡——探寻股东关系的基本原则》,《法学评论》2001 年第 1 期。

[76] 方碧姗:《乡村旅游利益主体均衡机制研究——以武夷山市为例》,硕士学位论文,福建农林大学,2010 年。

[77] 敖荣军、龚胜生:《旅游业的外部不经济性及其内化研究》,《旅游学刊》2002 年第 3 期。

[78] 〔英〕亚当·斯密:《国富论》,杨敬年译,陕西人民出版社2001 年版。

[79] 申葆嘉、刘住:《旅游学原理》,学林出版社1999 年版。

[80] 王雪华:《论旅游的社会文化影响》,《桂林旅游高等专科学校学报》1999 年第 10 期。

[81] 潘秋玲、李文生:《我国近年来旅游对目的地社会文化影响研究综述》,《经济地理》2004 年第 5 期。

[82] 张文:《旅游与文化》,旅游教育出版社2001 年版。

[83] 吴彤:《自组织方法论研究》,清华大学出版社2001 年版。

[84] 范艳丽、周秉根:《基于自组织理论的旅游产业结构协调发展研究》,《世界地理研究》2009 年第 3 期。

[85] 任佩瑜:《中国大型工业企业组织再造论》,《四川大学学报》(哲学社会科学版)1997 年。

[86] 湛垦华、沈小峰:《普利高津与耗散结构理论》,陕西科学技术出版社1982 年版。

[87] 王子龙、谭清美、许箫迪:《区域企业集群共生模型及演化机制研究》,《南京航空航天大学学报》(社会科学版)2006 年第8 卷第 1 期。

[88] 姜启源:《数学模型》,高等教育出版社1993 年第 2 版。

［89］李士勇：《非线性科学及其应用》，哈尔滨工业大学出版社 2011 年版。

［90］艾凉琼：《论技术系统的自组织性》，《系统科学学报》2006 年第 7 期。

［91］苗东升：《论系统思维（六）：重在把握系统的整体涌现性》，《统科学学报》2006 年第 1 期。

［92］John Holland：《涌现——从混沌到有序》，陈禹等译，上海科学技术出版社 2001 年版。

［93］朱彬、赵林度：《企业网络化与关系治理机制探讨》，《现代管理科学》2005 年第 10 期。

［94］顾培亮：《系统分析与协调》，天津大学出版社 1998 年版。

［95］马克思、恩格斯：《马克思恩格斯选集》第 4 卷，人民出版社 1982 年版。

［96］工卫华：《供应链联盟信任发展与合作管理研究》，硕士学位论文，上海交通大学，2006 年。

［97］中共中央马恩列斯著作编译局：《马克思恩格斯全集》第一卷，人民出版社 2002 年版。

［98］冯蔚东、陈剑：《虚拟企业中伙伴收益分配比例的确定》，《系统工程理论与实践》2002 年第 4 期。

［99］赵恒峰、邱苑华、王新哲：《风险因子的模糊综合评判法》，《系统工程理论与实践》1997 年第 7 期。

［100］张吉军：《模糊层次分析法（FAHP）》，《模糊系统与数学》2000 年第 2 期。

［101］狄·波娃、许天戟、王用琪：《防止建设争端和冲突的伙伴协议系统》，《西安交通大学学报》（社会科学版）2002 年第 6 期。

［102］金俐：《关于信任的经济学分析》，《社会科学》2002 年第 11 期。

［103］黄孝武：《企业间信任问题理论述评》，《经济学动态》2002 年第 10 期。

［104］杨慈卓、冯文娜：《中间性组织网络中企业间信任关系对企业

合作的作用研究》，《山东经济》2008 年第 3 期。

[105] 福山、李宛蓉：《信任：社会道德与繁荣的创造》，远方出版社 1998 年版。

[106] 高兆明：《信任危机的现代性解释》，《学术研究》2002 年第 4 期。

[107] 斯蒂芬·P. 罗宾斯：《组织行为学精要》，机械工业出版社 2014 年第 12 版。

[108] 徐学军、谢卓君：《供应链伙伴信任合作模型的构建》，《工业工程》2007 年第 3 期。

[109] 陈详槐、宝贡敏：《基于信誉和"关系"的企业信任机制比较研究》，《河北经贸大学学报》2002 年第 6 期。

[110] 惠双民：《资产专用性、网络扩展和私人秩序》，《经济研究》2002 年第 7 期。

[111] 陈瑞：《世界著名管理学家管理法则全书》第三册，中国对外翻译出版公司 1999 年版。

[112] 阎友兵、肖瑶：《旅游景区利益相关者共同治理的经济型治理模式研究》，《社会科学家》2007 年第 3 期。

[113] [德] 赫尔曼·哈肯：《协同学·大自然构成的秘密》，上海译文出版社 2005 年版。

[114] 杜栋、庞庆华：《现代综合评价方法与案例精选》，清华大学出版社 2005 年版。

[115] 黄孝武：《企业间信任问题理论述评》，《经济学动态》2002 年第 10 期。

[116] L. M. , Fairfax, Rhetoric of Corporate Law, "The Impact of Stake Holder Rhetoric on Orporate Norms", *Journal of Corporate Law Studies*, Vol. 31, No. 3, 2006.

[117] Lorca and Garcia – Diez, "The Relation between firm Survival and the Achievement of Balance among Its Stakeholders: An Analysis", *International Journal of Management*, Vol. 21, No. 5, 2004.

[118] Donaldson T. , Preston L. E. "The Stakeholder Theory of the Cor-

poration: Concepts, Evidence, and Implications", *Academy of management Review*, Vol. 20, No. 1, 1995.

[119] Johanson J., Mattsson L. G. "Interorganizational Relations in Industrial Systems: A Network Approach Compared with the Transaction-cost Approach", *International Studies of Management & Organization*, Vol. 17, No. 1, 1987: 34 – 48.

[120] Jay B. Barney & William G. *Ouchi Economics San Francisco*, California: Jossey-Bass, 1986: 51.

[121] Lew A. A. "A Framework of Tourist Attraction Research", *Annals of tourism research*, Vol. 14, No. 4, 1987: 553 – 575.

[122] British Tourist Authority/English Tourism Council, *Sightseeing in the UK*, 1991.

[123] Stevens, T. R., "The Future of Visitor Attractions", *Travel and Tourism Analyst*, No. 1, 2000: 61 – 68.

[124] Walle A. H. "Business ethics and tourism: from micro to macro perspectives", Tourism Management, Vol. 16, No. 4, 1995: 263 – 268.

[125] Alexander, E. R., "A Structuration Theory of Interorganizational Coordination: Cases in Environmental Management", *International Journal of Organizational Analysis*, Vol. 6, No. 4, 1998: 334 – 355.

[126] Freeman R. E., *Strategic Management: A Stakeholder Approach*, Boston: Pitman, 1984.

[127] Frederick W. C., Post J. E., Davis K., Business and society: *Corporate strategy, public policy, ethics*, New York: McGraw-Hill, 1992.

[128] Savage G. T., Nix T. W., Whitehead C. J., et al., "Strategies for assessing and managing organizational stakeholders", *The executive*, Vol. 5, No. 2, 1991: 61 – 75.

[129] Charkham J. "Corporate governance: lessons from abroad", *Eu-*

ropean Business Journal, Vol. 4, No. 2, 1992: 8 – 16.

[130] Clarkson M. E. "A stakeholder framework for analyzing and evaluating corporate social performance", *Academy of management review*, Vol. 20, No. 1, 1995: 92 – 117.

[131] Wheeler D. "Including the stakeholders: the business case", *Long Range Planning*, Vol. 31, No. 2, 1998: 201 – 210.

[132] Mitchell R. K. , Agle B. R. , Wood D. J. "Toward a theory of stakeholder identification and salience: Defining the principle of who and what really counts", *Academy of management review*, Vol. 22, No. 4, 1997: 853 – 886.

[133] Starik M. "The Toronto Conforence: Reflections on Stakeholder Theory", *Business and Society*, Vol. 33, 1994: 82 – 131.

[134] Freeman J. "Stakeholder influence strategies", *Academy of Management Review*, Vol. 24, No. 2, 1999: 191 – 205.

[135] Rowley T. J. "Moving beyond dyadic ties: A network theory of stakeholder influences", *Academy of management Review*, Vol. 22, No. 4, 1997: 887 – 910.

[136] Haywood K. M. "Responsible and responsive tourism planning in the community", *Tourism management*, Vol. 9, No. 2, 1988: 105 – 118.

[137] Aas C. , Ladkin A. , Fletcher J. "Stakeholder collaboration and heritage management", *Annals of tourism research*, Vol. 32, No. 1, 2005: 28 – 48.

[138] Weed, Mike. "Stakeholder relationships in sport and tourism", *Journal of Sport Tourism*, Vol. 12, No. 2, 2007: 149 – 154.

[139] Timur S. , Getz D. "Sustainable tourism development: How do destination stakeholders perceive sustainable Urban Tourism?", *Sustainable Development*, Vol. 17, No. 4, 2009: 220 – 232.

[140] Lawrence T. B. , Wickins D. , Phillips N. "Managing legitimacy in ecotourism", *Tourism Management*, Vol. 18, No. 5, 1997:

307 – 316.

[141] Tyler D. , Guerrier Y. , Robertson M. *Managing tourism in cities*: *policy*, *process and practice*, John Wiley & Sons Ltd. , 1998.

[142] Skonhoft A. "Resource utilization, property rights and welfare— Wildlife and the local people", *Ecological Economics*, Vol. 26, No. 1, 1998): 67 – 80.

[143] Walle A. H. "Business ethics and tourism: from micro to macro perspectives", *Tourism Management*, Vol. 16, No. 4, 1995: 263 – 268.

[144] Sautter E. T. , Leisen B. "Managing stakeholders a tourism planning model", *Annals of tourism research*, Vol. 26, No. 2, 1999: 312 – 328.

[145] David Weaver, Martin Oppermann. *Tourism Management*. England: John Wiley & Sons, Australia, Ltd. , 2000: 254 – 260.

[146] Ryan C. Equity, "management, power sharing and sustain ability: issue of new tourism", *Tourism Management*, Vol. 23, No. 1, 2002: 17 – 26.

[147] Friedman, Andrew L. , "Developing stakeholder theory", *Journal of management Studies*, Vol. 39, No. 1, 2002: 1 – 21

[148] Jamal T . B. , Getz D. "Collaboration theory and community tourism planning", *Annals of tourism research*, Vol. 22, No. 1, 1995: 186 – 204.

[149] Markwick M. C. "Golf tourism development, stakeholders, differing discourses and alternative agendas: the case of Malta", *Tourism Management*, Vol. 21, No. 5, 2000: 515 – 524.

[150] Elise Truly Sautter, Brigit Leisen. "Managing stakeholders: a tourism planning model", *Annals of Tourism Research*, Vol. 26, No. 2, 1999, 312 – 328.

[151] Heugens P. P. , Van Riel C. , Van Den Bosch F. A. J. "Reputation Management Capabilities as Decision Rules", *Journal of Man-

agement Studies, Vol. 41, No. 8, 2004: 1349 – 1377.

[152] Murphy P. E. Tourism. *A Community Approach*, New York: Methuen Inc, 1985: 16.

[153] Jamal T. B., Getz D. "Collaboration theory and community tourism planning", *Annals of tourism research*, Vol. 22, No. 1, 1995: 186 – 204.

[154] Reed M. G. "Power relations and community – based tourism planning", *Annals of tourism research*, Vol. 24, No. 3, 1997: 566 – 591.

[155] Bramwell B., Sharman A. "Collaboration in local tourism policy-making", *Annals of Tourism Research*, Vol. 26, No. 2, 1999: 392 – 415.

[156] Tosun C. "Limits to community participation in the tourism Development process in developing countries", *Tourism Management*, Vol. 21, No. 6, 2000: 613 – 633.

[157] Wilson S., Fesenmaier D. R., Fesenmaier J., Van Es J. C. "Factors for Success In Rural Tourism Development", *Journal of Travel Research*, Vol. 40, No. 2, 2001: 132 – 138.

[158] Andriotis K. "Community Groups' Perceptions of and Preferences for Tourism Development: Evidence from Crete ", *Journal of Hospitality & Tourism Researeh*, Vol. 29, No. 1, 2005: 67 – 90.

[159] Hart S. L., Sharma S. "Engaging fringe stakeholders for competitive imagination ", *The Academy of Management Executive*, Vol. 18, No. 1, 2004: 7 – 18.

[160] Blain C., Levy S. E., Ritchie J. R. B. "Destination branding: Insights and practices from destination management organizations", *Journal of travel research*, Vol. 43, No. 4, 2005: 328 – 338.

[161] Ryan C., Cave J. "Structuring destination image: a qualitative approach", *Journal of travel research*, Vol. 44, No. 2, 2005: 143 – 150.

[162] Thompson J. D. *Organizations in Action*, New York: McGraw Hill, 1967.

[163] Williamson O. E. *The Mechanisms of Governance*, New York, Oxford: Oxford University Press, 1996.

[164] Sahin F. , Robinson E. P. "Flow coordination and information sharing in supply chains: review, implications, and directions for future research", *Decision sciences*, 2002, 33 (4): 505 – 536.

[165] Simatupang T. M. , Wight A. C. , Sridharan R. . "The knowledge of coordination for supply chain integration", *Business Process Management*, Vol. 8, No. 3, 2002: 289 – 308.

[166] Bessant J. , Levy P. , Sang B. , et al. "Managing successful total quality relationships in the supply chain", *European Journal of Purchasing & Supply Management*, Vol. 1, No. 1, 1994: 7 – 17.

[167] Koberg C. S. , Uhlenbruck N. , Sarason Y. "Facilitators of organizational innovation: the role of life – cycle stage", *Journal of business venturing*, Vol. 11, No. 2, 1996: 133 – 149.

[168] Ensign P. C. "The concept of fit in organizational research", *International Journal Organization Theory and Behavior*, Vol. 4, No. 3, 2001: 287 – 306.

[169] Walker S. F. & Marr J. W. *Stakeholder Power: A Winning Plan for Building Stakeholder Commitment and Droving Corporate Growth.* Boston. MA: Perseus Publishing, 2001.

[170] Zeshui Xu, Jian Chen. "Some models for deriving interval weights from interval fuzzy preference relation", *European Journal of Operational Research* Vol. 184, No. 1, 2008: 266 – 280.

[171] Mingming Hu, Peiyu Ren, Jibin Lan et al. "Note on 'some models for deriving interval weights from interval fuzzy preference relation'", *European Journal of Operational Research*. Vol. 237, No. 2, 2014: 771 – 773.

[172] Liou T. S. , Wang M. J. J. "Fuzzy weighted average: an improved

algorithm", *Fuzzy sets and Systems*, Vol. 49, No. 3, 1992: 307 – 315.

[173] Z. S. Xu, Q. L. Da, "The uncertain OWA operator", *International Journal of Intelligent Systems*, Vol. 17, No. 6, 2002: 569 – 575.

[174] Rucci A. J., Kirn S. P., Quinn R T. The employee-customer-profit chain at Sears", *Harvard Business Review*, Vol. 76, No. 1, 1998: 82 – 98.

[175] Haken H. *Synergetics: An Introduction: Nonequilibrium Phase Transitions and Self- Organization in Physics, Chemistry, and Biology*. Springer Verlag, 1983.

[176] Prigogine I. Time, "structure and fluctuations", *Science*, Vol. 201, No. 4358, 1978: 777 – 785.

[177] Chuan T. "Review on Environmental Indicator Research", *Research of Environment Science*, April 2000: 0 – 15.

[178] Johanson J., Mattsson L. G. "Interorganizational relations in industrial systems: A network approach compared with the transaction – cost approach", *International Studies of Management & Organization*, Vol. 17, No. 1, 1987: 34 – 48.

[179] Pick P. "Building customer – Supplier relationships in electronics", *Long Range Planning*, Vol. 32, No. 2, 1999: 263 – 272.

[180] Crowley L. G., Karim M A. "Conceptual model of partnering", *Journal of management in engineering*, Vol. 11, No. 5, 1995: 33 – 39.

[181] Cheng E. W. L., Li H., Love P. E. D. "Establishment of critical success factors for construction partnering", *Journal of management in engineering*, Vol. 16, No. 2, 2000: 84 – 92.

[182] Simpson P. M., Siguaw J. A., Baker T. L.. "A model of value creation: Supplier behaviors and their impact on reseller-perceived value", *Industrial Marketing Management*, Vol. 30, No. 2, 2001: 119 – 134.

[183] Drexler Jr J. A. , Larson E. W. "Partnering: why project owner-contractor relationships change", *Journal of Construction Engineering and management*, Vol. 126, No. 4, 2000: 293 – 297.

[184] Thompson J. D. , Scott W. R. , Zald M. N. *Organizations in action: Social science bases of administrative theory*. Transaction Books, 2009.

[185] Reynolds S. J. , Schultz F. C. , Hekman D. R. . "Stakeholder theory and managerial decision-making: Constraints and implications of balancing stakeholder interests", *Journal of Business Ethics*, Vol. 64, No. 3, 2006: 285 – 301.

[186] Donaldson T. , Dunfee T. W. "Toward a unified conception of business ethics: Integrative social contracts theory", *Academy of management review*, Vol. 19, No. 2, 1994: 252 – 284.

[187] Donaldson T. , Dunfee T. W. "Integrative social contracts theory", *Economics and philosophy*, Vol. 11, No. 1, 1995, 11: 85 – 85.

[188] Gardiner P. D. , Simmons J. E. L. . "Conflict in small-and medium-sized projects: Case of partnering to the rescue", *Journal of Management in Engineering*, Vol. 14, No. 1, 1998: 35 – 40.

[189] Arrow, Kenneth J. "Gifts and exchanges", *Philosophy & Public Affairs*, Vol. 1, No. 4, 1972: 343 – 362.

[190] Higgins, Julian P. T. , et al. "Turning the pump handle: evolving methods for integrating the evidence on gene – disease association", *American journal of epidemiology*, Vol. 168, No. 8, 2007: 863 – 866.

[191] Boon, Susan D. , and John G. Holmes. *The dynamics of interpersonal trust: Resolving uncertainty in the face of risk*, Cooperation and prosocial behavior, 1991: 190 – 211.

[192] Mayer, Roger C. , James H. Davis, and F. David Schoorman. "An integrative model of organizational trust", *Academy of management*

review Vol. 20, No. 3, 1995: 709 – 734.

[193] Sako, Mari, and Susan Helper. "Determinants of trust in supplier relations: Evidence from the automotive industry in Japan and the United States", *Journal of Economic Behavior & Organization* Vol. 34, No. 3, 1998: 387 – 417.

[194] Nielsen, Bo Bernhard. *Trust and learning in international strategic alliances.* Working paper, No. 8 – 2001, http://ideas. repee. org/.

[195] Bhattacharya, R., T. M. Devinney, and M. M. Pillutla. "A formal model of trust based on outcomes", *Academy of Management Review*, Vol. 23, No. 3, 1998: 459 – 472.

[196] Kreps, D. M., & Wilson, R., "Reputation and Imperferct Information", *Journal of Economic Theory*, Vol. 27, No. 2, 1999: 253 – 279.

[197] Roderrick Seidenberg. *Post Historic Man*, Boston, Massachusetts: Beacon Press, 1951 (2).

[198] Charles Handy. The Empty Raincoat. London: *Century Press*, 1995: (6).

[199] Lankford S. V., Howard D. R. "Developing a tourism impact attitude scale", *Annals of tourism research*, Vol. 21, No. 1, 1994: 121 – 139.

[200] Ap J., Crompton J. L. "Developing and testing a tourism impact scale", *Journal of travel research*, Vol. 37, No. 2, 1998: 120 – 130.

[201] Mayer R. C., Davis J. H., Schoorman F. D. "An integrative model of organizational trust", *Academy of management review*, Vol. 20, No. 3, 1995: 709 – 734.

[202] Morgan R. M., Hunt S. D. "The commitment-trust theory of relationship marketing", *Journal of marketing*, Vol. 58, No. 3, 1994: 20 – 38.

后　记

本书即将付樟，终于可以"偷得浮生半日闲"，舒一口气，泡一杯清茶，临窗远眺，让"思绪的轻舟"荡漾于脑海。想到毕业以来，往事一幕幕，顿生感慨万千！博士期间的学习、生活给我的记忆太多太多，应该感谢的人也实在太多！

坊间盛传"一命二运三风水，四积阴德五读书……"我不信命，但我相信缘分。三年前，怀着考博的热情，抑或是"无知者无畏"，我仅以"百度"而报考四川大学商学院的任佩瑜教授的博士并"裸考"（我将没经博导同意而考博称为裸考），面试时"老板"凝重的表情反复出现在眼前，那源于支持山区高校教育事业发展的责任却担心我无法胜任科研任务和难以毕业的纠结而又坦诚的话语还激荡在耳边。因为"缘"，我"众里'百度'到'老板'"，最终因为"分"，任教授"成全"我的博士梦，才有我今天感谢的机会和值得感谢的人和事！

我首先要感谢的是四川大学和商学院，这里是我博士征程的起点，"她"提供了我发展的平台，这里是我知识和科研提升的摇篮。

我最最要感谢的是我的恩师任佩瑜教授。任老师是我的"贵人"，三年前，是他给了我博士学习的机会；三年来，先生教给我的不仅仅是科学研究的方法和技巧，更重要的是做人的"敬畏"、治学的严谨、做事的精神。任老师国际化的研究视野，交叉的学科体系、渊博的理论知识、浑厚的人文背景，严谨的治学精神、豁达的生活态度和宽厚的待人之道无不让我们受益匪浅。先生为我们搭建了管理学界无与伦比的科研平台，"863"、自然科学基金重大国际合作、博士点基金、烟草效能建设等国家重大项目和应用项目的熏陶、洗礼和训练，我的科研能力得以发生质的飞跃；为我们营造了一个多元化的团结、向上、充满激情与活力的学术团队，团队成果丰硕。我要感恩团队中的每一位老师和同学，他们分别是戈鹏老师、金茂竹老师、章小平、陈蛇、冯刚、徐砥中、叶斌、文武、骆毓燕、李晶、邱庆庆、任竟斐等师兄师姐以及王俊、林少疆、封志云、王苗、郑伟民、胡明明、廖治学、马瑞明、尧鹏之、田文祥、赵蓉、姚立飞、宋誉、周洲等众师弟师妹。

同时，要衷心感谢各位任课老师的教导和学院其他老师给我的帮助或指导。感谢培养办公室向老师、张老师和程老师的默默付出和对我的耐心宽容与无私帮助！感谢汪贤裕教授、陈维正教授、李光金教授、揭筱纹教授、罗利教授、贺昌政教授、李蔚教授、余伟萍教授等老师对我的启迪和指导！还要感谢各位为我审阅论文的老师和每一位答辩小组老师以及图书馆各位为我学习和论文写作提供资料的老师！

我要感谢我的家人。感谢我的妻子谢亚玲女士，她默默的支持和鼓励以及无怨无悔的奉献激励我不断前行，她是我求学路上坚强的后盾！感谢我的父母和岳父母，他们的精神鼓励和支持是我不尽的动力，尤其是岳父岳母在我求学期间对我爱人和儿子生活的照顾，免除了我的后顾之忧！感谢我的儿子谢与时小朋友，他的懂事、他的自理和努力学习，让我不用分心而能安心学习和专心撰写毕业论文！感谢我的领导和朋友们，尤其是张新平院长、周腾蛟书记、张莉主任、卢平、吕宗耀、李宏翠、顾海鲁等，是你们的关心和帮助，令我的工作、生活和学习充满了爱和感动，谢谢你们！

还要特别感谢师母曹殊女士，是她对任老师的关心和照顾，让任老师身体健康，心情愉快，有时间、有精力教导我们读书、做人做学问，她的豁达、友善和细心、她对师门弟子无时不在的关心和关爱让我们如沐春风，感受到家的温暖！

另外还要感谢恩施州鄂西生态文化旅游圈圈办、市旅游局、清江旅游开发公司和沐府办事处的领导和村民，感谢他们对本书写作过程中调研的支持和帮助！

要感谢的人还有很多，限于笔墨难以一一列举。我衷心地感谢所有曾经帮助过我的老师、同学、亲人和朋友，并祝愿你们幸福快乐安康！

高华峰

2017 年 8 月